2023年湖南省社会科学重点课题读物

左宗棠
在安化八年修学笃志培根铸魂

丁放贤　莫笑牛◎编著

新疆生产建设兵团出版社

图书在版编目（CIP）数据

守望印心石：左宗棠在安化八年修学笃志培根铸魂 / 丁放贤，莫笑牛编著. -- 五家渠：新疆生产建设兵团出版社，2022.10（2024.4重印）

ISBN 978-7-5574-2004-8

Ⅰ.①守… Ⅱ.①丁… ②莫… Ⅲ.①左宗棠（1812-1885）—传记 Ⅳ.①K827=52

中国版本图书馆CIP数据核字(2022)第222165号

责任编辑：李书群　　　责任校对：曾扬　　　装帧设计：九昊图文

守望印心石：左宗棠在安化八年修学笃志培根铸魂
SHOUWANG YINXINSHI ZUOZONGTANG ZAI ANHUA BANIAN XIUXUEDUZHI PEIGENZHUHUN

出版/新疆生产建设兵团出版社
印刷/永清县晔盛亚胶印有限公司
版次：2022年10月第1版　　　　　印次：2024年4月第2次印刷
开本：710毫米×1000毫米　1/16　　印张：23.5　　字数：310千字

新疆生产建设兵团出版社

ISBN 978-7-5574-2004-8　　定价：94.00元
邮购地址 831300 新疆五家渠市迎宾路619号
电话：0994-5677116　　0994-5677185
传真：0994-5677519

潭石印心　青天飞鹤

谭仲池

七月盛夏，泥土耀金。尽管酷暑难耐，心神难宁，可有一种情景和幽境，会让你进入一片清凉，而领略其深邃的宁静、思绪的悠远和文化的灿美。湖南安化小淹，我未曾去过。在丁放贤、莫笑牛先生所编著《守望印心石》一书中，却读出了难得的山明水秀的清悠，风清月白的淡雅和禅悟慧境的玄妙。其深潭巨石，生成心印之形，安定了多少读书少年驿动的心。让他们归隐于"印心石屋"读历史纵横、品人间烟火、经岁月颠簸、历人生沧桑。而左宗棠这位被林则徐称为"一见倾倒，诧为绝世奇才""西定新疆，舍君莫属"的湖湘骄子，作为晚清重臣，被誉为"世界历史上的百位智慧名人"，却与"印心石屋"连接起了物华生灵、古道乡愁、铁马风尘，乃至诗书画卷、瀚墨文采。如此风云人物，铸就的惊世传奇，自然会感召许多欲探寻其早年励志成才心路历程的学者、作家、文人潜心研究。

今年仲夏，我去渌江书院造访，不意看到左宗棠在渌江书院与陶澍旷世奇遇的历史存照。他们彼此相拥，碰撞出的心灵火花，竟为"印心石屋"镀上一片光明，绽放一树相知的绿荫。那一刻，我突然想起左宗棠曾书写过的一副对联："沧海六鳌瞻气象，青天一鹤见精神。"故当我读《守望印心石》，就想知道左宗棠真正的人生气象、肝胆清气、海岳精神。

事真果然。作者关注人文历史有心、有情、有毅力，为研究左宗棠挑灯破晓，日夜精读大清正史，盘搜佐证资料，皓首穷经，十年磨剑，终见明光，所编著的《守望印心石》一书，填补了对左宗棠前期研究的空白。从书中的细致记录、生动描述就可以看到，曾三度应试不第的左宗棠在安化八年的修学笃志，培根铸魂，可与诸葛南阳十年躬耕媲美，更有其穿越苍茫、潜龙腾跃的智勇豪迈。如此左宗棠的鲜活形象栩栩如生地跃然纸上，真实无华、坦荡坚拔地出现在读者眼前。

自古至今，所有非凡之人，必有非凡之功和非凡之举。

左宗棠在安化小淹的八年，真正做到了"观书要高著眼孔，作事须守定心知"。所以他能饱受劳筋骨、饿体肤之大苦；览胜于梅山与益阳山水之间，穷思于幽古与栖身之地，悟道于庙堂与精修之微。即使身无半亩，而心忧天下。故能秉烛印心石屋，继承陶澍衣钵，读书万卷，神交古人；肩挑丽日红霞，足踏江湖烟波；遍访名山，赋诗吟辞，礼赞梅王，崇赤帝之神武；敬仰先贤、高吟《离骚》，叹屈子之悲烈。

左宗棠的小淹八年，只是他的人生序幕，可"应须绿酒酬黄菊，更遣飞花绣好春"的情怀，便已初成。他虔诚拜会银城贤达，广交知己志士，语书红叶，寄意白云；扬鞭茶马古道，探究黑茶文化，成为一代茶票之父。他为陶澍安葬、修陵，克勤克敬，理家、课子尽心尽力。他研究经世致用之学，著述《陶文毅公诗话钞跋后》《朴农阁农书》和海防《六策论》，撰写《箴言书院碑铭》，亦可窥见其根深叶茂，厚积薄发，尽显"老子胸中冰雪满，仁寿桥边日月长"的高远心境与壮怀激烈，可谓玉石无言水有意，丹心有印云生烟。

我们的国家进入了建设现代化强国的新时代，多么需要弘扬湖湘文化滋养的如左宗棠这样的民族英雄的爱国精神、坚勇斗志、担当胸襟、斐然才华，为中华民族的伟大复兴谱写新的时代诗篇。我想，诸位读者如果有缘读到这本《守望印心石》，定然会从中看到并获得经世的耀眼光华和奋斗的不竭动力。

2022年7月3日于长沙淡泊书斋

（作者系湖南省政协原副主席）

Contents 目录

绪论 001
第一章　晚清变局 009
第二章　生逢乱世 043
第三章　试途多舛 049
第四章　赘居桂堂 057
第五章　旷世奇遇 065
第六章　鱼跃于渊 077
第七章　设馆授徒 093
第八章　造葬修陵 101
第九章　理家置业 111
第十章　博究经史 117
第十一章　著书立说 127
第十二章　情倾柳庄 137
第十三章　浸润茶乡 143
第十四章　秦约晋盟 159
第十五章　纵横捭阖 165
第十六章　禅悟慧境 213
第十七章　秉承衣钵 243

第十八章　潜龙腾跃	253

左宗棠书信、奏折、诗联选	265
左宗棠书法对联选	321
左宗棠轶事选	343
左宗棠年谱选编（1812—1851）	349
左宗棠家谱简表	363
参考书目	364
后　记	366

绪 论

左宗棠，蛰居湖南安化小淹长达八年的塾师生涯，一直尘封史实，鲜为人知。这八年，是左宗棠绝意科考仕进、长为农夫而蛰居山野的八年，是左宗棠博览群书、静心钻研经世致用之学的八年，也是左宗棠韬光养晦、睁眼看世界的八年，更是左宗棠厚积薄发、为日后勋高柱石打下坚实基础的八年，对左宗棠一生所取得的成就具有十分重要的现实意义。这八年，见证了左宗棠成为中国封建社会官僚史上奇人的心路历程。

安化县，位于资江中游，湘中偏北，雪峰山北段主干带，境内高山叠嶂，峰峦挺拔，耸入云霄。东与桃江、宁乡接壤，南与涟源、新化毗邻，西与溆浦、沅陵交界，北与常德、桃源相连。

安化黑茶博物馆

古代地理著作《尚书·禹贡》，按自然区域把天下划为九州，以"荆及衡阳惟荆州"，今安化自在荆州之域。

春秋时期，湘境之群蛮与鄂境之荆楚常相争战。至春秋中期，楚国势力扩张至湘北，战国楚悼王始并蛮、越，取得洞庭、苍梧之地，此时湘境大部分并入楚国疆域，安化当属之。

秦嬴政二十六年（公元前221年），并六国，分天下为三十六郡，安化属长沙郡。

秦置益阳县，属长沙郡。汉高祖五年（公元前202年），改长沙郡为国，东汉光武时期改为郡。安化属荆州长沙郡益阳县。

东汉建安年间，刘备借荆州，长沙郡一度为刘备所据，安化地当属之。三国时期，安化属吴长沙郡益阳县。太平二年（257），吴分长沙郡为湘东、衡阳二郡，安化属吴衡阳郡益阳县。

西晋因旧制，安化属荆州衡阳郡益阳县。西晋怀帝永嘉元年（307），析荆、广二州地置湘州，安化属湘州衡阳郡益阳县。

南北朝仍沿用晋制，安化隶属关系无变。

隋初，废郡为州，长沙郡改为潭州，隶属荆州，安化隶荆州潭州益阳县。大业三年（607），复改州为郡，安化属长沙郡益阳县，仍隶荆州。

唐代，州郡并称，一地二名，长沙郡即潭州，史称潭州长沙郡。贞观元年（627），分全国为10道，潭州长沙郡属江南道。开元二十一年（733），分江南道为东西两道，安化属江南西道潭州长沙郡益阳县。

晚唐时，藩镇割据，梅山土著民族起而攻州县，反统治。光启年间（885—888），梅山"为蛮所据"，不听朝命，不服州统，不为县辖，"不与中国通"。安化县境史称"梅山蛮地"，经五代至北宋中期无变。

宋神宗熙宁五年（1072），朝廷遣章惇开梅山置县，熙宁六年敕名安化（取归安德化之义），隶荆湖南路潭州长沙郡。县治初设伊溪东启安坪（今东华启安坪），南宋建炎四年（1130），毁于战火，县治迁伊溪西，即今梅城镇。

资江又称资水，长江支流，左源赧水发源于城步苗族自治县北青山，右源夫夷水发源于广西资源县越城岭，两水于邵阳双江口汇合称资江，流经邵阳、新化、安化、桃江、资阳、赫山等市县区，于甘溪港注入南洞庭湖，全长653公里，流域面积28142平方公里。资江的中段流经雪峰山脉，途中或高崖险滩，或奇峰怪石，或暗礁急弯，成为一条不安分的河流。流域成狭带状，河道弯曲多险滩，陡险异常，大部分流程湍激、奔腾、咆哮。有"滩河""山河"之称。

在几百公里的河床中，嶙峋的怪石，一次又一次试图阻挡江流前进，并且撞坏了无数船只，夺去了无数生命。在它的中游，江心有一方巨石，露出江面6米之高，长宽亦约6米，方正若印，坚韧不拔，固守江心，谓之印心石。在印心石附近左岸不远的石峰山下的陶家湾，旧宅一栋，就是两江总督陶澍的印心石屋。此处江水为大山所阻，形成深潭，名为石门潭。"此处一潭囚月，何时一脉归宗。青山亦入此冲瀜，竟使清流不动。即便奔腾而去，依然朗照当空。相知或在水神通，千里滔滔云梦"（《石潭月印》）。唐鉴在《印心石屋诗钞初集序》中曾回忆陶澍的话说："插天而起，夹江流而对峙者，吾里之石门潭乎？其高也，巍乎其不可极；其深也，渺其不可穷；其波澜之漾浂也，潾潾然有如茹吐之势；其云气之往来也，蓬蓬然有变化之神。而印心石屹然砥柱于其中，窈而静，粹而坚，端方正直，岳岳乎回狂澜于既倒，而不知云梦之足吞。"相传，石门潭之石门，宛如一道"龙门"，鱼到这里喜欢"跳龙门"，潜入潭底，修养成龙，或腾飞上天，或潜游入海，均成大器。潭边有城墙崖，相传南宋嘉定十七年（1224），宁宗之子理宗自邵州诣京师（杭州）继位过此，忽值石门潭伏涨，淹留竟日，故名小淹。"四面群山若盖，前方藿草长滩。谁挥巨掌阻江干，激得涛惊浪喊。昨日穿峰过壑，而今蓄势兴澜。一经挣脱此回环，何惧森森两岸"（《藿水廻澜》）。传说小淹资江河畔有三座山：虾公山、蜈蚣山、鸡公山，而石门潭的一方巨石形如官印，便有了"三公抢印"的故事。鸡公不能入水，无法得印。蜈蚣怕鸡，不敢抢印。而虾公能在水中来去自如，最后夺印。陶澍家住虾公山，其名"澍""子霖""云汀"，也与水有关联，后来他官居朝中重臣、官印在手时，便有人戏称他为虾公精转世，抢得官印为囊中之物。

陶澍是资江陶氏的第十六世传人。据《资江陶氏族谱》记述：资江陶氏的远祖是东晋名臣陶侃。至五代后唐庄宗同光元年（923），陶侃的后裔陶升由吉州（今江西吉安）迁到潭州（今湖南长沙）益阳县资江乡，定居于小淹的陶家湾（又名陶家溪）。《资江陶氏族谱》："至唐庄宗同光中，吉州公升，始迁资江之小淹，时犹益阳县地，未置安化也。……数百年来，世居此土，名为陶家湾，又名陶家溪。"宋神宗熙宁五年（1072）开梅山，安化独立建县，小淹归属安化，故陶升为安化陶氏的初祖。小淹资江南岸、北岸皆有陶家湾。陶澍祖居在资江北岸的陶家湾。陶澍的父亲陶必铨在《重修陶氏宗祠记》中也说得十分明确："吾族自吉州公以来，世居小淹之陶家溪，地在资江之北。"陶澍的具体出生地是石磅溪。陶澍在叙述小淹的地形地貌和山川形势时说："陶子生长资江之滨，其山：大屏、桦香、石峰、香炉、紫云、芙蓉、乌云。稍西：神山、梅山。稍东：九岗、浮邱。其水：茱萸、石潭、善溪、伊水。与夫上游之七十二滩，下游之二十四港，皆岧峣磅礴，湍洄清冷，实宇宙之奥区，冠盖所不至，红尘所不入。"陶澍在《资江小淹宗祠记》中说："茱萸江水西从新化苏溪关入境，包神山而东，滚滚数百里至案前，过滩头坪，逮小淹而潴平溪之水，自东南笏山麓，穿云裂石而来，环绕面前为玉带，以汇于资江，渊涵淳注为石门潭，过印心石，径梅子潭，南纳伊溪，北纳善溪，以入于益阳境。山环水抱，两岸石立如城门，而奇峰对峙，若华表然，岌立天外，为大江之锁钥。计自洞庭湖西南角逆流直上五百余里，至是而千岩竞秀，万壑争流，门户峻开，豁然如泛武陵而入桃花之源也。山川之秀，灵气所钟，先人之神，实式凭之。"

　　山水怀抱中的小淹，山青峰秀，水涌鱼跃，天碧鸟鸣，气象维新，风景如画，真叫人心悦神摇，思念向往。"古镇长街短笛，轻歌软语丝纫。也随风雨也随岚，行过青青石板。山吐一轮红日，江摇一叶幽兰。飘窗之外水之间，树影花容人面。"（《淹市晴岚》）"跌宕来于化外，崚嶒指向苍空。危岩两岸此为雄，不让他山争耸。待到云堆雪积，难分水复山重。晴阳之下偶为虹，也是天庭遗梦"（《石峰雪霁》）》。

　　小淹，灵秀之地，窈然净水，峭然奇崖，定生人杰，必然会衍生出许多传奇。道光十五年（1835）冬，陶澍受道光帝召见。陶澍讲起自己小时候的事，他说自己小时候家里穷，家里漏雨没地方安身读书。而家乡有一深潭，潭内多巨石，潭心一方巨石如印，称为印心石，这印心石独立于江面，不受江水涨退影响，石上长满了清苔、杂草和小树，四季青翠碧绿，鸟语花香，虫鸣鱼跃，清趣盎然。陶澍父在印心石旁边山上的水月庵中设馆授徒，时随父读书。陶澍对道光皇帝说："幼随臣父读书，结有书屋，名曰印心石屋，即在此石之北岸。"后来陶澍的书房就一直沿用"印心石屋"，以此来纪念自己早年的读书生涯，也借以寄托自己的思乡之情。陶澍言及此处，道光皇帝被他感动了，当即给这位劳苦功高的大臣御笔亲书"印心石屋"四个大字，他要给普天下寒门学子、农家子弟立个榜样。圣诲谆谆，周详恳至，慰勉交臻。陶澍十分珍视，刻石于家乡、苏州沧浪亭等十余处。印心，佛家谓印证于心而顿悟，明代李贽《复焦弱侯》："非如王先生字字皆解脱门，既得者读之足以印心，未得者读之足以证入也。"即表示要将知识雕刻于心，终身不忘。当然，

绪 论

道光皇帝题写后，意义更深一层，就是君臣互相理解，心心相印，共谋万世基业，寄托了皇帝希望臣下效忠朝廷，恪尽职守之意。

印心石

左宗棠，被喻为湘中第一士子，因为有渌江书院与陶澍的旷世奇遇，他因印心石中流砥柱的灵气而顿悟，蛰居山野，龙潜资水，为印心石屋所守望相助。1840年正月，左宗棠在三次科考不第、绝意科场之后，来到安化小淹，再一次踏上了人生的赶考之路。左宗棠在小淹的八年，他跋涉在陶澍故里和湘阴桑梓之间，饱受劳筋骨、饿体肤之磨砺；秉烛印心石屋，遨游书海，读破万卷，神交古人，禅心顿悟；肩挑丽日红霞，冶性山水，踏浪洞庭，横槊赋诗。访名山，赞梅王，崇赤帝之神武；思先贤，吟《离骚》，叹屈子之忠烈。拜会银城贤达，广交知己志士，积蓄万军将帅之资；为陶澍安葬、修陵，克勤克敬，理家、课子尽心尽力。研究经世致用之学，著述《陶文毅公诗话钞跋后》《陶氏三台山石墓记》《朴存阁农书》和海防《六策论》，撰写《箴言书院碑铭》。这八年，对于左宗棠以后的纵横驰骋、人生的风云际会，打下了坚实基础。这八年，在"数千年未有之大变局"的时代背景下，正是左宗棠芳华待灼、培根铸魂、砥砺深耕、履践致远，得以横空出世、义薄云天、韬光养晦的黄金期。

左宗棠科场失意，官场顺畅，勋高柱石。陶澍科举及第，是治行优异、器资端亮、学术淹通的干国良臣。他们是一对先后相须、印证真心、明心见性的忘年之交，透过他们人生的理想、信念、迷茫、执着与不懈追求，让我们读懂封建社会士大夫成功的力量之源和内外矛盾交织的晚清变局，更让我们知晓著名清史学家萧一山的名言："中兴人才之盛，多萃于湖南者，则由于陶澍种其因，而印心石屋乃策源地也"。

第一章　晚清变局

皇朝衰败

清朝前期,统治者很善于总结历朝历代的统治经验,采取了有利于社会安定和经济发展的积极措施,从而在康熙、雍正、乾隆三朝逐步达到鼎盛,由此出现了一个国家统一、政权巩固、社会安定、生产恢复,经济文化都比较繁荣的时期,这就是历史上的"康乾盛世"。在此期间,解决了中国与沙俄边界问题,并先后统一了台湾、蒙古、西藏、青海和新疆等地,从而奠定了近代中国辽阔的版图。左宗棠出生的嘉庆时期,是清代由盛转衰的起点。乾隆喜好大功,六次南巡,一路寻欢作乐,劳民伤财。嘉庆元年爆发的白莲教起义,耗去了大清帝国两亿两白银,国库自此日渐空虚。左宗棠出生的第二年,嘉庆十八年(1813)在京城爆发了"癸酉之变",李文成领导的天理教以"奉天开道"为旗帜于九月份发动起义,十五日,200名天理教徒于京城里应外合发动兵变,攻入紫禁城东门、西华门,直捣清延皇宫重地。再加上长久以来的闭关锁国政策,造成了政府无银、百姓无地、战火四起的动荡现状。各种社会矛盾日趋尖锐,表面的强盛掩盖着内在的虚弱。政治日趋腐败,整个统治阶级奢侈腐化,到处充满"官以贿成,刑以钱免"的现象。地方官收缴田赋时,在法定的数额之外,还要加收"火耗"(官府将征收的散碎银子重新入火加工铸造,炼成银锭,上缴国库,其中的损耗,称为"火耗"),以充填其私囊。道光年间,这种"火耗"一般都在10%以上,有的甚至高达40%~50%。各级官吏巧取豪夺,贪污成风。

正当清王朝国势日渐衰败没落的时候,欧美的资本主义却非常迅速地发展起来。英国的资产阶级在17世纪中叶首先取得政权,完成了资产阶级革命。一个世纪之后,以蒸汽机为先导的工业革命首先在英国开始,这就导致了资本主义生产从工场手工业阶段向机器大工业阶段的飞跃。

在英国的棉纺织业中，出现许多大规模的织布工厂。从 1770—1840 年这 70 年间，棉纺织业的棉花用量增加了 100 倍。交通运输业也发生了根本性的变革，轮船和蒸汽机车被普遍使用，并带动了煤矿、钢铁和机器工业的发展。英国成为世界上最强大的资本主义国家。

18 世纪末，法国完成了资产阶级革命。进入 19 世纪后，法国的工业获得了迅速发展，机器被广泛应用于工业生产中。1815—1840 年，法国的棉织品产量增长了 3 倍，成为实力仅次于英国的资本主义国家。

美国在 18 世纪 80 年代取得了独立战争的胜利，摆脱了英国殖民地的附属地位，成为美洲第一个独立的资产阶级共和国。19 世纪上半期，美国进行了工业革命，成为资本主义国家中起步较晚但发展迅速的国家。美国的农业机器生产数量超过欧洲各国。1850 年的美国铁路全线长达 15000 公里，居世界第一。

随着资本主义生产力的发展，西方各资本主义国家的原料和商品市场已经远远不能满足日益膨胀的需要了。开拓新的殖民地，寻求新的原料市场和商品市场，成为各资本主义强国的目标。正如列宁所说："资本主义如果不经常扩大其统治范围，如果不开发新的地方并把非资本主义的老牌国家卷入世界经济漩涡之中，它就不能存在与发展。"

西方各资本主义国家扬帆远航，在中国东南沿海一带蠢蠢欲动，频频叩击着中国的大门，急于开辟中国这一广阔的市场。沙皇俄国则利用毗邻中国的地理条件，从陆路对中国进行渗透侵略。俄国本是一个欧洲国家，16 世纪 80 年代，俄国军队越过乌拉尔山，将领土从欧洲扩张到亚洲。在这以后，沙俄又侵入中国黑龙江流域和贝加尔湖以东地区。沙皇俄国这一极富侵略性的帝国主义国家在中国的西北边疆虎视眈眈，磨尖了利爪，时刻准备从中国攫取大片土地。

19世纪末的鸦片吸食者

1840年爆发的第一次鸦片战争打开了中国的大门，此后，外强纷纷入侵，战争不断，中国在短短的半个世纪内，一步步沦为半殖民地半封建社会。随着民族危机的日益加剧，统治阶级内部先后出现了多次自救运动，但都以失败而告终，中国社会面临着一个"数千年未有"的大变局。

第一次鸦片战中，清王朝一败涂地，被迫割地赔款，1856年发生的第二次鸦片战争使中国更进一步沦为半殖民地，其后中法战争、中日甲午战

鸦片战争海战图

争以及八国联军侵华，完全把中国推入了半殖民地的深渊。此时，深受帝国主义和清政府双重压迫的中国人民被迫举起反抗和斗争的大旗，三元里人民抗英、太平天国运动、戊戌维新变法、义和团运动，直至辛亥革命推翻腐朽的清王朝，翻开了中国历史的新篇章，中国长达两千多年的家天下时代也随之而结束。

第一次鸦片战争后，西方资本主义国家对中国经济掠夺的步伐加快。西方资本主义国家在中国推销的商品日益增多，逐步破坏了沿海通商口岸和长江流域及其腹地传统的农业和手工业。清政府日益空虚的国库已经无法支付战争费用和西方资本主义国家强行索要的巨额赔款，只得用重税掠夺广大农民。在地主、官僚、贵族不断加剧对土地的巧取豪夺，土地兼并现象日益严重，不少中、小地主破产，自耕农、半自耕农多数丧失土地，变成佃户，挣扎在饥饿线上。比如广西东南各县地主官绅所占土地超过当时土地的百分之八九十。金田村有土地750亩，其中地主占662亩，占全部土地的88.2%，农民只占土地88亩，占全部土地的11.7%。战后土地之所以更加集中，都与外国资本主义的侵略密切相关。这使得劳动人民的负担更加沉重，从而激化了中国封建社会的各种矛盾。

外国资本主义凭借低关税等侵略特权，大肆向中国倾销商品，尤其是洋布洋棉。比如英国在1837—1839年间，每年输华商品总值不到100万镑，1845年则迅速增长到2394万镑。中国的手工业产品尤其是土布土棉，因竞争不过洋布洋棉而销路骤减。1845年，福州地方官在奏疏中说：从厦门运销各地的洋布洋棉，其质既美，其价又廉，民间之买洋布洋棉者，"十室而九"。因此，江浙之棉、布不复畅销，商人多不贩运。而闽产之土布土棉，遂亦因之不能出口。江苏的松江、太仓、苏州一带，是当时有名的棉丝纺织手工业的中心。上海开市后，洋布盛行，是以布市消减，

"蚕棉得丰年而皆不偿本"。商贾难以经营,生计维艰。广东顺德一带,织布手工业,也因洋布"贱售,女工几停其半"。洋布洋棉剥夺了土布土棉的销售市场,致使东南沿海一带中国传统的手工棉纺织业受到沉重的打击而衰落,农民和手工业者纷纷失业破产,地主、官僚、富商乘机贱价收买、掠夺农民的土地,失去土地的农民或者加入无业饥民群,或者遭受更加残酷的封建剥削。

帝国主义更加肆无忌惮地向中国倾销鸦片。1840年进口鸦片20619箱,1850年增加到52925箱,致使中国白银大量外流。1843—1848年间,中国外流白银约6000万银元,"银贵钱贱"的现象更趋严重。1840年间,一两纹银可兑换1000个制钱,到1850年,竟涨至2230个制钱,仅仅十年间就使必须用铜钱兑换白银以纳税的农民和手工业者的实际负担增加了一倍多。此外,吸食鸦片的人从上层迅速扩展到下层,仅以两广为例,鸦片从广州沿西江而上,一直倾销到广西。梧州、平南、桂平、贵县一带,烟铺林立,仅广州一城就有大烟馆600多家,桂平县的大湟江口,一个小小的城镇,就有鸦片烟馆十几家。许多地主、豪绅吸食鸦片,他们通过增加地租等手段将吸食鸦片的巨大耗费转嫁到劳动人民身上,致使许多中小地主和占有少量土地的自耕农倾家荡产,大地主、官僚、富商乘机兼并他们的土地。

鸦片战争后,清廷财政更加拮据,吏治更加腐败,造成战后严重的水利失修,水灾连年不断。1846—1850年间,黄河流域和长江流域受灾区域竟达1100多个州县。每次水灾之后,广大农民都背井离乡,四处逃亡,地主、富农乘机贱价收买农民土地。因此,中国土地集中的情况比鸦片战争前更为严重。许多农民因失去土地而四处流亡,形成人数很大的饥民群和无业流民群。部分失去土地的农民在本乡租种地主的土地,地主

第一章 晚清变局

乘机抬高地租。鸦片战争前，中国农村地租一般在50%左右，即所谓的"百种千租"，这本来已经很高了。鸦片战争后，租额增加到60%~80%，甚至更多，所谓"百种千五租""百种两千租"。农民遭到残酷的封建剥削，被迫借贷的人越来越多，地主商人乘机大放高利贷，利息也普遍增高。广大农民无以为生，阶级矛盾迅速激化。

清廷不断增税，因为他们需要支付庞大的战争开支和战后的巨额赔款，国库亏空，这笔钱只能从老百姓身上出。清廷在鸦片战争中的战争开支大约是7000万两银子。在战争过程中，英国侵略军在沿海沿江被占领过的城市掠夺清朝库藏银，加在一起是600多万两银子，再加上中英《南京条约》又勒索了2100万银元，总计中国在这次战争中直接损失的货币，折成银元共达12830多万，相当于清政府两年半的赋税总额，造成了清政府的严重超支，加上贸易的逆差，中国银源枯竭。清政府为摆脱严重的财政危机，不惜向百姓大肆搜刮勒索。

战后两三年间，清廷连下各种"搜刮令。"道光皇帝公开发布命令，"所有各省着赔、分赔、摊赔、代赔"各款，"着各省督抚河督于所属实缺司道府厅州县各员……勒限催追完交"。各省如何筹措呢？清政府命令各地"自筹良策"，这就为各级贪官污吏"巧立名目、层层加码、借机搜刮"开了方便之门。战后，地丁税和漕赋普遍加重浮收。清政府当时主要的财政收入是地丁税。地丁税是田赋、丁赋的合称。丁赋是中国历代封建政府征收的一种丁口税，丁口一般指男丁。清政府"摊丁入地"，将丁赋并入田赋称为地丁税。地丁税征银两。清政府曾宣称"永不加赋"，但鸦片战争后，道光二十一年（1841）全国"地丁"征收额为29431765两，此后历年增多，至道光二十九年（1849）地丁征收税已增至32813340两，也就是说，1841—1849年间，清政府的地丁税增加3381575两银子。漕赋是指封建王朝所征收的实物税粮食，用水路运往京师或其他指定地点。征收漕粮的省份有江苏、浙江、湖南、湖北、山东、河南、安徽、江西八省。漕赋是清政府财政的补充收入。但是收漕赋的弊病最多，因为它要把米送到京师或京师附近地方，中间要经过许多环节和手续，这就给各级贪官污吏上下其手、争相分肥提供了方便条件。什么"水脚费""验米费""灰印费""筛扇费""规费""帮费""加耗"，等等，名目繁多，举不胜举。这些额外勒索，鸦片战争前已经存在，战争后又大大增加。加上道光年间，漕粮征收一部分仍征实物，纳米，叫作征收本色，一部分则改征折色，即按米折成银两；而且是直接征收本色纳米时少，征收折色纳银的多。这样，无论清政府是征收地丁税或漕粮，农民都要忍受双重的剥削。因为农民卖米换制钱，要吃米价贱的苦；拿制钱换银两，又要吃银价高的亏。

江苏、浙江一带，一石赋，农民需要缴纳二石五六斗米；折价色纳银，米价石二千，折价竟至八千、十千以至数十千。江西浮收在二三石以上。安徽浮收超过正额数倍，折价超过十数倍。湖北漕米每石浮收在三倍以上，折色每石竟万多至十八九千、二十余千。湖南地丁正银一两，民间须缴纳数两；漕米一石须缴纳数石。对此连曾国藩也说："昔日卖米三斗，输一亩之课而有余，今日卖米六斗，输一亩之课而不足。朝廷自守岁取之常，而小民暗加一倍之赋。"加有名之地方官催漕如逼命，老百姓恨透了清政府的黑暗统治，把这些贪官污吏称为"蝗虫"。

太平天国运动

官逼民反，民不得不反。天地会领袖方大洪在发布的告示中深刻地揭露和控诉了清政府的反动腐朽："天下贪官甚于强盗，衙门酷吏，无异虎狼,民之财尽矣,民之苦极矣。"清政府和贪官污吏的横征暴敛给中国人民造成了深重的苦难。另外,地主阶级在交纳赋税时自然也因银贵钱贱而受到损失,于是他们就通过增加地租额、改收货币地租、隐瞒田产等手段把自己的负担和损失转嫁到佃户和自耕农身上。这样,清政府的繁重赋税、贪官污吏的搜刮勒索以及封建地主阶级重租、转嫁等重重剥削,不仅使那些无地的佃农生活在水深火热之中,而且也迫使占有少量土地的自耕农濒于破产的境地。据清朝大员密奏,鸦片战争后,江南膏腴之区的苏州等地,有许多农民因交不起赋税而弃田逃亡,其他地区更可想而知了。农民破产卖田的趋势"犹水之就下,急不可遏"。这一切,都是外国资本主义的侵略以及腐朽的清朝封建统治双重压迫的结果。外国资本主义的侵略使中国社会阶级矛盾空前激化,农民被迫走上了自发反抗的道路。

洪秀全,小名火秀,族名仁坤,1814年出身于广东花县的一个农民家庭,比左宗棠小一岁,他自幼聪颖,然而多次参加科举考试却屡试不第。1843年,左宗棠在安化得知洪秀全的"拜上帝教"。洪秀全在广州应试再次落第后,想起了几年前他在广州街头得到的一部基督教布教书《劝世良言》。在研读此书的同时,他联想到了自己之前落第后大病数十日梦中的情景,于是他便自施洗礼,开始自行传教了,当时称之为"拜上帝教"。经过洪秀全及其表弟冯云山数年的不懈努力,拜上帝会势力迅速壮大起来,逐渐形成了由洪秀全、杨秀清、萧朝贵、冯云山、韦昌辉、石达开六人组成的领导核心。

1850年2月,道光帝卒,民间"清尽明复"的谣言愈炽,入拜上帝会的人也越来越多。入会者往往一人入会,举家同来,洪秀全等将入会者的财物田产变卖归公,不许私蓄,军事编制上五人为伍,五伍为两,四两为卒，五卒为旅，五旅为师，五师为军，各置伍长、两司马、卒长、帅、师帅、军帅。军帅之上又设监军、总制、将军、指挥、主将、军师等。1851年1月11日，洪秀全在广西桂平县金田村率众起义建号"太平天国"，自称"天王"。太平军一路势如破竹，当年9月占领了第一座州城永安，在永安停留半年有余，规划设施渐趋完善。洪秀全自称天王，封杨秀清为东王，萧朝贵为西王，冯云山为南王，韦昌辉为北王，金田起义石达开为翼王。天王称万岁，其余各王依次称九千岁、八千岁、七千岁、六千岁、五千岁。天王是万国真主，而其余各王还须受东王节制。此后，太平军在洪秀全的带领下，经蓑衣渡之战，冲出广西，进入湖南。进入湖南后，东王杨秀清与西王萧朝贵联名发布《奉天讨胡檄布四方谕》《奉天诛妖救世安民谕》和《救一切天生天养中国人民谕》三篇檄文，大谈剃发易服之恨，赞美史可法、瞿式耜誓死不事清的民族气节，宣扬洪秀全乃是奉上帝之命领导世人推翻清朝统治，号召世人响应太平军的起义推翻清朝。诸檄一出，天下震动。

在湘南，太平军连克道州、郴州等重镇，清廷为之震惊。湖广总督程矞采得知消息后极为恐惧，他自衡州疾还长沙，想躲到省城避祸，并函请尚在广西的钦差大臣赛尚阿督师湖南，但赛尚阿却把湖南军务推卸给程矞采。鉴于这种互相推诿的状况，咸丰皇帝一面严旨赛尚阿、程矞采同办湖南军务，改任广西、湖南、湖北三省巡抚，想以此来加强防御。于是，此时担任云南巡抚的张亮基被清廷任命为湖南巡抚。张亮基抚湘，便成为左宗棠出山入幕的重要机遇。

太平天国农民起义军的先锋在接连攻克道州、郴州并沿途袭扰安仁、攸县、醴陵后，围困长沙。太平军由湘南而进军湘中，湖南形势日蹙。左宗棠连忙由柳庄举家避居湘阴与长沙交界处的东山白水洞。太平天国

第一章 晚清变局

天王洪秀全、东王杨秀清率主力抵达长沙，大举攻城。坊间传闻以及野史均有左宗棠曾经主动靠拢太平天国甚至进言献策的说法，电视剧《太平天国》剧中左宗棠还没有出山，听闻太平天国到来，秘密会见了翼王石达开，两人相谈甚欢，然后经过石达开的引荐，东王杨秀清也会见了左宗棠，当左宗棠指出太平军在金田起义之后的种种决策失误之后，杨秀清勃然大怒，左宗棠见到并不被杨秀清认同，于是认定太平天国命不久矣，放弃对太平天国的幻想，回去之后开始走上了平定太平天国的道路。当然，这只是电视剧。在《太平天国全史》、范文澜的《中国近代史》以及日本人稻叶君山源的《清朝全史》中都提到了这个故事，左宗棠给石达开两个建议：一是尊崇儒学，弘扬孔孟之道；二是放弃南京作为首都，南京城王气泄露，注定偏安。但是石达开坚持认为有天父保佑，这些都不是问题。

左宗棠出身平民，虽然饱读诗书，却屡试不第，最终只能在"世外桃源"郁郁不得志。洪秀全刚开始有影响的时候，清廷曾派人请左宗棠出山，但是被他拒绝了，有人说他是在等待、在观望。此后，左宗棠与郭嵩焘周游湘阴东山，约定在山里比邻而居、以避太平天国运动的战乱。那时的左宗棠不过只是一个小有名望的士绅，然而也许蛰伏半生的他，等待的就是这样天下鼎沸的用武之时。1852 年，左宗棠终于出山，辅助湖南巡抚张亮基，而张亮基对左宗棠是言听计从，经过左宗棠的运筹，太平军围攻长沙三个月，没有破城。萧朝贵率军到长沙在 1852 年 9 月，而洪秀全等人到达长沙已经是一个月之后了。这时候，左宗棠还在和郭嵩焘一起在湘阴东山白水洞经营避难处所，而在洪秀全等人到达的前 6 天，左宗棠已经进入张亮基的幕府，坐在长沙城运筹帷幄了。坊间各种传言论左宗棠有没有主动联系太平军，他抬棺进疆的英雄事迹不会变，在风雨飘摇的年代，只有左宗棠一心维护国家统一的意志永远未变，后来率领湖湘子弟激战天山南北，打败阿古柏，驱逐沙俄，收复新疆的民族大英雄，是晚清为数不多的能臣之一。

湖南人才群的崛起

湖南，宋朝时亦称湖湘，位于长江中游南部。因大部分地区在洞庭湖之南，故名湖南；因境内湘江贯穿南北，又简称为湘。据传，湘江流域过去多植芙蓉，五代末诗人谭用之有"秋风万里芙蓉国"之句，故湖南又有"芙蓉国"之称。多山、贫瘠、交通阻隔，给湖南人带来了贫穷和落后，但同时也使湖南人形成了吃苦耐劳和坚毅强悍的个性与民风。湖南又是一个多民族的省份，西部和南部各民族杂居，民族关系、社会矛盾错综复杂，加之地主官僚兼并土地的现象比较严重，造成大批农民或沦为佃农，或进入游民无产者的行列。所以这里打着"反清复明"旗号的民间秘密会社天地会、青龙会、白虎会、白教、黄教、红教等迅猛发展，一遇天灾人祸，往往发生起义或叛乱。乾隆末年的湘黔苗民起义，成为川楚白莲教大起义的前奏，清政府为镇压这次起义调动了七省的兵力、财力。道光以来，各地起义更加此起彼伏，接连不断，影响较大的如道光十二年（1832）瑶族赵金龙起义、道光十六年（1836）的新宁斋教起义。

后来的鸦片战争给了湖南很大的冲击。清政府在战争期间，从湖南征调了部分兵力参加战争，战争结束后，他们被遣散回籍。但是，很多人发现，他们回去之后生活已经没有出路了，因此，他们奋起反抗。战前，广州对外通商，从广东到湘潭有一条重要的商路，依靠这条商路为生的商贩、挑夫有几十万人。战后对外贸易中心由广州移到上海，进出口货

第一章 晚清变局

物通过长江转运，旧的商路衰落了，依靠这条商路为生的人大批失业，更使社会矛盾激化。

道光二十一年（1841），郴州人民反抗州官苛征。道光二十三年（1843），武冈饥民起事。道光二十四年（1844），乾州苗民发动抗租斗争。道光二十七年（1847），新宁瑶民雷再浩聚众抗租抗粮，后发展成武装起义，两年后雷再浩旧部李阮发再度起兵反抗。咸丰二年（1852），洪秀全、杨秀清率领太平军从广西打进了湖南，仅在道州到郴州一带踊跃参加太平军的劳苦群众就有五六万人。1852年12月3日，东王杨秀清、翼王石达开会师益阳，次日凌晨，天王洪秀全也随后抵达，百姓夹道欢呼，洪秀全在学门口亲登讲台，宣传太平军政治主张，百姓甚为踊跃，募得船只千余艘，并有千余人参加太平军，斩常德总兵纪律于茶亭街，益阳官兵被杀2000余人。真是三湘四水之间，到处都郁积着农民反抗的怒火，只要有人带头发难，"奋臂一呼，万人皆集""上下交视，莫可谁何"。这种频繁的反抗斗争和极不安定的社会环境，迫使许多地主士大夫走出书斋，过问政治，并造就了他们特有的政治敏感，积累了丰富的斗争经验，与比较富庶安逸的江南地主确有明显的不同。

在漫长的古代，湖南开发缓慢，长期被人称为"瘴疠卑湿"之地，生活在这里的土著居民大都是苗瑶等"蛮族"。文物远逊于中原和东南地区，以至"湖南人物，罕见史传"，唐大中年间长沙刘蜕考中进士，号称"破天荒"。

至宋代，文化发达的江西陆续向湖南移民，湖南的经济和文教事业开始有了较大进展，长沙岳麓书院、衡州石鼓书院建立，与江西白鹿洞书院、河南嵩山书院并称为"天下四大书院"。经元末明初的战乱，湖南人口锐减，几乎十室九空，经济顿形衰败，明洪武年间开始，邻省即大量向湖南移民，借移民之力，经济得以恢复，明代湖南人才亦开始有迅速发展的趋势，但与临近的江西相比，仍相形见绌。那时江西籍的名人占全国同期的7.8%，湖南仅占1.2%。明末清初，闯献造反，清军入关，三藩战乱，湖南各州县迭遭蹂躏，又陷入旷野无人的境地，据各地志书记载：醴陵"死亡过半，业荒无主"，慈利县境"百里无人烟"，沅江县"户口十损七八"，桂东县仅存63丁，武冈"郡人十不存一"。

据研究，明清鼎革之际，湖南丧失了大约三分之二的人口。因此，清初顺治、康熙至乾隆年间，屡颁"召民开垦"的谕旨。于是大量移民进入湖南。据著名历史地理学家谭其骧教授的《湖南人由来考》，到清乾隆嘉庆年间，湖南全省外来移民占人口总数的九成以上。宝庆府、邵阳县、武冈州、湘阴县、靖州等七个州县人口中移民占98.4%。移民主要来自闽、粤、赣、鄂、四川，而以江西为多。例如：康熙年间所修浏阳县志记载："浏鲜土著，比间以内。十室有九皆江西之客民也。"慈利县"土著老民，百不存一。其后迁徙新户，十常得九，稽其户籍，以江西为最多。"上述情况表明，元末明初和明末清初的两度移民，特别是明末清初的大移民，使湖南居民的族缘与血缘得到了更新，从而有利于人口素质的提高。大凡离乡背井迁往他方的移民，大都据有开拓意识和自力更生、勤奋创业的精神，相对而言，那些秉性懦弱、得过且过、游惰懒散、无所作为的人，往往不愿离开熟悉的本土去追求新的生活。一般来说，就生理、心理因素而言，移民是优越于土著的。由于移民的辛勤劳作，到康熙时，湖南水稻生产已有了较大发展，赢得"湖广熟，天下足"的美誉，从而为湖南经济的恢复、人口的增加和文化的发展奠定了基础。另一方面，外来移民与土著居民中的苗、瑶、侗及土家族长期相处，既有彼此争斗，亦有相互联姻。据谭其骧对宝庆一府和靖州、湘阴七州县中土著九族的考证，发现有四族系蛮族后裔。

所以谭其骧认为，"清季以来，湖南人才辈出，功业之盛，举世无出其右，窃以为蛮族血统活力之加入，实有以致之。"也有人说："汉人与苗人通婚，成了一个混血的民族，所以才有特殊的个性。"近代维新志士、民国"第一流人才内阁"总理熊希龄即为湘西凤凰人，人称"熊凤凰"，祖籍江西丰城，母亲吴氏系苗族。这即是例证之一。

综上所述，元末明初和明末清初的两次大移民，使湖南全省人口素质实现了更新，带来了移民所有的开拓精神与进取意识，加上与少数民族联姻，吸收了苗瑶等族强悍、刻苦的习性，从而逐渐形成了有别于他省的特殊的民风：朴实勤奋，劲直勇悍，尚气好胜，霸蛮任性。受这种民风熏陶的学子士人，也深渐形成特殊的士气文风：质朴淳实，不尚浮靡，勇于任事，锐意进取，多带血性却又负气好胜。湖南所特有的民风士习，被人称为"吃得了苦，而耐得了烦，霸得了蛮"的"骡子脾气"。既有马的刚烈，又有驴的耐性。有了这种性格，种田不怕苦累，汗水换来收获，读书不怕艰辛，砚田笔耕，终有所成。湖南的地理环境和社会历史状况，造成了湖南学术界呈现出以上显著特点。

程朱理学一直居于统治地位。早在理学兴起和形成的宋代，其就对湖南的思想学术界产生了重要的影响。周敦颐（北宋理学家程颢、程颐的老师）就是湖南道州人。北宋初年，当时全国四大书院之一的岳麓书院就建在长沙；南宋时，作为理学家的张浚、张栻父子又在长沙创建了另一个书院——城南书院。城南书院也是湖南最有名气的两大书院之一。大理学家朱熹和张栻都曾在这两个书院讲学，弟子达千人。清代乾嘉以来，这两大书院的山长（山长是历代对书院讲学者的称谓。五代蒋维东隐居衡山讲学时，受业者称之为山长。宋代将南唐在庐山白鹿洞所建国学，改成白鹿洞书院，作为藏书讲学之所。元代于各路、州、府都设书院，设山长。明清沿袭元制，乾隆时曾一度改称院长，清末仍叫山长。废除科举之后，书院改称学校，山长的称呼废止）都是习宋明理学的。我们所熟知的中国清代著名人物陶澍、曾国藩、胡林翼、郭嵩焘、刘蓉、刘长佑、曾国荃等，包括本书的主人公左宗棠，都曾在这里学习过。他们有的是在岳麓书院学习过，有的是从城南书院毕业。道光年间的山长欧阳厚钧、贺熙龄等人，就是直接向他们传道授业的老师。尽管乾嘉以来汉学风行海内，可是对湖南的影响不大，程朱理学在这里的统治地位没有动摇。同时，到嘉庆年间，通过科举进仕的人数少之又少。据嘉庆七年壬戌科进士名录，第一甲赐进士及第的三人中，湖南没有一个。第二甲84名赐进士出身中，湖南仅有安化陶澍、巴陵林文竹2人。第三甲161名赐同进士出身中，只有宁乡喻宣孝、邵阳欧阳儁、刘开诚、宁乡申启镰、巴陵向序、衡阳马倚元、新化张如相、武冈刘铭鼎6人。

学者面向现实，注重研究有用的学问和解决社会实际问题。他们把倡导理学作为一种拯救危机的精神力量和道德准绳，而不是陷入空谈"义理""性命"的思想牢笼中，这与传统宋明理学只限于空谈穷理尽心有重大的区别。正如唐鉴所说："内期立身，外期辅世""守道救时，要躬实践，发为事功，期于辅政"。这样，在"宋学"营垒中，也涌现出一批既以"程朱为宗"，又以"拯时""经世"为志的地主士大夫。古代中国知识分子的一种学用结合的优良学风和治学传统即为经世致用。尽管随着时代的变化发展，在不同历史时期其内涵和特征不尽相同，但大体上总以关心社会政治、匡时济世、讲求实际为主旨，即把学术研究与社会现实紧密地结合起来，让传统儒学直接、有效地为现实服务。它既是中国传统文化的精华，也是知识分子的价值取向。古代，学者将"经

第一章 晚清变局

陶澍（1779—1839）

世致用"作为经邦治国的一种指导思想。战国七雄争霸，社会大变动，于是有才学的知识分子都积极奔走，到处游说，为各国君主出谋划策，把他们的知识运用于现实政治。同时，为了总结经验，为后人提供历史的殷鉴，他们著书立说，"古者儒墨诸家，其所著书，大者以治天下，小者以为名用，盖未有空言无事实者也"。这种"经世"精神，在中国历史上延续下来，一直不断。

以上湖南学术界的显著特点，对湖南及整个近代中国社会产生了深远的影响。在近代，湖湘这块土地上走出来一大批叱咤风云的历史人物，他们既讲求程朱理学，又怀抱"经世"之志，注重经世致用。他们对清廷权贵的昏庸腐败、社会的种种黑暗，虽然也有不满，并有种种抨击，

陶澍自画像

但是综观他们的政治态度，温和、忠君在他们身上有更突出的体现。

陶澍于乾隆四十三年十一月三十日（1779年元月17日）出生在湖南安化县小淹镇的陶家湾。乾隆四十九年（1785），七岁的陶澍跟随父亲陶必铨远走长沙，在岳麓书院读书。乾隆五十年（1785），其父陶必铨因母老思亲，回小淹资江上游的江南红泥田王虎文（名王崇焯，为陶必铨知交好友）家中设馆授徒，陶澍仍跟随读书。乾隆五十二年（1787），陶必铨回家务农并钻研学问，陶澍亦在身边读书，开始攻读四书五经等儒家经典，并参加一些农业劳动。乾隆五十五年（1790），陶必铨应邀到安化县城今梅城镇主持修复南宝塔，陶澍亦跟随在安化学宫读书。乾隆五十七年（1792），陶必铨到益阳曾润攀家中设馆教书，前后四年，陶澍仍跟随在侧读书。乾隆六十年（1795），陶澍参加县学考试，得补邑诸生。

嘉庆三年（1798），陶必铨从安化到桃花江一带教书，转赴石井头，在刘静园家中设馆授徒，陶澍仍跟随父亲读书。同年，陶澍与安化县黄德芬结婚。在安化有黄家毁婚的传说。传说：当时黄小姐向家贫如洗的未婚夫陶澍提出了毁婚要求，陶澍自然不愿意，据理力争，双方一时纠缠不清。倒是黄小姐的贴身丫头黄德芬站出来，提出了一个折中办法，反正陶澍从来没有见过黄小姐本人，黄德芬愿意冒充黄小姐的身份，嫁给陶澍，为黄家避免一场官司。果然是好办法，两边都不伤和气，大道朝天，各走一边。

黄德芬打着黄小姐的旗号，嫁给了正准备进京赶考的陶澍，黄小姐同样风风光光地嫁到了当地财主吴公子，做起了衣食无忧的少奶奶。黄小姐瞧不起陶澍，但她万万没想到，黄德芬嫁给陶澍不久，陶澍竟然咸鱼大翻身，于嘉庆七年喜中进士，后官拜两江，成为名重天下的封疆大吏，黄德芬也被朝廷封为一品诰命夫人，享受着无与伦比的尊贵。

陶澍一直不知道陪伴自己多年的夫人竟然是冒名顶替的，而且黄德芬也一直隐瞒自己的真实身份。直到陶澍回到老家湖南安化守丧时，才模模糊糊听人说起这件事件的真相。陶澍向夫人询问此事，黄德芬大大方方承认了自己只是黄家的丫头。而嫁到吴家的黄小姐呢，她本该有华丽的人生，却在不经意间朝着见不到底的泥潭滑去。吴家在安化当地算是财主，但他们经常仗势欺人，抢夺别人的土地，得罪了太多的人。最让黄小姐痛苦的是，丈夫在一场土地争夺战中丧命，吴老爷也经不起老年丧子的打击，一病不起，被气死了。当然，这有可能是子虚乌有的流言。

嘉庆五年（1800），陶澍随父赴长沙参加湖南乡试。嘉庆六年（1801），陶澍离家北上，参加会试，却名落孙山。遵父嘱，留京温习功课，准备再试，以图进取。嘉庆七年（1802）春，陶澍在京参加壬戌科会试，中进士，为第63名；四月，参加殿试，为二甲第15名；朝考，嘉庆帝召见，定为第55名进士。嘉庆九年（1804）二月，赴任翰林院。嘉庆十年（1805）四月，任翰林编修。同年闰七月，父陶必铨病逝，陶澍回乡奔丧，丁忧三年。陶澍在澧阳书院主讲三年，认真从事教育，培养人才。嘉庆十三年（1808）八月，陶澍离开家乡安化，携家北上，任国史馆纂修。嘉庆十四年（1809），任四川乡试副主考。此后十年，陶澍先后任詹事府詹事、记名御史、江南道监察御史、陕西道监察御史、会试同考官、会试内监试官、巡视中城、户科给事中、巡视南漕、吏科掌印给事中、道员等官职。在任上，陶澍恪尽职守，勤政恤民。嘉庆十九年（1814），陶澍任江南道监察御史，发现吏部候选官员太多，遇有官缺，则粥少官多，争议纷纭；吏部又立法不一，设置重签，形成混乱，造成弊端。陶澍主张统一立法，废除重签名目，堵塞漏洞，防止弊病。是年底，陶澍又陈奏州、县积弊，明确指出："州、县之弊日深，州县之疲顽有自"。接连列举了八种州、县官场弊病。嘉庆二十四年（1819），陶澍被任命川东兵备道。十二月抵达重庆赴任。任中清理积讼，打击恶棍，平反冤狱，安定社会秩序。禁止私设关卡，畅达交通，鼓励工商，发展商业贸易。察看农村，体恤民情，奖励开荒，发展农业生产。

嘉庆二十五年（1820）十一月，新即位的道光帝擢陶澍为山西按察使。道光元年（1821）三月，兼署布政使。八月，调福建按察使。十月，未及福建赴任，擢安徽布政使。道光三年（1823）正月，擢安徽巡抚。陶澍对安徽进行了全面的治理：清理安徽钱粮，杜绝钱粮亏空。救济灾民，建立丰备义仓。兴修水利，发展农业生产。整饬吏治，安定社会秩序。

重视文教，倡修《安徽省志》。道光五年（1825）五月，陶澍调任江苏巡抚。因洪泽湖决口，漕运阻浅，特调任江苏巡抚，亲至上海主持漕粮海运，道光六年（1826）正月，陶澍再次"亲莅上海，部先后，申号令，各州、县剥运之米，鱼贯而至，鳞次而兑，浃旬得百三十余万为首运，余三十余万归次运。告祭风神、海神、天后，集长年三老，犒酒食银牌而遣之。万艘讙嘑江澄海明，旌旗飙动鼋龙踊跃。"二月底，漕运船队顺利抵达天津。陶澍任江苏巡抚首倡海运，取得了巨大的成功，是中国近代地主阶级改革派所取得的最重要、最典型的成果。整肃吏治，改造民风，建设封建社会的正常秩序。关心人民生活，救济灾荒。大力兴修农田水利。加强治安，严惩讼棍。道光十年（1830），加太子少保衔，署两江总督。陶澍勇于任事、为朝野所重用。道光十二年（1832），与巡抚林则徐治江苏水患，修刘河、白茆、练湖、孟渎等水利。陶澍任两江总督期间，在江苏巡抚林则徐、布政使贺长龄及魏源、包世臣等人的协助下，在吏治、河工、漕运、盐政、荒政等方面都做出了较大的成绩，并以提倡经世致用的"实学"受到世人的赞誉。

道光十一年（1831）八月，陶澍上《现在盐务、灾务，并拿获匪犯办理各情形折片》，说明两淮盐务建立新章，除弊禁私，降减盐价，销路已通；两江赈灾清匪，社会安定。道光帝十分欣喜，批示："览奏深慰朕怀。看此光景，今岁江南虽罹水患，来年以后自必渐复旧规。裕国而安民，通商而除害，汝为干国良臣，而朕亦获知人善任之美名，实有厚望焉。一力勉行，勿怠。"当时，长江中下游地区发生特大洪涝灾害，到处房屋坍塌，百姓流离失所。两江总督陶澍积极抗灾救灾，提出十二条赈灾章程，又通过整顿盐政使财政收入大增，社会秩序安定。

道光帝（1782—1850），爱新觉罗氏，原名锦宁，后改名旻宁，是清王朝的第八代君主。幼年聪慧，智勇双全。"自六岁入上书房，受诵经史。稍长，即于讲肄之暇，留意篇章，积累岁时，渐成卷帙，非欲雕琢曼词，盖陶冶性情，典学不废，借以自励而已。"乾隆五十六年（1791），年仅十岁的锦宁随祖父乾隆行围，"引弓获鹿"，得到嘉奖。嘉庆十八年（1813），天理教农民起义军进攻皇宫，留守京城的锦宁处乱不惊，镇定自若，有勇有谋，举措得当，终于转危为安。嘉庆二十五年（1820），锦宁登基，第二年改元"道光"。这时，清王朝已从"康乾盛世"的顶峰急剧跌落下来，内则吏治败坏，弊端丛生，财政危机，颓势显著，不可逆转，中国封建社会已快走到历史的尽头。外则西方列强纷纷兴起，偷运鸦片，输入商品，武力试探，刀光剑影，力图打开古老中国的国门。在清王朝的君主中，道光不失为一个想有所作为之君。继位之初，力图以汉高祖、唐太宗为榜样，振兴清王朝。"朕寅成大宝，日理万机，孜孜焉，惴惴焉，尝恐用人行政或至阙失。""试思汉高祖之大度，唐太宗之英明，运筹决胜，亦必须萧、曹、房、杜辅助而成也。"面对内忧外患的危机，道光极需治国安民的人才。他认为个人的能力是有限的，"圣王在上宵旰劳勤，不敢以一人治天下，也不欲以天下奉一人。旁求贤才赞助枢要，一德一心，使世祚永固，万国咸宁，诚得治天下之要道也"。道光认为"为政首在得人，安民必先察吏"。强调"国家以贤才为宝"，即把选择贤良人才为官放在首要地位。

道光所谓贤才的标准，即务实、勤政、敢为、诚实。他说："朕综理庶正十六年来，训诫臣工，惟求实心实政，力挽瞻顾徇庇之风，使内外臣工皆能振刷精神，破除情面，勉副朕意，何患不纲纪肃清，日臻上理耶！"就在这种背景下，陶澍进入了道光的视野。得到重用，可谓是青云直上。陶澍由道员成为清王朝的封疆大吏，其升迁之快，是非常罕

第一章 晚清变局

见的。很快,陶澍成为道光一朝举足轻重的重臣、名臣,被道光倚仗为"干国良臣"。

嘉庆道光年间,吏治败坏。道光认为:"当今之势,宪章具在,法令森然,若能大法小廉,泰行以实不以文,何患政事不理,百姓不安乎?无如世风日下,人心益浇,官不肯虚心察吏,吏不肯实意恤民,遇事则念及身家,行法不计及久远,朕所惧者在此,所恨者亦在此。欲求一堪膺重寄者,不可多得。"但是,他强调"天下之大,兆民之众","岂无遗才?"故道光登基后立发布谕旨,令府、县地方官保举孝廉方正和品学兼优的士子,令各省督抚从道、府、州、县官员中举荐贤才能员。八月,道光召四川总督蒋攸铦入京觐见,蒋是晚清满人中少有的贤才能员,特别重视吏治,注意选拔、荐举人才。蒋攸铦入觐时奏称陶澍"治行为四川第一,可大用"。又说,陶澍"总督才也"。道光立即于十一月擢陶澍为山西按察使。陶澍受命后,对道光"感悚莫名","登元诏下霱云开,忽奉除书万里来。圣主旁求关异数,微巨资浅愧非才。一年似借应惭寇,三馆初延竟使隗。旧德新施俱感切,一时悚惕倍低回"。十二月,陶澍入京面圣,道光召见三次,并亲交三案审办。道光元年三月,陶澍在山西赴任,不仅圆满地完成了"钦交三案"的审理,而且政声大著,"每有京控,多直交臬司,不由巡抚,前此未有也"。魏源认为,此乃陶澍"受上知大用之始"。道光元年十月,陶澍擢升安徽布政使,第二次觐见道光。陶澍在奏说官员中溺职贪劣情形时,声色俱厉,须髯翕张,引起了道光的警惕,怀疑陶澍故作姿态,有意取悦,乃密令安徽巡抚孙尔准考察陶澍为人。孙尔准通过调查考察,在密奏中保荐陶澍为能员干才。道光提醒说"卿不可为其所愚",孙尔准乃再次密查暗访,疏陈陶澍在安徽的善政,力荐陶澍乃贤才能员,堪当重用。道光二年,两江总督孙玉庭再次举荐陶澍,向道光密陈安徽藩司陶澍"才识优长,持论公正,皆有根底,洵堪委任之员"。孙玉庭久任封圻,为元老重臣,官至体仁阁大学士。孙玉庭的评价,再次加重了陶澍在道光心目中的地位。这些大臣的举荐,为陶澍青云直上铺平了道路,也为陶澍成为朝廷重臣发挥了作用。

陶澍作为嘉道年间的能员干才,无论为官为政,都做到了"勇、勤、善、廉"四个字,敢作敢为,任劳任怨,有胆有识,克勤克俭,并取得了十分显著的政绩。道光初年,即面临全国范围的财政经济危机,国库空虚,弊端丛生。两江地区为财赋集中之地,钱粮亏空、漕运难通、盐课拖欠、灾害连年、人心不安,在全国都是比较突出的。陶澍主政两江长达19年,在清理钱粮、首行海运、整顿盐务、兴修水利、安定地方等方面,作出了非常突出的贡献,在一定程度上解决了道光所面临的财政经济危机,为道光所称许。一是清理钱粮。自嘉庆朝以来,两江地区的钱粮亏空十分严重,安徽最为突出,钱粮"清查一事,他省偶一为之,而皖省自嘉庆七年至十九年,五次清查,仍未了结"。"钱粮一事,缓征、带征,他省或间数岁而一见,皖省则凤、泗等处,自国朝以来,无岁不赈,则无岁不缓、无岁不带"。道光元年,陶澍为安徽布政使,首要任务就是清理安徽钱粮亏空。陶澍到任后,雷厉风行,成立清查局,调集有关档案,治丝理棼,分别应参、应补、应豁,于是30年的库款纠结,"豁然一清"。又制订十条章程,严交代、禁流摊、裁捐款,杜绝了钱粮亏欠现象。陶澍在两江的第一炮,得到了道光的赞赏,认为"核实办理,亦属周详"。二是首行海运。漕运被称为清王朝的生命线,"国家建都燕京,廪官饷兵,一切仰给漕粮,是漕粮者,京师之命也"。嘉道年间,漕政腐败,运送漕粮一石至京,要花几倍甚至十几倍的代价。特别是到道光五年(1825),

运河堵塞，漕粮无法转输，从而引发了一场漕粮河运、海运的大争论。时任安徽巡抚的陶澍积极倡行海运，但又不赞成全停河运，主张"河海并运为宜"。道光采纳了陶澍的建议，调其为江苏巡抚。当时，全国漕粮约400万石，江苏一省担负着全国一半左右的任务。陶澍受命后，决定苏、松、常、镇、太四府一州的漕粮160多万石改由海运，江苏其他州、县漕粮仍归河运。随后，"亲赴上海，筹商船，访道路，定价值"，终于将漕粮妥运至天津，出色地完成运漕粮的任务。对此，道光十分欣慰，称赞陶澍深协机宜，"督饬有方，可嘉之至"，并赏赐孔雀花翎。

三是兴修水利。两江地区，江河湖泊，港汊密布，嘉道年间，水利失修，灾害频仍。据《清实录》统计：嘉庆一朝，江苏省共发生水、旱灾害25次，年年有灾；安徽发生水、旱灾害24次。天灾连年不断，对清王朝的财赋之区是一个沉重的打击。陶澍一直重视农田水利事业，在江南19年，把兴修水利放在非常重要的位置。道光五年，陶澍开始兴修安徽水利，治理淮河、洪泽湖。随后又筹议兴修江苏全省水利。道光六年（1826），主持开京口河、疏浚猪婆滩，提出速堵王营减坝。道光七年（1827），主持吴淞江水利工程，提出修浚徒阳运河。道光八年（1828），吴淞江水利工程完工，提出京口改道，以开漕运新道。道光九年（1829）疏浚练湖。道光十年（1830），治理太湖、雕鹗河。道光十一年（1831）主持疏浚孟渎、得胜、澡港三河，勘察仪河。道光十二年（1832）勘察黄河，反对黄河改道。道光十三年（1833），孟渎、得胜、澡港三河水利工程竣工。道光十四年（1834），视察海塘，主持治理浏河、白茆河工程。道光对水利事业也十分重视，多次肯定和表彰其兴修水利之功，曾在陶澍的奏折上批示："兴水利，除水患，莫大之善政也。总要督率认真，劝导有方，固不可徒费周章，亦不可始勤终怠。"《清史稿》则称赞陶澍所兴修的水利，"为吴中数十年之利"。四是整理盐政。盐税是中国封建王朝最重要的财政收入之一，据《清史稿·食货志》的统计：道光年间清王朝岁入银为3740万两，其中盐课收入达750万两左右，占整个岁入银的五分之一。清代盐场中，以位于江苏的两淮盐场为最，有"东南财赋，淮鹾为最大；天下盐务，淮课为最重"之说。嘉道年间，盐政败坏，自嘉庆十五年至二十五年（1810—1820），两淮仅只六纲全运，其余或北销而南铳，或南销而北分带。道光年间，两淮盐场更到了山穷水尽的地步。道光十一年，任陶澍兼理两淮盐政。陶澍乃雷厉风行，全力以赴，革除盐弊，改行票盐。在任8年时间，为清王朝创造了2400多万两的盐课税金收入。陶澍对盐政的整顿和改革，为把持盐务的贪官、总商、奸吏所坚决反对，却得到了道光的大力支持。正如魏源所说，陶澍"议裁鹾费，则窝商、蠹吏挠之；议截粮私，则长芦、总漕挠之；议改票盐，则坝夫、岸吏挠之；群议沸腾，奏牍盈尺。使公之肩稍不利，天子之倚任稍不坚，必不能善其后"。在陶澍的努力下，"鹾务有起色"，"民商均便"，"国课日见充裕"，从而得到了道光的信任。五是安定地方。道光朝处于太平天国农民大起义的前夜，阶级矛盾、民族矛盾都十分尖锐。社会不安、人心不稳，是摆在道光面前的重大问题。陶澍对两江采取了综合治理的办法。大力发展生产、繁荣经济。如兴修水利，推广双季稻，扶植商业活动，发展商品经济。调和阶级矛盾，减轻人民负担。如整顿吏治，革除弊端，倡行海运、票盐，救济灾荒。振兴文教，宣扬传统道德，如兴办书院，发展教育，重视人才，旌表忠孝节义。维护社会治安，严惩私枭匪徒，如编查保甲，制订巡洋会哨章程，强化地方武装，惩办各地为非作歹的讼棍、侉匪、枭徒、私盐犯、抢劫犯。这些，都为道光所欣赏。据统计，陶澍任两江总督的10年期间，全国先后有10个省发生16次农民起义，唯有两江地区保持稳定，"年年修竹报平安"。

陶澍不仅以出色的政绩，取得了道光的好感，而且以其优秀的人品、渊博的学识，为道光所信任和倚仗。陶澍出身农村，世代务农，历代祖先没有入仕者，全凭自己的本领，通过科举进入官场。陶澍虽然跻身朝廷大员行列，却始终保持着湖湘农民的刻苦、朴素、务实、勤劳、廉洁等优秀品质。陶澍的升迁，没有家世背景，完全是自己的能力和学识所致。魏源说，陶澍"凡所施设，不任独、不任同，朋是勿壅，朋挠勿从，群疑朋丧，纂郤莠开，驱庸走智，康衢王路，天定民诚。吁！可谓智不惑、勇不惧者也。悬河之辩，不可复闻；骋古今之学，剸繁剧之才，不可复见"。这种优秀的品德和丰富的学识，正是道光所重视的人才。

道光多次称赞陶澍："汝操守好，办事认真""勇于任事，不避嫌怨""汝学问、人品俱好"。道光五年，陶澍调任江苏巡抚，道光在陶澍的奏折上批示："朕所以调任江苏者，观尔颇可干济，借资整顿。汝其实力实心，以渐而入。通省吏治、民风全系于汝一身，而用人更为当事之急，勉之、慎之。"道光十年，道光又在陶澍升任两江总督后谕示陶澍："两江总督陶澍知之：朕看汝人爽直，任事勇敢，故畀以两江重任。汝当益励才猷，实力整理。膺封疆重任者，勿避嫌怨，勿惮勤劬，自不待言矣。然当今之势，宪章俱在，法令森然，若能大法小廉，奉行以实不以文，何患政事不理，百姓不安乎？无如世风日下，人心益浇，官不肯虚心察吏，吏不肯实意恤民，遇事则念及身家，行法不计及久远。朕所惧者在此，所恨者亦在此。欲求一堪膺重寄者，不可多得。河工、盐务，均系兼辖，尤当实力讲求，破除一切积习，渐复旧规。曰：如何能若是？曰：在得人。毋忽，毋忽！"

正因为对陶澍的信任和了解，道光深感两江地区离不开陶澍，有陶澍在，两江的财赋才能源源不断地供应朝廷。在两江，陶澍曾四次受到处分，部议都是"降级调用"，道光却一律改为"降级留用"，表明道光对陶澍的信任和倚仗。陶澍以一个没有任何背景的汉人，任两江总督长达10年，直到逝世，在清王朝历史上，仅此一人。从康熙四年（1665）设置两江总督，到道光十九年（1839）陶澍卸任两江总督，174年中，共有56人任此职，平均任期只有3年。56人中，满人有39位，汉人仅17位，占总数的30%。其中尹继善以11年任期名列第一，但他为满人；陶澍以10年任期名列第二。

道光十五年（1835）冬，陶澍入京述职，已是道光皇帝接连14次召见。陶澍做两江总督兼两淮盐政以来，开始了为官生涯中大刀阔斧的第一次改革，在两淮取消"纲盐法"，推行"票盐法"就是打破国家对食盐的垄断，将价格推向市场，获得了空前的成功。陶澍改革大获成功，道光皇帝格外赏识，在养心殿西暖阁召见了他。道光皇帝就国家大事对话完毕，意外跟陶澍聊起家常。有一段对话："蒙垂询所学及家世里居甚悉。臣对：'幼学于父，住安化资水之滨……臣所居资江乡之小淹，正在山峡处，原是益阳地，宋时割置安化县。只因不当孔道，冠盖罕经，故称僻壤。'上复问山水形势。臣对：'资水流经臣里，两岸石壁屹立如重门，澄潭潆洑，深数十丈，有石出于潭心，方正若印，名曰印心石。'上曰：'尔居此石上乎？'臣对：'臣居上游三里许，幼随臣父读书，结有书室，名曰印心石屋，即在此石之北岸。'"陶澍明确说自己的家乡在印心石上游约三里的小淹对河的陶家湾。这段对话收录在《陶澍全集》第六册《御书印心石屋恭纪》一文中。湖南人说话方言都很重，道光皇帝听不太懂，于是再次一字一字地问，陶澍一字一字地比画，道光皇帝终于听明白了：哦，印心石屋，这么写。他又继续饶有兴趣地听陶澍谈那些乡村趣事，沉浸其中，心往神驰。让陶澍梦想不到的是，第二天一早，军机大臣潘世恩等四人，捧着六寸长宽的"印心石屋"匾额给他，匾额引首"清虚

"印心石屋"壁刻

静泰"四字长玺，后书"御笔"二字，并有"慎德堂御书宝"六字方玺。第二天，陶澍又收到了新题字。幅长九尺多，每个字高宽各在一尺六寸左右。陶澍在《恭呈印心石屋图说》中记述："臣于乙未冬入觐，蒙恩召对。圣诲周详，并及家世里居，御书斋额四字以赐，时嘉平四日也。越五日，复蒙垂询江岸石壁之胜，重赐擘窠大字。臣泥首祗领，摩崖于安化县资江之滨，天文巍焕，永峙崇崖。其初次所奉赐书，亦俯允臣请，留为世守，刻石附图，用垂不朽。而江南人士闻臣叠邀异数，咸思仰睹日星。因亦择地建亭，重摹宝书大字，恭泐贞珉，以遂其就瞻之恟。"他赶紧收好，不久就刻在家乡的印心石上。随后岳麓山、庐山、金陵等十多处地方的石壁都刊刻上了。满朝臣子知道后，都羡慕得不行。这可是最高褒奖啊！在封建社会，这是臣子的最大荣耀，"隆恩异数，旷古未有"。作为封疆大吏的陶澍，取得了名垂青史的成就，其成功的一个关键，就在于得到了道光皇帝的信任和支持。

中国古代地理学家认为黄河发源于昆仑山，长江发源于岷山。张之洞、张佩纶故认为："道光以来人才，当以陶文毅（即陶澍）为第一，其流约分三派：讲求吏事，考订掌故，得之在上者贺耦耕（长龄），在下则魏默深（源）诸子，而曾文正（国藩）总其成；综核名实，坚卓不

陶澍雕塑像

回，得之者林文忠（则徐）、蒋砺堂（攸铦）相国，而琦善窃其绪以自矜；以天下为己任，包罗万象，则胡（林翼）、曾（国藩）、左（宗棠）直凑单微。而陶（澍）实黄河之昆仑、大江之岷山也。"人才之"源"，聚集培养了贺长龄、贺熙龄、唐鉴、魏源、汤鹏、李星沅、劳崇光、刘蓉、李再青、谢振定、严如熤、何凌汉、何绍基、何绍业、周系英、李杭、唐仲冕、邓显鹤、曾国藩、胡林翼、左宗棠、彭玉麟、郭嵩焘、刘长佑、李续宜、黄冕、李象鹍、袁名曜、欧阳厚均、欧阳辂、江忠源、罗绕典等一大批湖湘杰出人才，都不同程度得到陶澍的帮助或受陶澍的深刻影响。陶澍以其无穷的人格魅力，发现、培养、团结、凝聚了一大批经世人才，形成了嘉道年间湖南第一个人才群，并且直接开启和催生了咸同年间以湘军群体为主力和中心的第二个人才群，居功至伟。因此，陶澍是近代湖南人才群的核心和领袖，是对湘籍官僚集团崛起有着显著

第一章 晚清变局

陶澍对联

职场"雁阵效应"的"头雁"。萧一山先生说:"不有陶澍之提倡,则湖南人才不能蔚起。"认为湖南人才崛起始于湘军,几乎是过去学术界的普遍认识。因为湘军发扬湖南人的尚武精神。"扎硬寨,打死战"(陈独秀语),在战争环境中培养了大批人才,因军功保举的武职官员竟达6319人,其中保举提督478人,保举总兵1077人,战争胜利后官至巡抚、总督的有26人。但是,应该看到湘军的领袖人物都曾经受到陶澍的培养或影响。

鸦片战争前后,西方资本主义的严重威胁和撞击,把古老的中华民族推到了剧烈动荡和社会巨变的时代,迫切需要应时的人才出现。因此,当农民起义威胁到清廷的安危之时,涌现了一大批清廷的"功臣战将",四大"中兴名臣",湖南就占了二个。在强敌入侵时,湖南更是涌现出一批爱国的思想家、外交家,以及敢打敢拼、不畏强暴的硬汉、民族英

中兴四大名臣
（左一张之洞、左二李鸿章、左三曾国藩、左四左宗棠）

雄。在西方近代化大潮的挑战面前，首批开眼看世界、率先作出回应的有识之士当中，又不乏湖南籍人士。所谓洋务运动的四个重要代表人物，湖南就占了其中三个。

可是像左宗棠这样才学超群的人物，竟在偏僻的山乡整整埋没了二十多年，这足以说明封建制度的腐败之深，这不仅是个人的不幸，更是民族的不幸。古老封闭的中华民族吸收不到外面的新鲜空气，传统文化沉积的糟粕淋漓尽致。但是，中华传统文化的精华，哺育了具有较高文化素养的民族，每当历史的紧要关头，都会涌现出一批代表中华民族优秀文化的杰出人物。他们应时代的需要而生，又为推动历史的进程而拼搏。

左宗棠，便是在这样一种社会思潮、学术氛围和社会大环境中度过了他的青壮年时代。他是陶澍新经世说的信徒；步入官场后，又是一个出色的身体力行者。"经世致用""精忠报国""民为邦本"等优秀传统文化的思想精华，使他关心国计民生，办实事，为国家、为民族建功立业；恪守理学"义理"的信条，又使他终其一生无法突破"忠君"的藩篱，而只能在"中体西用"的范围内有所作为。从中我们可以得知，中国传统文化的精华与糟粕，同样给予左宗棠极深的影响。

第二章 生逢乱世

嘉庆十七年十月初七日（1812），左宗棠出生在湘阴县东乡左家塅的一个寒素之家。左宗棠的祖辈自南宋由江西迁至湖南后，世居湘阴。

湘阴早在新石器时代，即有先民在此开拓，至夏代，为三苗部落所居。周代，成王分封诸侯，湘阴地属楚国。文王徙罗子国遗民至湘水之南，县境为罗子国地。秦始皇废封、行郡县，改罗子国为罗县，隶长沙郡。西汉高祖刘邦徙衡山王吴芮为长沙王，吴改长沙为长沙国，东汉建武七

湘阴南泉寺

年复长沙郡。或国或郡，罗国均为其属地。汉献帝建安十三年（208），刘备徇定荆州的武陵、长沙、桂阳、零陵四郡，罗县属刘。刘备、孙权以湘水为界分治荆州后，罗县归孙，仍隶长沙郡。至晋代隶属未变。南朝宋元徽二年（474），湘州刺史王僧虔为安置巴峡流民，上表割罗县、益阳、湘西三县部分地置一新县，名湘阴，属长沙内史，县治设琴棋望（今县芦苇场鲇鱼洲中部）。南朝梁天监元年（502），县治迁黄花城（今鹤龙湖镇黄花岭）。隋开皇九年（589），省湘阴入岳阳县，县治迁长乐（今汨罗市长乐镇）。开皇十一年（591），改岳阳县为湘阴县，县治又迁至春秋罗子国都城、秦代的罗县县治古罗城（今屈原行政区马头槽）。唐武德八年（625），并罗县入湘阴。此时县域广阔，地辖今湘阴、

汨罗、平江三县（市）。唐中宗神龙三年（707），因地域太广，难于治理，遂析湘阴县东部地置昌江县（今平江县），同属岳州，同年湘阴县治迁城江城（汨罗市川山坪镇常公村）。五代后周广顺三年（953），县治再迁白茅城（今汨罗市川山坪镇石桥村）。宋太宗淳化四年（993），湘阴改属潭州（今长沙市）。南宋高宗建炎四年（1130），县治迁湘江之畔的瓦碎潭，即县城（今文星镇）。元成宗元贞年间，升湘阴为州，属潭州路，文宗时又改属天临路。明洪武二年（1369），降州为县，属长沙府。

唐代韩愈到湘阴娘娘庙一宿做个好梦，一扫过去贬谪之厄，紫袍玉带走金阶。他特为之树碑铭记。李商隐在湘阴奇迹般遇见日夜思念的知音好友，并写下千古名作《赠刘司户蕡》诗。宋代张孝祥到长沙任职，湘阴的湖风水色助他成就了宋词上的辉煌，在青草湖上写下了"明河共影""扣船独啸""肝胆皆冰雪"的豪迈词章。

早在春秋战国，湘阴就被诸侯视为天下重地，吴楚在此交戈。三国时吴蜀挥兵，白马寺、关公潭是关羽系马磨刀处，战长沙大功告成。"塘"乃古代军事建制，湘阴有三塘六塘石塘东塘古塘伊塘周塘…可见湘阴多攻守要塞。它是上下洞庭南来北往之咽喉，是成就帝王大业的必争之地。上溯历史第一页，《史记》开篇载：黄帝与炎帝在洞庭战后联盟，黄帝为盟主，登上湘山，立足处就是湘阴黄陵山。

湘山圣地还迎来了放逐的屈原，赋予他精神劲力，使之完成了《湘君》等九歌系列，吟出了《离骚》，登上诗祖宝座，《楚辞》与《诗经》一并成为中国文化源泉。而秦始皇以征服者的狂态来了，冲撞湘水，湘神发起大风浪，令他不得靠近湘山。

好风水则多仁山智水，哺代代精英。宋代首任岳麓书院山长、清代第一任驻英法大使、民国第一任教育部长、中国化工先驱、解放区文学明星、世界中学生数学奥赛金牌得主……从这里走出，湘阴是钻石人才金矿地带。好风水则山慈水善，湘阴自古乃鱼米之乡，六畜兴旺，广袤水土养育万物以哺百姓，连蓼根也遍布湖洲山野，灾荒时给万民度日。风水好则山美水美，其远浦归帆为有宋来著名潇湘八景之一。风水湘阴山奇水异，物产独特卓越。本土藠坨比其他地多一层皮，是地方标牌，鲤鲫杂交独在此水域成功，绝无仅有。八百里洞庭有唯一湖中岛，确为银盘青螺，所产蔓荆子是治疗偏头瘫特效药，城关一带地下水令宾客清爽在心，只道是喝了玉液琼汤。从"窑头山"至"万窑湾"至"杨家山"延至洞庭方向，烧了多少年代陶窑？窑钵之烹乃美味之最。三峰窑下有偌大"钵泥湖"，此处窑陶泥土掘之不尽。从岭北到芦林潭河沙知多少？为城市化进程砌起了多少幢大厦，铺了多少里路程？风水湘阴山润水沛，泽福寿终正寝园地。陈嘉佑军长归葬南泉，甘妃巷是明朝甘妃芳魂宿处，明朝五朝元老夏原吉墓寝融夏家祠堂、夏家山、夏家菜园、夏家桥一带风景，纵横数里，硕大石人石马石龟迭陆而设，傍水而立，前有亭驿伸南延北，后枕山梁，天高地厚。有清代将军坟茔坐落长岭处，风过林岗，清气徐来，隐在山侧，微露碑表，具不朽状。

  左家在当地算得上是有一定声望的大家族，"支派繁衍，其间忠孝节义，散见于郡邑之志载及家乘之所传闻，乡人士类能言之"。左家"先世耕读为业，以弟子员附郡县学籍者凡七辈"，可谓是一个以七代秀才传世的书香门第。左宗棠的曾祖父左逢圣为县学生员，以孝义著闻，且"居贫好施"，"生平举止端严，所读经史皆手录"。祖父左人锦是国子监生，以"律躬之严，闲家之肃，敦睦家族推济乡里"而名扬乡里。父亲左观澜乃县学廪生，曾就读于长沙岳麓书院，贫居教书20余年，其"教

第二章 生逢乱世

人为文必依传注诠经旨"。家有祖辈遗田数十亩,岁收谷40余石,在"康乾盛世"余晖散尽的时代里,能有这样的收成,相对而言也算不错,但靠此来维持一个三代十口之家的生活并不算宽裕,在父亲左观澜的奔波下勉强度日,丰年半饱,灾年就接济些糠饼草皮。家境的清贫,使他的父亲左观澜不得不为生计而四处奔波,为人教读,以所得束修维持全家的吃穿费用,甚至出现了"非修脯无从得食"的境况,遇到灾荒,只能是"屑糠为饼食之,仅乃得活"。

然而"天下动之至易,安之至难",要在晚清这样一个时局纷扰的年代里做出一番事业,必然需要有超乎常人的智慧。三国文人陈琳在《为袁绍檄豫州》中有言:"夫非常者,固非常人所拟也。"年幼的左宗棠也自然而然地显出了他与众不同的地方。按长幼顺序,左宗棠上有两个哥哥三个姐姐,古人只记男口,故而左宗棠算作家中老三。大哥宗棫,二哥宗植,三子就是宗棠。左家世代读书,也算书香门第,于是又循例为三子谋字:长子伯敏,次子仲基,左宗棠得字季高。他作为年龄最小的男童,倍受其祖父左人锦的宠爱。

嘉庆二十一年(1816),左宗棠的父亲左观澜挈家迁居省城长沙贡院东左氏祠,以开馆授徒维持全家的生计。左宗棠兄弟三人随父读书,"不名他师"。左观澜对儿子们抱有厚望。他自己虽是个秀才,多年未中举人,便望子成龙,希冀他们以后能步入科举的殿堂。于是,他"教人循循善诱,于课子尤严,数年之间入学食饩,一时从游者甚众"。左宗棠四岁时便随其兄听课。他每次听其父"讲授生徒"及其兄"诵读之书,辄默识不忘,偶属对,颖悟异人"。一日,左观澜课宗棫、宗植读《井上有李》文,至"昔之勇士亡于二桃,今之廉士生于二李"句,便问"二桃"的典故出自何处,两位哥哥还未给出答案,坐在一边旁听的宗棠即刻答道:

"古诗《梁父吟》中说'一朝被谗言,二桃杀三士',还用得着想吗!"这一年,左宗棠尚不足五岁,而二哥宗植十三岁,大哥宗棫已经十七岁了。

道光三年,大哥宗棫去世,年仅25岁;四年后,母亲余氏病故;再三年,父亲左观澜也经不住亡妻丧子之痛,抛下不足弱冠的左宗棠离开了人世。加上之前祖父、祖母的亡故、姐姐们的外嫁,曾经的十口之家只剩下了宗植、宗棠兄弟以及大哥留下来的一个寡嫂。因为不断医病、治丧,左家原本就十分单薄的家业很快就消耗光了,此时的左家可以说是家徒四壁,门可罗雀。左宗棠由于小时候营养不良,导致肚脐突出。这种贫穷的生活,也让年幼的左宗棠早早地认识到,他目前处于一个怎样的时代,而这个时代属于谁,该如何改造、修正,则成了他一生的命题。对于这样"寒素"的生活,左宗棠后来在写给他儿子的信中常常回忆述及,多有感慨。他说:"吾家积代寒素,先世苦况百纸不能详。尔母归我时,我已举于乡,境遇较前稍异,然吾与尔母言及先世艰窘之状,未尝不泣下沾襟也。吾二十九初度时在小淹馆中曾作诗八首,中一首述及吾父母贫苦之状,有四句云:'研田终岁营儿铺,糠屑经时当夕飧。乾坤忧痛何时毕?忍属儿孙咬菜根。'至今每一讽咏及之,犹悲怆不能自已。吾家本寒素,尔父生而吮米汁,日夜啼声不绝,脐为突出,至今腹大而脐不深。吾母尝言育我之艰、嚼米为汁之苦,至今每一念及,犹闻其声也。"左宗棠成长于如此清贫之家,逐步养成了吃苦耐劳和节俭质朴的生活习惯,必然深受传统教育思想观念的熏陶,这也是他后来说出"身无半文,心忧天下"的源头。

第三章　试途多舛

左宗棠天资聪颖，又勤学刻苦，日后登堂入室、科场高中或许是必然的结果，但是有时事情的发展不全是按照既定的方向往下顺延。大凡能人志士，功成名就之前往往会历经重重磨难。勾践卧薪尝胆，韩信甘受市井胯下之辱，朱元璋起于贫贱，李自成出身微末。蒲松龄屡试不第，71岁方才当上贡生，左宗棠科考之路之坎坷亦如此。

丁忧错考

清代的科举考试简单说来分为四步：童生试、乡试、会试和殿试。童生试考过称秀才，乡试考过称举人，会试考过称贡士。而最后的殿试是由皇帝钦点，称进士，进士前三名分别为：状元、榜眼、探花，从中选出状元郎。童生试又分为县试、府试、院试三个等级。在清代雍正以前，湖南还是湖广省的一部分，省会在武昌，考举人的考场即"闱场"，设在武昌，湖南的秀才由于路途遥远，交通不便，费用浩繁，特别是要越过八百里洞庭湖，风狂浪险。陈鹏年写道："洞庭之水，自夏至秋，盖巨浸汪洋，绵亘数百里，狂风恶浪发作不常，当大比之年，贫寒士子，或十数人，或数人敛费僦舟，冲涛而往，一舟覆溺，则所损者多人，一番沦波，则各郡县引以为戒。于是湖南士子畏怯不前，有终身未见场屋者。动曰湖南人少，是因洞庭之险而少。"杨昌济曾经也说过："以前科举时代，南北合闱，湖南士子，惮泛重湖，赴试者少，获隽亦难。有一年仅有一人中试，当时巡抚特加宠异，赠以'一鄂横秋'之匾。风气闭塞，人才寥寥，可想而知。"他还谈到自己的外祖父向肇昆，就是因为陪伴两个弟弟去武昌赴考，途中过洞庭时遇大风浪惊吓得心脏病发作而死的。

南北合闱的结果使湖广省中举的名额多被湖北人占去，湖南中举的人极少。各县的教谕一职例由举人担任，因此也大都由湖北人出任。

第三章 试途多舛

雍正元年（1723）设湖南布政使司，湖南正式建省，第二年设湖南巡抚，驻长沙，同年南北分闱，湖南首次单独举行乡试，中试名额49名，副榜9名，仅比湖北少1名。武举25名，与湖北同，从此成为定制。建省与分闱既免除了风浪之险，又减轻了士子的经济负担，名额的划分又增加了湖南士子中试的机会，从而激发了湖南士子的进取心和求得功名的积极性，促进了"人才之奋起"，正如杨昌济所说的那样："湖南与湖北分闱以后，文运大昌。""湘省士风，云兴雷奋，咸同以还，人才辈出，为各省所难能，古来所未有，此分闱之效也。"

道光六年（1826），也就是左宗棠十四岁那年，他参加了湖南学政主持的童生试。长沙府试的时候，主持考试的知府张锡谦对左宗棠的文章十分喜爱，原本想把他列到第一名，但看到同考的一名考生年纪已大，出于同情，便把左宗棠放到了第二位，第一头衔给了那名年长的童生。左宗棠轻松地通过了县试和府试，然而正当他踌躇满志地准备参加次年夏天举办的院试、迎接自己的秀才称号时，母亲病重的噩耗传来，这使他不得不放弃考试，回家照顾母亲。殊不知，这次退出后，他彻底与秀才的称号无缘。

清时科考，规矩甚多，童生们在报名的时候，都得为自己在县里找一个廪生做中间保人，证明自己家世清白，且在应考之时，不在三年守丧居孝之期。但凡在丧期内应考的，均属"匿丧"，不但考生会被除名，连同保人也要一同受罚。左宗棠的不幸就在于此，他初次考秀才，恰逢母亲病重，他只好赶紧回家照看母亲，在看到爱子回家之后，母亲余氏才撒手人寰，左宗棠也循例在其后的三年内不能应考，此时的左宗棠刚刚十五岁。在现在很多人看来，十五岁还是一个孩子，但古人历来当家早，成婚早，寿命短，因此十五岁并不是"葱之青青"的年纪了。在左宗棠为母亲守孝期满之后，他本来要再一次踏入考场，这一次，依旧是童生试，考秀才。此时左宗棠虚岁已满十八，正所谓造化弄人，这一次左宗棠甚至连踏入考场的机会都没有——左宗棠守完母亲的丧期之后，父亲左观澜又在这一年亡故，于是他只能紧接着为父亲守孝，考秀才的事，三年之内又是黄粱美梦了。

1832年，天资过人的左宗棠已经二十岁了，却还是个童生，古人三十六岁即可对外称"老夫"，二十岁出头的左宗棠也必然感受到了时间的紧迫与冷酷。官府科考三年一举，假如下一次还去应童生试考秀才，那么何时才能金榜题名，一展雄才呢？想到此，志存高远的左宗棠如坐针毡，这一次他真的忍不住了，四处求亲寻友，凑了108两银子，捐了个秀才名号，终于可以前赴长沙应乡试，考举人。

侥幸中举

1832年8月，因道光皇帝人生的第五十个春秋开"恩科"，对于诸多学子而言是一个莫大的喜讯。有道是"天予不取，反受其咎"。这样的时机，实在是不容错过！于是，在亲友的帮助下，左宗棠随同哥哥左宗植一道，赶赴长沙参加乡试。这一次，从结果上看，左宗棠虽然中了举人，然而过程却是一波三折的。由于自幼年少疏狂，左宗棠的考卷文辞粗疏，虽然其中思想、意境了得，但这终究与文辞缜密、严谨的八股文格格不入。当时参考的秀才有五千之众，错综繁复的各类考题带来七万余封考卷，规定的时间是二十五天内评阅完毕。如此除去主考之外，还需要些许副考，即"同考官"来帮忙审阅。当时左宗棠的卷子是先给同考官胡鉴审阅的。这位胡鉴乃是翰林院编修，编修们整日论撰文史，稽查史书，论经作典自然是好手，而他对于文章的偏好也自然是喜欢文

第三章 试途多舛

辞通顺、语句华美、合乎程式的。因此在看完左宗棠的卷子之后，胡鉴摇着头给出了一个评语"欠通顺"。这样一来，左宗棠就被否定了。原本左宗棠考举算是失败了，但是道光帝一高兴，榜还没发，又下令增加了六个举人的名额。于是考官们又在未中举的五千多人里寻找。当看到左宗棠的卷子时，主考官眼前一亮，觉得文章十分的好，于是拿去给胡鉴重批。胡编修一看是自己批阅的那份"欠通顺"，不禁哑然失声，这卷子还值得重批？哪有一点做学问的样子？于是他拒绝重新评判。主考官名叫徐法绩，是前朝进士，从前也被授过编修职位，但是由于父母年迈，辞职回家赡养，后任御史，在朝中素有清誉。按理说来，徐法绩也会从文卷中寻找合乎体制的卷子，然而与其他人不同的是，徐法绩个人也喜爱实学，不拘泥于文章词句。徐法绩想要重判，可是胡鉴也分毫不让，这一点让徐法绩着实为难，都是读书人，谁跟谁都不好撕破脸说话，眼看重判之事就要作罢，胡鉴却突发急病，在定榜之前死了，于是徐法绩就把卷子拿去让其他同考官批阅。一开始，其他同考官也不愿意改评语，还说道："大人是主考，中与不中都是您说了算，您说中，他就中了，但是要改评语，恕难从命。"恰巧的是，左宗棠在长沙湘水校经堂的老师、晚清著名学者、书法家吴荣光，当时被新调任巡抚一职，当日吴荣光临闱打开封糊后，一看是左宗棠的卷子，想起当时在长沙湘水校经堂，此生曾七次考试夺魁，便当场起身离席，说了几句赞扬学生的好话，并恭贺徐法绩选中了人才。其他几个同考官看到徐法绩对这份卷子如此推崇，原本就在暗自揣测：这莫非是一份温卷？温卷者，人情卷也。眼前巡抚大人的表现更证实了这一点，于是诸位同考官便小心翼翼地将评语改成"尚通顺"，并向上推荐了左宗棠的卷子，左宗棠也因此得以被第十八名选中。颇具戏剧化色彩的是，曾经的"手下败将"，二哥宗植以头名解元的身份中举。

左宗棠买来一个秀才头衔，不久后又中了举人，社会地位应该会比较高，生活也应当有所改善。然而很多事都不是这般简单的。明清秀才是带有些许特权的。他们可以免徭役，见了地方长官也可以不下跪，只拱手相敬，以"老师"称之。若受官府传讯，即便真的犯法，也不能随便动刑，要报省学政批准方能执行，并且这些板子是可以花钱抹掉不挨的，如此等等。表面上看来，秀才们确实高人一等，但事实上除去"免徭役"这一点，秀才得到的实质性优惠并不多，古代读书人挤破头一门心思考功名，哪有那么多闲情去惹是生非，传讯受审自然不会是他们生活的主色调，而见地方长官不下跪，只是个脸面问题，没有太多现实意义。举人在秀才的基础上会更进一步，简单说来，举人属于官场候选，考上进士当然可以直接做官，中举之后也是有一定机会的，但这需要有"缺"，才能"补"，而左宗棠所处的晚清时代，卖官鬻爵之风日盛，没有门路很难补上个一官半职，所以，就左宗棠中了乡试第十八名来说，他的生活还是不能得到实质性的改变。走在纷扰的长沙街头，他依然是一个穷书生，还会因为看上了一部好书却买不起，独自唏嘘而黯然神伤。

屡考不中

道光十三年，即左宗棠被录为举人之后的第二年春天，满心感激地收下妻子的一百两银子，准备同哥哥一起上京赶考。然而却逢大姐"家贫不能举火"，便将盘缠全部给了姐姐。好在亲友闻讯，又给兄弟俩凑了一百来两银钱做路费。然而三场考罢，左宗棠的卷子虽然获得了考官的好评，却没能中榜。无奈之下，左宗棠只得打点行李，南归故里。归乡途中，左宗棠目睹着清王朝晚期的悲凉景象，说出了这样一句无比辛

第三章　试途多舛

酸却又满含壮志的话："睹时务之艰棘，莫如荒政及盐、漕、河诸务。将求其书与其掌故，讲明而切究之，求副国家养士之意。"

道光十五年，左宗棠第二次参加会试。这一次，他差一点就被录取了。同考官温葆深极力推荐他的卷子，主考也认为这名考生"立言有体，不蔓不枝"，准备以第十五名录取，然而临揭榜时，考官发现湖南省多录了一个名额，而湖北尚未录满，于是撤去了左宗棠的资格，补给了湖北。临末了，给了左宗棠一个"誊录"的职务，相当于现在的抄录打字之类的文职，很难迁升，而左宗棠不愿意担任这样抄抄写写的职务，于是又一次名落孙山。

道光十八年，左宗棠第三次参加会试，再次无缘金榜，同去的乡党曾国藩却榜上有名，得了一个"同进士"。他一次次应考，却均是失望而归，三次赴京，历时六年，空费许多钱财。这个时候，左宗棠已经二十七岁了，在古人眼里，已然是不小的年纪，正如他自己后来所说的16岁之后为勤勉于学的得力时期。他说："人生读书得力只有数年。十六岁以前知识未开，二十五六以后人事渐杂，此数年中放过，则无成矣，勉之！"对此，左宗棠后来对其儿子追述这一情形时说："士人但知有举业，见吾好此等书，莫不窃笑，以为无所用之。"左宗棠企望能走科举登第之途，但他又没有把全部心思用在应科举、读四书、做八股上面，而是对经世致用之学颇加留意。左宗棠对经世有用之学的追求，引起了许多沉醉于八股时文的士人的非议和嘲讽。左宗棠平日恃才傲物，鄙薄时文，高谈阔论，指斥时弊。三试不第，这给他的打击太大了。同辈之中，真正知道他的人，叹息他不遇机缘，纵使有温葆深那样的座师也是枉然。他们也能理解他的心情，期望他能平心静气地对待。又有一些人，平日对左宗棠喜大言、视天下事无不可为的骄态，早就有看法。现在，三次铩羽而归，总有一点说不过去，见面尽在不言中。几年来，同辈之中，也有像胡林翼这样才识过人的中了进士，点了翰林；有曾国藩那类精于八股也有学问的人金榜题名。更有一、二位说不清道不明的人春风得意。唯独他不在其中，至此，左宗棠不再应试求取功名，决意长为农夫以没世。这是从前常有倨傲之态的人无可奈何的选择。此时，唯有恩师贺熙龄、二哥宗植给他以规劝，友人胡林翼、欧阳兆熊等人给他以安慰。

第四章　赘居桂堂

1832年，左宗棠在长沙乡试之后，未及放榜，便与湘潭周诒端（字筠心）结婚，入赘周家。最为体贴的则是周夫人和侍妾张氏。左宗棠回到辰山，张声玠已赴元氏县任县令，茹馨携三子同往。筠心喜滋滋地带两个女儿出来迎接。别后数月相互凝视，筠心感觉左宗棠形容疲惫，心绪亦不甚佳，她以万种柔情，竭意承欢，千般抚慰，左宗棠如有倦鸟归林之感。张氏细心照料，细语绵绵。儿女情长，消却了众多烦恼。周夫人又将近期与女儿、侄女们所作几十首诗词拿出来，请他评赏。桂在堂的初夏，又复使左宗棠的心境归于平静。他整理书房继续研究舆地和农事之学，又躬巡田陇，帮助周夫人督率长工勤耕勤种，并亲自开垦坡地十余亩，种植湖桑千本，准备来年养蚕。至1844年，左宗棠才举家迁回原籍——湘阴县东乡柳家冲柳庄，左宗棠蛰居桂在堂达12年。

桂在堂，俗称贵子堂，早年叫亭子屋场，位于湘潭县排头乡紫山居村，距隐山东麓三公里，是左宗棠岳父周系舆与夫人王慈云的故居。据清光绪刊《湘潭县志·周系英传》推断，应是周方沂初建，后陆续扩建，至周昭俊（千岩）时定型，为周氏世居，曾因家境衰落而一度变卖给王姓，后重新购回，并易名桂在堂。桂在堂占地万余平方米，设计精巧，规模宏大。背靠凤凰山，前傍护庄河，过护庄河吊桥有一开阔地坪，入坪有墙，墙开三槽门。中槽门入正厅，左右槽门入左右横屋。整座庭院，曲折逶迤，纵横交错，难辨方向，生人入内，如闯迷宫。宅院整体呈八卦图状，五栋房屋，三进五开。房屋多为两层，青砖小瓦，结构奇特，在南方民宅中实属罕见。居中三栋，坐北朝南，呈乾卦形状。前栋大门居厅中，厅屋两边为门房，左门房旁边为厢房，右门房旁边为厨房。前栋后有一甬埠，甬埠内两棵桂花树东西相映，每逢八月，香飘全院。有甬道入中栋，"桂在堂"镏金大字横匾高悬于大门之上。中栋鼓壁大门前后对开，厅

第四章 赘居桂堂

桂在堂布局结构图

两边分别为放置器物的八方屋，开的八角门，再两边为厢房。中栋栋梁下藏有历书。后栋正中为厅屋，厅屋两边各有厢房两间。宅院东西两侧各有一栋横屋相抱，结构与中间屋宇相似。五栋房屋分合自然，浑然一体。全院有天井四十八座，均按八卦图形排列，两边横屋亦有甬墀、甬道和天井。

1833年春天，左宗棠赴京参加会试不中。1834年，胸怀郁闷的他借用岳家西头后屋，另起炉灶。1835年，二次进京参加会试，只被取为"誊录"，他不甘屈就，返回湘潭。岳家虽殷实，但长期靠岳家养活的日子终不是男儿所愿。他在攻读之余，多方寻找养家的出路。心怀大志的左宗棠并没有因家庭的贫寒和科场的失意而气馁，仍然在致力于有益国计民生的学问，关注着国家的命运。左宗棠个性极强。他自幼志大言大，在这穷困得依居妻家时，1836年"双抢"时节，他于西屋书斋撰联曰："身无半亩，心忧天下；读破万卷，神交古人。"

左宗棠入赘湘潭周家后三次进京参加会试，期间又在醴陵渌江书院任主讲，在湘潭待的时间少，同妻子周诒端也是聚少离多。道光十八年，

> 身无半亩心忧天下
> 读破万卷神交古人
>
> 左宗棠

左宗棠第三次参加会试仍旧名落孙山，遂在与周诒端的信中写道："从此款段出都，不复再踏软红，与群儿争道旁苦李矣。……，此次买得农书甚多，颇足供探讨。他日归时，与吾夫人闭门伏读，实地考验，著为一书，以诏农圃，虽长为乡人以没世，亦足乐也。"读信可知左宗棠此时于科考功名一事已有倦意，且希望归家与夫人隐于田园。

左宗棠果真入赘周家了吗？

所谓入赘，是指男女结婚后，男方到女方家成亲落户的情形，这种

第四章　赘居桂堂

婚姻通常是因女方无兄无弟，为了传宗接代而招女婿上门。男方要随女家的姓氏，被称为"倒插门"。

同治九年（1870）二月初二，左夫人周诒端在长沙司马桥左氏寓所辞世，享年59岁。当时左宗棠远在西北军中，获悉噩耗后不久，强抑悲痛写下《亡妻周夫人墓志铭》。其中有云："道光十二年八月，余以贫故，赘于周。"这就是后世之人认定左宗棠当年曾入赘周家的出处所在。

后世有说，左宗棠前后在周家住了12年，但根据年谱仔细梳理之后可以作出判断，实际并没有那么长的时间。

左宗棠因主讲渌江书院、北上会试等事务的影响，自道光十六年起基本就没有常住桂在堂。道光十九年（1839）春起住长沙，直至次年应聘到安化的陶家教读陶桄长达8年。

在道光二十三年（1843），左宗棠以积蓄买田70亩，建宅于湘阴东乡，名曰柳庄。次年秋九月，左宗棠自湘潭移家柳庄，从此正式有了独立的家业。

道光二十九年（1849），因陶家移居长沙省城，左宗棠假馆长沙朱文公祠课徒，女婿陶桄仍受学，长沙名绅黄冕的几个儿子及益阳周开锡从学。屈指算来，就左宗棠本人而言，实际只在桂在堂居住了五六年时间。之所以认为左宗棠没有正式入赘周家，有以下三个原因。

一是没有因入赘而依礼制改姓周氏。如在现存数封上呈岳母王慈云的信中，左宗棠一直是以"子婿左宗棠"谦称。在《方上周氏族谱》中，甚至都没有载明周诒端、周诒繁姐妹各自适于何人。

二是周家儿女齐全，不存在招婿来传承血脉的客观需要。桂在堂一族，属于方上周氏的"薇房"。第十五世周系舆（即左宗棠岳父），字衡在，清乾隆五十三年（1788）出生。周系舆虽早逝，但与王慈云共育有三子：

诒昂（殇）、诒晟、诒曼；二女：诒端，诒繁。湘潭名士周大烈，即诒曼之孙。左宗棠在《慈云阁诗钞·叙目》有云："道光末，余移家湘上。外姑念女及诸外孙甚，时携孙女翼枑来柳庄。暇以课诗。诸孙每夜列坐，诵声彻户外。"这一方面说明双方关系融洽，不存在因矛盾而取消入赘之说，另一方面佐证周家是有后人的。

三是两姐妹都曾居住于母家。左宗棠曾于咸丰十年（1850）撰《张叔容墓碣》，意外身亡的张叔容是张声玠（字玉夫）与周诒繁之子。他写道："余与玉夫时皆贫甚，同居周氏桂在堂西，两宅中隔一院。"这也就意味着，周家的两个女儿都曾寄居于桂在堂。在此文里，左宗棠并没有用"赘"字，而是用的"同居"二字。

尽管左宗棠并没有真正入赘周家，但桂在堂无疑是他人生旅途中最重要的站点之一。

关于左宗棠与周诒端结合的原因，众说纷纭，也存在种种疑问。因为从封建门第观念上看，他们俩是无论如何也不能走到一起的：周姓在当地属大姓望族，周诒端是一位富家小姐，品贤貌端，又深通诗书，而当时的左宗棠只是一名刚刚参加完乡试、前程难料的穷秀才。

据左宗棠后人撰写的传记所描述，左宗棠与周诒端的亲事是由左观澜生前亲自为左宗棠定的。这一点让人难免不生出些疑问来：周家为什么会愿意跟一个贫寒之家结亲？自视甚高的左宗棠为什么会入赘女家？类似后人为祖辈书写的传记，自然而然会带有偏袒修正之嫌，难以令人诚服。又有传言说是左宗棠病倒在周家门口，而恰巧周诒端当晚夜梦黄龙绕梁，便把左宗棠做了应梦之人招为夫婿；还有一种说法是周诒端当年在长沙办过招亲大会，左宗棠因文采出众得以喜结良缘。凡此种种，或者难以服人，或者实属民间传说，都缺乏翔实依据。另有人说，左宗

第四章　赘居桂堂

棠在给妻子写的墓志铭上有言："余以贫故，赘于周"，然而这只能是左宗棠家境贫寒无力将周氏迎娶到左家的凭证，而并非两家结亲的理由。

或许现在更合理的解释就是，二十岁的左宗棠已经在长沙建立起了自己的名声，而周家也是书香门第，与世俗之人多少会有些不同，选婿自然也要选有头有脸的读书人。这一点可以从周家招的另一个上门女婿张声玠的身上看出一二：张声玠与左宗棠属同年举人，在当地也算是才气外显。同时，左宗棠虽然时下贫寒，却在长沙一带早已小有名气，周家愿意同眼下这个"寒士"结姻，也或多或少地觉得，左宗棠不会是又一个淹没在历史洪流之中的酸秀才，假以时日，他终究会有所作为的。更何况，周老夫人寡居家中，没有男丁，左宗棠又是父母早亡，入赘周家，合情合理。

不管后人怎么猜测，左宗棠和周诒端的结合，无疑是美妙的。周夫人贤良淑德，又深通文辞，生前著有《饰性斋遗稿》，存诗一百三十九首。闲暇之余，两人诗词唱和，共论史事，左宗棠偶有记不起的地方，周诒端便取出藏书，翻至某函某卷，十有八九不错，两人夫唱妇随，颇似赵明诚与李清照。虽然自古男尊女卑由来已久，但左宗棠毕竟是一个入赘大户的穷书生，在周府白吃白住，很不受人待见。即使如此，周夫人也依然对左宗棠关爱不减。以至于后世谈到周诒端，都往往冠以这样的注释——"左宗棠背后的女人"。这里附周夫人《咏岳鄂王飞》诗一首，足见其胸襟在多数男儿之上。诗云：

　　十二金牌日夜催，诸军回首事堪哀。

　　君王自有南中乐，宰相原从北渡来。

　　一死恨难邀马革，千秋名在胜云台。

　　当年岂昧书生论，不肯谋身避草莱。

用今天的话来说，左宗棠娶的是一个富有又漂亮、博学又贤惠的老婆。但是话说回来，当时这桩婚姻还是令左宗棠觉得很难堪，因为古代男子入赘女家，是一件很不光彩的事。这一点在古代男子看来十分窝囊，因为孩子不随自己的姓氏，就意味着自己没有为祖宗延续香火，更何况左宗棠又是一个刚直狂傲、胸怀大志的人，除非实在娶不起妻的男子，否则有谁愿意倒插门呢！左宗棠有所遗憾，但不管怎么说，入赘周家确实给左宗棠帮了不少忙。首先一个就是他在生活上有了保障。总不能饿着肚子做学问吧，左宗棠在周家吃住，又仰仗周家给他还去往日求医治丧捐秀才时欠下的债。尽管夫妻俩感情很好，但日子一长，邻间多有闲言碎语，这对于胸怀大志，自比武侯的左宗棠，无疑是一种莫大的耻辱，对此，左宗棠曾感叹过："余居妇家，耻不能自食。"

第五章 旷世奇遇

1835年底，湖南巡抚吴荣光得知左宗棠第二次会试落榜，闲居于湘潭桂在堂，顺势给门生提供一个机会，以道光十二年举人身份应聘入职，主讲醴陵渌江书院，任山长。清朝规制，地方书院山长由进士或举人担任，且须由声望人士举荐。左宗棠在长沙湘水校经堂就读期间，吴荣光对他知根知底，格外赏识。巡抚亲自出面举荐，一切自然水到渠成。就这样，两次会试落第，科场进取意绝的左宗棠欣然受命来到醴陵。

　　渌水是湘江的一条支流，蜿蜒百里，它如同一条碧玉色的缎带从湘赣边境罗霄山脉中蜿蜒出来。它绿得令人陶醉，人们称它为渌水。世间无水不朝东，但这渌水却是朝西流入湘江，然后随湘江北去，流入洞庭，会合资、沅、澧水流入长江，大江东去，最终还是朝东汇入大海，归根结底还是朝东。在渌水西去的途中，有一座县城，名曰醴陵。醴陵县城就像一颗明亮的珍珠，镶嵌在这条玉带上。这里是江西与湖南的交通要隘，桥横跨渌水，建于何时已不可考。桥东是醴陵县的馆驿，来往官

渌江书院

员在此歇马。桥西依山傍水，风景优美，三面环山，面向渌水，占地近7000平方米。早年从东正街青云山下迁至西山，宋明皆为学宫，清乾隆十八年（1753）正式命名渌江书院。

第五章　旷世奇遇

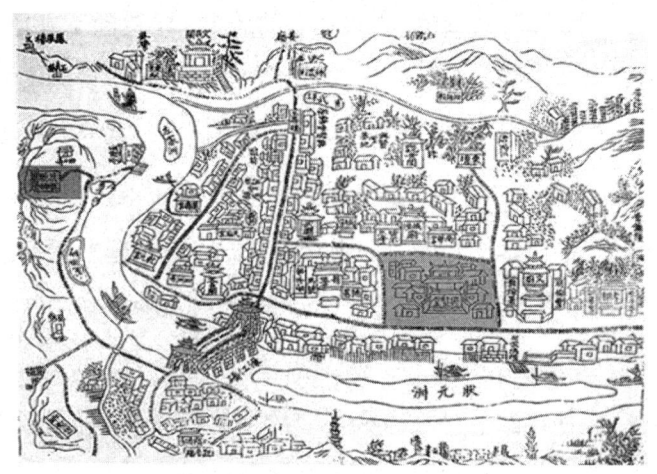

渌江书院位置图

宋代以前，株洲还属于瘴疠卑湿、榛狉草莽的南蛮之地，先进的中原教化跌跌撞撞地越过长江后，到达株洲当时最繁华的醴陵县城时已成了强弩之末。

自南宋始，醴陵一口气兴创了九所颇具规模的书院，即使在清初"不许别创书院"的文教控制政策之下，固执的醴陵人还是创建和重修了五所书院。其中，位居西山脚下的渌江书院因以历史最久、规模最大、教学质量最高、培养出的人才最多，而成为湘东子弟求知究学的首选之所。

渌江书院设讲堂、内厅、斋堂和考棚。院前有千年古樟。古樟下刻有明王阳明在醴之诗："老树千年惟鹤住，深潭百尺有龙蟠。僧居却在云深处，别作人间境界看。"右下方有洗心泉，清澈见底，水味甘甜，可消暑气。左前有宋名臣祠、靖兴寺，可通渌江书院，书院左侧有考棚一字排开。

宋乾道三年（1167），朱熹从福建到潭州访张栻，经醴陵归崇安，在渌江书院前学宫讲学。绍熙五年（1194）朱熹知潭州，再次到渌江书院前身学宫讲学。清乾隆八年（1743）改建学宫于按察司行署故址。乾隆十八年（1753），在城中朱子祠之右，以延续了宋、元、明三代的学宫故地为址，由知县管乐倡建，首任山长为陈梦元。乾隆十九年（1754），知县杨鸢续修渌江书院。乾隆二十一年（1756），知县田彬完缮渌江书院，并将义学田租移渌江书院，复倡士民捐田十二硕三斗八升，作书院学产。乾隆二十五年（1760），知县秦克让为书院捐田九斗五升四合，岁收租谷十六硕二升，扩充学产。乾隆四十年（1775），余廷灿掌教渌江书院。乾隆五十二年（1787），知县赵贵览及顾振声、教谕欧阳契相继修葺书院。乾隆五十三年（1788），知县樊寅捷继修渌江书院。清嘉庆初年（1797），张九钺在历官江西南丰、峡江、南昌及广东始兴、保昌、海阳知县后，到渌江书院主讲，写有《渌江桥望映水芙蓉》等词。清道光九年（1829），知县陈心炳移建渌江书院于西山宋淳祐年间的西山书院遗址处，旧院概作考棚，新院分三进六斋。道光十二年（1832），王继之来渌江书院主教席。1836年至1837年，左宗棠任山长。

渌江书院虽是醴陵县一座小有名气的学馆。但是，学馆停停办办，冷冷热热，时开时停，究其原因，主要是没来几个有真才实学而又善于

渌江书院山长室

管理的先生。在左宗棠之前，有一位饱读诗书，却两轮乡试落榜的老生员主持渌江书院，不得要领。调皮的富家子弟把书馆当成逍遥玩耍场所，

第五章　旷世奇遇

想来就在课堂上坐半天，不想来就几天不见人影，坐在课堂上心不在焉，摇头晃脑，没来的这几天，结伙成伴在外寻衅闹事。而一门心思想读书的人也只好陪着耗时间。老先生今天点一句，明天点一节，之乎者也，难有收效。醴陵是鱼米之乡，富足之地，光滑、细腻、精致的瓷品，如碗、杯、碟、瓶运销各省及海外。五彩缤纷、形态各异的烟花炮竹生产于醴陵城乡，因此，有钱的人多，当官的也不少。这些人望子成龙心切，对渌江书院的教学现状日渐不满。不知是哪位为头，串联当地的有识之士联名修书一封，直接呈送至巡抚衙门，恳请湖南巡抚吴荣光大人为他们物色高师，因此，左宗棠便成了主持渌江书院教学的山长。

左宗棠初来乍到，面对一个个顽劣弟子，面对一缕缕怀疑而又期盼的目光，决心从学规抓起，整顿学风学纪。他套用了朱熹所著《小学》之中的八条规定作为渌江书院的学规。不管其出身如何，家庭背景怎样，一入书院，学规面前人人平等。有位正七品武官李托总的儿子顽劣成性，不仅自己不读书，还总是撩拨同学，迟到、早退已成习惯，出入学堂如入无人之境，还经常影响他人研习功课。左宗棠见此情景，以李公子迟到为由，罚他在讲堂门口站了半天。这半天，课堂内在座的学生粗气不敢出半声，课堂外站着的不敢挪半步，左宗棠侃侃而谈，安静地上完了这堂课。第二天，惧于左先生的李公子没有来。第三天，这位李公子在家人的带领下来到学馆，左宗棠搬出宣布不久的学规，以"不假未到"为由，直截了当地开除了这名学生。左宗棠这一手，狠狠地压住了以前管理疏松造成的顽劣之风。接着，左宗棠又发给每位前来就读的学生一个笔记本，要求他们把所学功课及心得每天都记在本子上。日落时分，书院大门落锁，对学生的功课一一进行检查，未完成或完成得不好者，不准出门回家。每月初一、十五这两天，还要将学生半个月来的心得仔细检查考核，对优秀者给予褒奖，对不明之处者悉心细解。他的做法深受学生和家长欢迎。此外，在传道、授业、解惑之余，还时时勉励和督促学生铭志苦学，以一个"苦"字为先、"劳"字为本。不到三个月，左宗棠治学严谨、教授有方的名声便传遍了醴陵县城，渌江两岸。

渌江书院有住读生60多个，算是英才荟萃，他们之前的琅琅书声，让左宗棠闻出了"寻章摘句"的酸腐味。左宗棠来做山长，首先对教学内容进行了大刀阔斧的改革：大量删减四书五经中大而无用的说教，新增自己原创的舆地、兵法和农经等课程。为了避免所学与所用脱节，他还带领学生走出书斋，在田间山林亲身体验。他将自己22岁写的"身无半亩，心忧天下；读破万卷，神交古人"写成对联，挂在书院内，作为校训。古陋的渌江学风，被左宗棠几下点化，学风为之一新，初露"经世致用，

渌江书院历任山长名录

内圣外王"的锋芒。学生们对生动可感的实践教学很感兴趣，左宗棠自己也十分满意。夜深时分，他在学馆写信给远在湘潭的妻子分享：近来

第五章　旷世奇遇

学生个个好好学习、努力向上，并不怨我管得太苛刻。古代读书人有句"制外所以养中，养中始能制外"，我就是用这句话来要求学生的，自己也"时时省察，不敢怠肆"，很有一番教学相长的乐趣。

道光十六年秋天九月，两江总督陶澍阅兵江西，顺道回老家安化省墓。从江西到湖南安化，途中必须经过醴陵。对于赫赫有名的封疆大吏，醴陵县令张世法自然要竭力招待，大肆欢迎。为了准备下榻的馆舍，县太爷煞费苦心，挑选了一处新建的四合院。四合院坐落在渌江河畔，面对江中小岛状元洲，风景宜人，环境幽雅。张世法紧锣密鼓准备山珍野味：武昌鱼、君山龟、资江虾、南洲藕、药山莲、小淹笋、桃江菇，等等，四处采办来了。他还特地派人从安化找来烟熏腊肉、甘泉玉绿云雾芽茶，捕猎了一只肥壮的山羊。为了让陶澍喝到正宗的家乡水，他派人专程去安化打来了九龙泉，配备好了精致的醴陵茶具。由于是新建房舍，四壁皆空，日用家什倒是容易准备，县令想到陶澍是读书人出身，不可无楹联字画。为此，县令召来本县文人骚客撰联作画。左宗棠作为已在醴陵小有名气的年轻教习，自然也在县太爷的邀请之列。左宗棠接到为陶澍下榻之所撰联的任务后，心想一个管理着江西、江苏、安徽三省地盘的湖南籍封疆大吏突然衣锦还乡，来到一个小举人的地盘，而这个小举人对这个封疆大吏仰慕已久，钦佩有加，激动与心荡之情油然而生。陶澍是左宗棠非常崇拜的前辈，只因年龄、地位相差悬殊，一直无缘结识，今陶大人下榻此地，正是表示敬意之时，他笔走龙蛇，瞬时挥就。走进公馆，迎面是一幅山水画，上有两句小诗："一县好山为公立，两度绿水俟君清"。意思是醴陵县那傲然屹立的山峰，皆是仰仗陶公一腔凛然正气而生。"春殿语从容，廿载家山印心石在；大江流日夜，八州子弟翘首公归。"这副对联，表达了故乡人对陶澍的敬仰和欢迎之情，又道出了陶澍一生最为得意的一段经历。陶澍看到对联激动不已，满口称赞，小小醴陵，居然有我的知己！自己两年前人生最得意的大事，居然传到家乡省偏远的醴陵县来了，自然高兴。陶澍同时想到了，能知道这件事，对自己又如此了解，对时事又如此熟悉，一定是见过大世面的人。关键是，对联概括得那么好，立意高远，文字大气，气势浩荡，又不着痕迹。

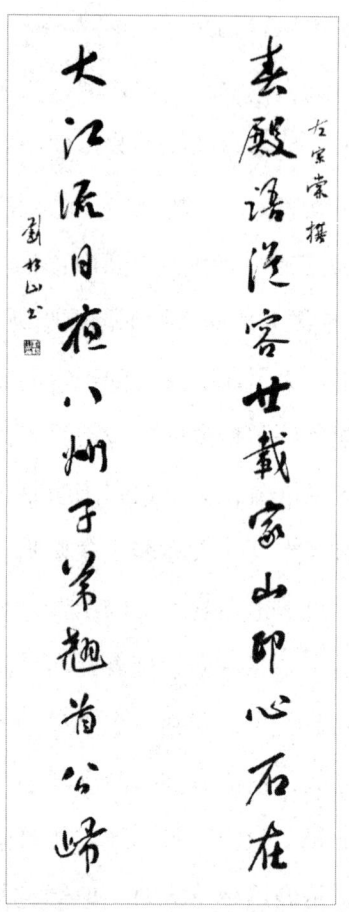

我们回到对联，就能看出玄机。"春殿语从容"，有如临其境感，仿佛是现场描画出来的。左宗棠又没看到，却可以凭借想象，活灵活现地赞叹陶澍在道光皇帝面前从容作答，满面春光，如沐春风，这既显得君臣关系亲近，又显得陶澍不亢不卑，春风得意蕴含其中。

"廿载家山印心石在"，陶澍1802年中进士，十年散官，授职编修，

第五章　旷世奇遇

后迁御史、给事中。1821年调福建按察使、安徽布政使,1823年授安徽巡抚。离开湖南做官20多年了,谁帮他记得这么清楚?

印心石屋本是他个人的自豪,经左宗棠这么一写,成了"家山"的自豪,也就成了所有湖南家乡人的自豪。既像在说事实,也在借事实夸人。

"大江流日夜",说到了资江、湘江与长江,即湖南与中国。湘江日夜不停地奔流,在出洞庭处汇入长江,指陶澍第一个将湖南人带进了全国,也暗指陶澍一生伟业千秋永在,取杜甫名诗"不废江河万古流"之意。

"八州子弟翘首公归",既是明说现在醴陵代表整个湖南,热切期盼热情欢迎陶澍衣锦还乡、荣归故里,也暗借晋代陶渊明的曾祖父陶侃曾"督八州军事"的典故,赞美陶姓远祖光荣的历史。这样将陶澍与陶家的祖先一并都表扬到了,历史纵深感很强,却又不显得突兀。这么杂的事,这么多用意,简单两句话全部融合进来了。这副对联妙就妙在,说是夸奖、吹牛拍马吧,又全是事实,看不出奉承痕迹。说是全在道事实、谈历史吧,寄托的情感,却在浩荡奔流,轰隆隐鸣,不可遏止,不像在客观述事。世界上最难的事情,是评价大活人。对事外人而言,反正两方都完全不知情,全是陌生信息,怎么写都差不多;对被写的人,就完全两样了:你自己怎么样,想要表达成什么样,没有谁比你自己清楚,自己有时都不一定能准确概括出来。

别人评价,能说中一半,已经需要超凡功力,算"知人"的高人。能够说得让自己震撼,已近似"天人"。对高官陶澍来说,左宗棠这副对联,巧就巧在,它像一次最逼真的进士考试,而且是开卷考试,陶澍既出考题,又现场阅卷。这样的考试最靠谱,这种对联,即使想要抄,也找不到地方抄,因为现场命题作文,蒙不过去。考官的水平摆在那里,进门沿路,陶澍看过的劣质对联,还算少吗?对智慧高超、阅人无数、经事累累的陶澍,不需要了解对方更多信息了,他只要凭借这26个字,就能够准确地判断，信手写出这样一流对联的人，是个天才。

他再亲眼一见左宗棠这个壮实如牛、满身是劲的青年人，基本就可以判定：这样的人才，只要走对了路，一生会有不可限量的前程。而且，他很可能已经在内心里掂量比较了一下，以自己当年的同龄之事做了比较，感到左宗棠论人比才，在自己之上。爱才是有才能的人的通病，陶澍内心里认定了，高兴是肯定的，只是他不会表现出来。一个经验如此丰富老道的大人物，不会在毛头小伙子面前喜形于色。

这些，左宗棠自己就不一定知道了。一个24岁的小青年，聪明、有才能是一回事，但人生阅历、生活经验几乎没有。天分再高，永远不可能代替阅历与经验。他也许只是觉得，遇到大人物了，本能想接近，通过他，带给自己帮助。但他的倔强与叛逆，个性与自尊，让内心里生出一种抵触的情绪，男人得靠本事拼出来，他不想通过任何人扶着自己成功，他只期望有个引路的人。

陶澍看似淡定，其实比他要急。不单因为他预感到身体快撑不住，在世时间不多了，作为湖南在官场上科考出去升上官的大人物，他得考虑为湖南留下自己百年后的东西。

从年轻时目睹复杂的官场关系，几十年来逐步经历满清官场争斗，对

左宗棠与陶澍彻夜长谈

第五章　旷世奇遇

显规则与潜规则、明权力与隐权力都了然于心的高官大员，他这时有一个梦想，要将湖南一批有才能、有想法、有勇气的青年才俊带出来，通过让他们抱团的方式，来改变湖南官场两千年来人才全面死寂的萧条状况。

左宗棠无疑是这样的青年才俊。因此，陶澍偶然发现了他，一方面要继续不动声色地考察他；同时，要通过自己的关系网络，一有机会就要适时地提携他，让他尽快地找到用武之地。

这真是一次旷世奇遇。陶澍真的就凭一副对联，敢如此全面肯定左宗棠？事实上，在看到对联之前，陶澍对左宗棠已经有了一定的了解。全因左宗棠一个同龄朋友的推荐，此人就是陶澍的女婿胡林翼。

左、陶相会，在左宗棠和陶澍的年谱里都是系于道光十七年（1837）的行迹中，左谱的编撰者罗正钧沿用的是左孝同（左宗棠季子）《先考事略》：

安化陶文毅公总督两江时，以巡阅江西，乞假省墓，道出醴陵。县令倩府君为官舍楹联云：春殿语从容，廿载家山印心石在；大江流日夜，八州子弟翘首公归。文毅激赏之，询孰为府君作，因属县令延致一见，目为奇才，纵论古今，为留一宿。

不过，目前学者刘泱泱已经考证，此事的系年有误，因为陶澍巡阅江西的时间是道光十六年（1836）。他从江西道经醴陵回乡时与左宗棠相见，正好是重阳日。

就两人的身份而言，陶澍是当朝一品大员，进士出身，位高权重，左宗棠还是一个没有入仕的举人。

显然，无论是身份地位还是年龄差距，两人都远不在同一个层面上。

达官与布衣相交并非没有可能，但是需要很多机缘才能实现。就左孝同铺陈此事的经过而言，不免给人一种十分凑巧的印象，即陶澍恰好顺便回湘探亲，路线恰好经过醴陵，左宗棠恰好在书院执教，恰好提前做了文案准备。

那么，左宗棠与陶澍真的是一次极为偶然的邂逅吗？从湘潭《方上周氏族谱》的记载中，或许可以给出更合理的解释。

第十六世周诒朴，字慧生，监生，署淮南批验大使，补授版浦场盐大使，娶陶氏。陶氏，经陶澍家的《资江陶氏族谱》证实，即陶澍之长女瑞姿。是故，周诒朴协助陶澍校订《资江耆旧集》，又整理陶澍遗著《陶靖节集注》与《靖节先生年谱考异》。

由族谱可见，左夫人周诒端与周诒朴，尚是五服之内的堂兄妹，陶瑞姿是左宗棠夫妇的堂嫂。

这也就意味着，陶澍是桂在堂的姻亲，这是身为桂在堂女婿之一的左宗棠能够结识陶澍的一个重要前提。不过，当他们缔结姻亲后，左宗棠又由晚辈升为了同辈，于族戚五服制而言有所违背。

陶瑞姿嫁入桂在堂的时间没有确切的记载，但参考她的独子周翼谏的生平记录来推算，陶瑞姿嫁入桂在堂的时间当在嘉庆二十三年（1818）左右，远早于左宗棠与周诒端的结婚时间。

由此可见，陶澍能趁便屈尊接见左宗棠是有多重因素促成的。赏识左宗棠的文才，只是其中的一个方面。他之所以仅凭一面之缘就订交并结儿女亲家，是有前面早已存在的姻亲关系做基础，互相之间应该已经有了比较多的了解。同样，胡林翼能成为他的五女婿，既是因为爱才，也是因为两家有世交使然。那么，陶、左初次见面，或许并非是一个突如其来的缘分吧。因此，陶澍当即提出要见见这诗文作者。左宗棠本就仰慕陶澍，一肚子经世济民的想法，平日无处倾吐，今见陶公，一起倾诉，整整畅谈了一夜。陶公为家乡有这样的不凡之才而高兴。是年陶澍57岁，左宗棠才24岁，竟不顾年龄30多岁之差而结为忘年交。

第六章　鱼跃于渊

陶澍兼理两淮盐务后，公务更加繁重，身体则走了下坡路。到道光十八年（1838年）初，终于不起，左侧偏瘫，起居不便。二月，更添"手足瘘弛之症"。但陶澍仍然坚持处理复杂纷繁的总督事务。是年冬，病情加重，"喉干咽苦，饮食少进"，女婿胡林翼亦赶来探视护理。至道光十九年（1839年）正月，"更添头脑眩晕，动辄昏。二月初间，屡复眩晕。十六日夜间，忽又喉管涌血，旋吐旋满。初疑积痰，天明审察，始知为血，喷溢竟昼。日来血涌稍止，头眩更加。医云：总由肝木失养，脾土受克，心血大亏，内风煽动所致。药饵迭投，迄无成效"。陶澍乃具折上奏，请求开缺治病。三月底道光方准予开缺，由苏巡抚陈銮署理总督。在最后的日子，陶澍仍关心国事，力荐林则徐继任两江总督。而时拖病为邓显鹤的《资江耆旧集》作序，全文984个字，无标点，行书工整，很见功力。该序写于道光十九年五月，提出了关于"三湘"的观点，是陶澍最后的书法作品和学术论著，原件极为珍贵。陶澍"病中无一语及家事，幼子服事无恋色，卒之前江宁大雨，犹令人扶立默祷。六月初二酉刻端坐而逝，年六十有二"。道光闻讯，赠太子太保，依尚书例赐恤，谥"文毅"，祀名宦祠，并于海州建祠祭祀；其子陶桄赐主事。道光和官僚、文人纷纷以各种形式悼念陶澍。陶澍病重，道光十分关心，频频询慰，对陶澍的病情、用药，表现出无微不至的关怀。陶澍逝世后，道光极其痛惜，在祭文中赞扬陶澍："有守有为，允副股肱之倚赖；任劳任怨，倍殚心力之勤劬"，"眷东南财赋之邦，永怀良弼"。

道光有《御制祭文》《御制入贤良祠祭文》《御制碑文》："迨朕宝祚寅承，温纶渥沛，备荷诸艰之试，频加不次之迁。任以疆圻，而遇事倍形勇敢；宠之节钺，而殚忧益矢公忠。挽盐纲于积弊之余，独排众议；奠河流于既平之后，务策万全。殊荣既晋夫宫衔，异数益叩乎翠羽。犹忆趋

第六章 鱼跃于渊

朝述职,询故里而亲洒宸章,复因赐寿加恩,祝耆龄而远颁布珍物。"对陶澍的品德、能力,及其倡海运、改票盐、治水灾等功绩给予了充分的肯定。

陶澍去世,他的家眷按规定全部需从南京迁回安化。胡林翼以陶桄读书一事为要,在致岳母的信中说:"而弟弟读书亦关系非浅。现在即不能进京,泽当暂居长沙,较乡下便当些。与岳父相好亲友多半在外边,安化、益阳僻处乡曲,音信且不能通,安能尽心照料?"根据胡林翼当初的安排,应该让陶桄"泽当暂居长沙"。"弟弟读书,可请左三兄,其人学问好,人品好,修脯宜家厚些为要。"意即塾师应为高薪聘请左宗棠。因此,左宗棠蒙受贺熙龄(蔗农)之托,胡林翼之请,只身来到安化小淹陶家,担任陶桄的家庭教师。聘书由贺蔗农亲书,王平舫及丹鹿(麓)送达。左宗棠在道光十九年年底《上贺蔗农先生》信中写道:"陶文毅之丧,归自金陵。吾师既临其丧,命宗棠为致其孤子。现承王平舫先生及丹麓丈代致关聘。念文毅生前与宗棠有一日之雅故,又重以吾师谆谆之命,其曷敢辞!"

左宗棠"以文毅平生知己之恩,又重以吾师之命,既受重托,保此遗孤,惟凭我一腔热血,尽力维持"。"今陶公子正当就傅之年,私识未开,新知乍启,正谚所谓素丝无常,惟其所染。"左宗棠在致友人的信中写道:"连得蔗农师舟次前后二书,谆谆以陶公子为念,敦嘱弟往为课读,意既恳到,语复婉挚。念文毅生前与弟颇有一顾之谊,又重以吾师之命,故不能忘却。现已承平舫、丹鹿两翁代致关聘,但不审其母夫人有异议否耳?"为感知遇之恩,他决意实践诺言,赴安化小淹作陶宅西宾。

左宗棠查阅了大清舆图,安化小淹是资水中游的一个山村小镇。从湘阴去小淹,无论是水路还是陆路,必须经过益阳县城。清同治版《益阳县志》记载："益阳县治至安化县治梅城二百八十里"，又载"益阳县治东至湘阴县界八字哨六十里"。由此推断，左宗棠从湘阴去安化小淹的陆路距离约200公里，步行时间约四天，《益阳县志》又载："益阳县治至湘阴县治二百里水路"，"益阳县治水路至安化县治三百三十里"，由此推断湘阴左家塅距小淹水路里程约300公里，行船时间约六至八天，有时需十天。

1840年正月初六，左宗棠在家门口乘船顺湘江到临资口，入资江溯江而上来到益阳古城大码头。古城益阳位于资水中下游，处沅水、澧水尾闾，环洞庭湖西南，居雪峰山的东端及其余脉，湘中丘陵向洞庭湖平原过渡的倾斜地带。东周以前，区境属《书·禹贡》所载九州中的荆州管辖。战国时期为楚国黔中郡属地。秦属长沙郡，置益阳县，以县治位于益水（今资水）之阳而得名，是为区境置县之初。时益阳县境辖今益阳、邵阳和娄底两市各一部分。南朝梁时置药山县（今沅江市），宋置安化县。

资江大桥

清末，设南洲直隶厅（今南县）。其间2200多年，境内属县虽有增加，但未形成地区（府、州）级行政建置，这里自古以来是钟灵毓秀、人文

第六章 鱼跃于渊

荟萃之地。世代生息在这片热土上的先民，用他们的勤劳与智慧积淀了源远流长、底蕴丰富的地域文化。一万年以前的稻谷化石惊现于湖南，透射出夺目耀眼的人类文明之曙光，资水之野亦是曙光升起之处。相传上古洪荒时期，女娲正是在益阳境内的浮邱山炼五色石补天；而5000多年前，黄帝巡视天下，"南至于江，登熊湘"，正是在益阳境内的"熊湘山"于先他来南方的炎帝神农氏部落化干戈为玉帛，自此铺开"炎黄文化"新的一页。秦置益阳县后，建城于马良湖畔。汉时，朝廷重经营开发，于益阳县置"亭"，城池加固。到后汉三国时，吴、蜀争夺荆州，益阳成为要冲，"鲁肃筑堤""甘宁垒堡""关羽单刀赴会"等史话，即缘于此。至晋、唐，佛教兴起，益阳沿资水两岸兴建多家寺、庵，加之唐时倡商重贾，洞庭湖平原的南县、沅江、汉寿、宁乡、安乡、华容、湘阴等地盛产粮、棉、油、麻及猪、鱼、禽、蛋，湘西南山丘区的武岗、洞口、宝庆、新化、安化等县的竹、木、煤、铁、锑、石灰及各种山珍，多凭资水之便来益阳集结，由县城至西岐头市之间，逐渐形成竹木集散地。宋、元、明，国内多次爆发农民起义，南方农民军亦屡与官兵会战于此。据《益阳县志》载："凡争湖南者，必先争常德、宝庆，益（阳）特其门户。"又云："明洪武初，以宝庆卫设于益阳。"因而城堡逐步扩建，塘汛驿站陆续设立，相应发展了交通贸易。元末，益阳城垣一度毁于战乱，但"洪武落业"，很快又使城垣复苏，宗祠等建设无多。清时，国内海禁大开，西人陆续传教入境，益阳城区西式教堂和房舍相继兴建。城区人口逐渐增多，市场日趋繁荣。随后，外轮陆续入港，益阳水陆交通渐次打开，省内外皆以"银益阳"誉称此地。

资料记载左宗棠前往安化的时间多为1840年春，根据左宗棠的书信推测应在1840年正月初六至十五日之间。道光十九年（1839）《上贺蔗农先生》书信中写道："到馆之期，当在明岁上元前。"意即应在元宵前到馆执教。道光二十年正月十一日《与周汝充》信中写道："安化之差尚未到，（初六日自彼起身，不知何尚未到）到后兄即赴馆，此间无他事牵帅呃"。

道光二十年（1840）《上贺蔗农先生》记载："拜别后沿湘溯资，八日乃抵馆舍。"道光二十一年（1841）闰五月二十六日《复周汝充》信中："烦吾弟即着陈四去接，由石滩至长沙，换船至益阳，此间一水之便，不过四五日可到也。"道光二十四年（1844）《上贺蔗农先生》信中说："叩别后次日午刻开舟，凡六日即抵小淹。"

几天来，寒冷的江风在艄公脸上刮削，左宗棠不时掀开窗帘眺望江面，岁月悠悠，思绪万千，浮想联翩。女娲、炎帝、黄帝、蚩尤灵气浩荡，益阳大地，尽得风流，群贤毕至；范蠡西施，泛舟五湖，曾隐居于"神奇的赤山岛"；干国良臣陶澍的丰功伟绩光耀史册，"印心石屋"摹刻光照寰宇。当想到自己而立之年，身无半亩，仍为布衣，心忧天下，前程渺茫而不胜唏嘘。权且蛰居印心石屋，卧薪尝胆，韬光养晦。不知不觉，左宗棠的小船过了二十四港，来到了前有七十二滩的小淹，"印心石屋"御书崖和对岸的文澜塔跃入眼帘。

文澜塔，景观称文塔揽月，塔于1836年由两江总督陶澍回乡捐资所建，建成于道光二十三年（1843）。宝塔点缀在高山峡谷之中，青山绿水之间，气势雄伟。陶澍在《印心石屋北崖图说》一文中说："印心石之北崖，有门二重，厜㕒峭竦，控扼江干。其门上一重，即臣幼从臣父结屋授书之所也。恭建御碑享，以垂不朽。下一重，建石塔，均在层崖之顶。上平下削，壁立千寻。迤而上，两崖复合为一，荦确森环，曰穿云岩。千子山在其后，四时闻瀑布声。山脉西从香炉山来，过阳石岩，

第六章　鱼跃于渊

为大屏仓。桦香、三台、红藿诸山，皆在其下。"宝塔高21米，由青石垒砌，八方七层，四至七层塔角铜铃32个，风吹铃响，似仙女奏乐。第一层的汉白玉石额上，刻着道光皇帝御书"印心石屋"四字，第二层嵌"文澜塔"青石匾额。宝塔点缀在高山峡谷之中，青山绿水之间，气势雄伟，直指蓝天，似为资江上下航船、行人，指引方向，坚定信心。

相传陶澍还乡，故意租用几条大船装满石头，沿京杭，溯长江，过洞庭。政敌不甘沉默，上奏说陶澍为官不清，受贿几船金银。道光龙颜大怒，令行查办。结果无功而返。道光问陶澍："爱卿携石返乡，安化岂无石？"陶澍答曰；"连年水旱父老岂有食（石）？况为官一生，若空空而归故里岂不有损龙颜？不若携石造塔，以当金银，使之不忘陛下之恩。"道光大为感动，遂令减税三年，另赐予载石之舟载同样多的金银绸缎。

左宗棠的行船在三位纤夫的牵引下缓缓驶入石门潭，岸边的文澜塔以其赫赫之躯，傲然天地。塔上旁边的水月庵，似陶澍在招手相迎。江中石凸若印，这就是左宗棠心之向往的"印心石"，如同一盏在大海航行的灯塔，左宗棠面前呈现了一幅以印心石为中心，潭、崖、塔、庵交相辉映的壮丽画卷。

正月十四日傍晚，左宗棠携侄儿世延来到陶宅，陶家以陶公孤子能够得到才智高绝的左宗棠教诲而高兴，左宗棠则以身受陶公赏识，知遇之恩岂可辜负，理当用心教育，使之成才。加以自己决心不再应试，而陶府藏书丰富，正是自己研求学问的绝好机缘。

陶家湾面对资江，背靠青山，中间一块平地，有稻田、菜地，也有山坡、林木。沿着村中弯曲的小路，进入一个林木繁茂的山坡，经过之字形台阶的山中林道，即达坡顶，别致的陶澍故居呈现在面前，有"豁然开朗，

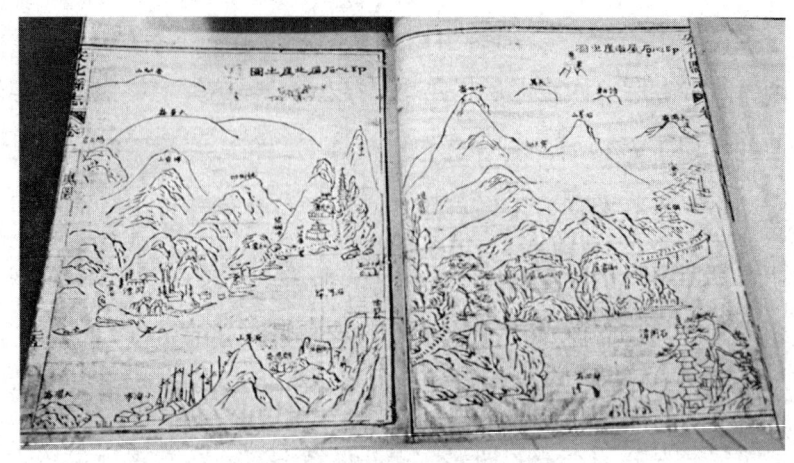

同治版《安化县志》印心石屋图

土地平旷,屋舍俨然,有良田美池桑竹之属。阡陌交通,鸡犬相闻"的感觉。陶澍官厅就建立在资江之滨。

铺着青石的陶澍官厅专修码头上,沿江砌有千米长堤。高大庄重华美的陶澍官厅,两道双龙戏珠的石门。官厅总面积50亩,建筑面积三万多平方米,由宫保第、总督府、藏经阁、码头、门楼、乡贤祠、贤良祠、龙马学馆等组成,内有48口天井。官厅规模宏伟,建设格局错落有致,

石门潭

第六章　鱼跃于渊

文澜塔

古色古香，威武雄壮。纵横交错的石砌排水，豪华大气的亭台楼阁，鳞次栉比；精巧华美的长廊画壁，曲径通幽。大天井内，有两棵枝繁叶茂的玉兰树。这两棵玉兰树，树枝广展，形成宽阔的树冠。树皮深灰色，粗糙开裂，小枝梢粗壮，灰褐色，冬芽及花梗密，被淡灰黄色长绢毛。传说是法国皇子访问中国时送给道光五棵玉兰树，道光帝又将其中的两棵赐予陶澍，陶澍千里迢迢运回家乡培育种植。据说国内如此树龄而繁茂壮硕的玉兰树，全国仅有四棵，陶澍官厅独占两棵。因此，玉兰树是陶澍故居的标志。

陶澍官厅和小淹商业街隔资江相望。小淹的古商业街始建于宋朝年

陶澍尚书第

御书崖

间，后来店铺由几十家发展至几百家，经营布匹、粮油、日用百货，成为常乐、滔溪、大桥、敷溪等地的交易中心。同时，又是安化茶叶、木材、桐油等土特产的集散中心之一。街道以青石板铺路，两边的店铺都是木质结构，比较整齐地排列着，一家挨着一家。多为商店，也有旅馆、饭店、面店、吃食店，以及几家小手工业店。陶澍年幼时曾多次渡河上街游玩、

第六章 鱼跃于渊

御赐玉兰树

办事、购物，传说他早期曾撰写这样一副对联："黑铁落红炉，打短钉，钉长船，游南北；弯竹剖直篾，织圆箍，箍扁桶，装东西。"从一个侧面反映了小淹的工商业。街道上靠资江一边的店铺，都是吊脚楼。江中时常有光着上身、打着赤脚的纤夫经过，他们弓着背，背着纤绳，精神抖擞，喊着整齐的号子。

在小淹街上，最宏大的建筑是陶氏宗祠。陶澍在《资江小淹宗祠记》一文中，对陶氏宗祠的兴建过程、规模结构，以及小淹陶氏的历史，都有记录："陶氏自同光始迁至今岁道光丙申，居此已九百一十四年。而资江乡之名未改，小淹陶氏之望因之，可谓旧矣。昔唐李肇《国史补》谓：

杨震子孙，七百余年犹住阌乡故宅，以为天下一家而已。若吾陶氏之望于资江，视之更久。顾宗祠犹未建，斯缺典也。元以前谱遭兵燹，无可考。当明正德间逊庵公官汉中府同知，曾置宅于伊水之干，邑侯揭阳刘汉题其门曰'大夫第'。后以属之族，改为宗祠。然在城西，距此四舍，非初地也。族之人瞻言乔木，每欲于小淹择地建祠，未果。嘉庆二三年间，先乡贤荚江公设帐于益阳之桃花江，始以束脩所余，择能者授之，合以族捐，权奇赢于淹市，积子金若干，购子福房裔公地于小淹之上横街，族人岁会于此，盖始基之矣。今上御极之五年，澍自安徽移抚江苏。其冬，族议建祠，澍首捐廉俸银三千两为倡，三大房各集千金。唯基地尚缺东北角一隅，澍复以钱一百六十千购邵姓园地益之，幅员广袤成方矣。择吉督匠，为屋三进，每进各五间。前为门坊，中层为大厅。自明及各朝登科入仕籍者，皆匾其上。三进为龛，以奉始祖及舜卿公以下日荣公、庆源公及四世民望、民彦、民端三公神主。左则五世玘、琥、瑄、琏、琳、琼六公神主，右为乡贤荚江公特主，佥议以报创始之功也。后为夹室以藏旧主，为楼以藏祭器等件。两旁皆有厅房以及客厅，庖厨皆全。制钜而坚，规模宏整，榜其门曰：'陶氏宗祠'，而题其额曰：'宫保第''太史第''尚书府''总督府'。经始于道光五年乙酉十月初六日，落成于丙戌之秋，凡两年而蒇事。"

陶府宅院的后园，是一座三缝两层木楼，四周绕以走廊。楼下中间大厅为课堂，西边前为左宗棠书房，后为卧室；右边前为客房，后为学生居室。

雪峰山麓，资水河滨，初春之夜，寒气袭人。印心石屋里，西宾左宗棠的书斋，左宗棠与胡林翼谈兴正浓。自从京师会试分手以来，至今已是几个春秋。其间，书信往来不断，彼此声气相通。此次，胡林翼从

第六章 鱼跃于渊

南京护陶公灵柩过洞庭,溯资水而来,二人久别重逢,仍是谈不尽的话题。本来,胡、左二人都是同辈中的健谈者,话若投机,那就经常是风雨连床,彻夜长谈。所谈者无非是天下大势,道德文章,臧否人物,指斥时弊。这次见面,当然首先谈及陶公的人品、学问、政绩,慨叹清正廉明之官太少,而糊涂贪鄙之辈甚多。

左宗棠每年在陶家的束脩银为二百两,这是比较高的待遇。《儒林外史》中的老童生周进六十多岁还未考取生员"入学",在私塾教书,"每

陶澍官厅大门

年馆金十二两银子,每日二分银子在和尚处代饭(搭伙)"。每日二分合每月六钱的伙食费付掉后,周进只剩每月四钱银子零用。除正式束修外,开学第一天学生所送的"赘见"(见师礼),"只有荀家是一钱银子,另有八分银子代茶;其余也有二分的、也有四分的、也有十来个钱的,合拢了不够一个月饭食"。左宗棠后来任督抚的薪俸银为二万两,仍只寄二百两作为一年的家用。他说:"在陶家坐馆就只二百两,省吃

俭用足够了，断不能多寄"。根据清乾隆《大清会典则例》卷五十一《户部·俸饷》所示，亲王岁俸银一万两。排在亲王之后的郡王岁俸银五千两，贝勒岁俸银2500两，贝子岁俸银1300两。文武官员每年俸银，一品180两，二品155两，三品130两，四品105两，五品80两，六品60两，七品45两。八品40两，正九品33.1两，从九品31.5两，此外，京官还有和爵位品级相对应的俸米补贴，清乾隆时期。英国使臣乔治·马戛尔尼曾出使中国，他记录下一个北京普通四口之家当年的家庭年收入是32两银子，支出是35两银子。清朝前期，官员贪腐现象严重，为了培养鼓励官员廉洁习性，雍正皇帝在登基后不久就推出了养廉银制度。养廉银的数额视各地的经济情况不同会有一定的差异。一般来说，通常为年俸的10倍到100倍。据《清全典事例》记载。各级官员的养廉银为总督13000到20000两，巡抚10000到15000两，布政使5000到9000两，按察使3000到8444两，道员1500到6000两，知府800到4000两，知州500到2000两。知县400到2259两，同知400到1600两。所以，左宗棠坐馆的待遇，相当于一品文武官员的年俸银。

左宗棠每年只有在年底或年中回家一至二次。开始三年，每到年底回到湘潭周家桂在堂，带点银子过年。湘阴与益阳隔江相望，左家塅至安化小淹的陆路与资江水路呈"水弓陆弦"之状。每次他从柳庄步行四天才能到达小淹。清同治版《益阳县治》记载："距治西南四十里南坝为安化通衢"，由此推断，左宗棠从湘阴去安化小淹所走陆路，必走益阳至安化的官道。从八字哨，过兰溪，经邓石桥、南坝、源嘉桥、黄道仑、桥头河，上草子坳。益阳至大福150里，由大福至梅城90里。同治版《益阳县志》记载，1643年，张献忠带领农民起义军，从益阳走宝安益驿道经安化败走入川，曾屯兵源嘉桥软桥一带。左宗棠从小淹回柳庄时通常是乘船顺资江而下，有时在桃花港上岸，去浮邱山陶宫保第留宿几晚处理田佃事务。他往返小淹与柳庄的大致路线为：

水路300千米：小淹——马迹塘——桃花港——大码头——临资口——柳庄

陆路200千米：柳庄——八字哨——兰溪——邓石桥——南坝——源嘉桥——黄道仑——松木塘——大福——梅城——小淹

在此期间，时任贵州巡抚的贺长龄请他去贵州巡抚衙门帮办公务，承诺给予优厚待遇。当时家境困难的左宗棠不为利而动心，更重受人之托、终人之事的诚信，辞谢聘请。

第七章　设馆授徒

左宗棠来到陶家的主要任务是教育培养陶桄。他的教学，很注意年龄特征，重视因材施教。他要求陶桄，"先以义理正其心，继以经济廓其志，至文之工拙，科名之得失，非所教也"。"潜思力践，百行渊备，凡圣哲遗教，古今宪典，罔不综贯，博观约取"。左宗棠自身功底厚实，17岁便研读了《读史方舆纪要》《天下郡国利病书》《水道提纲》《农书》这些技术类书籍，有了扎实的学养基础，又有在渌江书院从教二年的经验，对陶桄施以全面、科学的教育。在任教期间，对陶桄制订了一套规范的教法和管理办法。特别是他以理性、实用的眼光，能指出学生存在的问题，同时找到了解决的方法。他对陶桄的教规为三个方面：一是以《朱子小学八则》为规，以"洒扫、应对、进退、爱亲、敬长、隆师、亲友之道"作为考察准则，培养品德与人格。二是严学风。要求每天必须写学习笔记，以记录功课心得。每天晚上，左宗棠必定检查陶桄的笔记内容。三是改教材。左宗棠删减了"经史子集"中说教的部分，增加了舆地、农学等课程。他还专门设置了田野调查课，大幅度提高"理工技术"内容的比例，以弥补纯粹道德人格教育的空洞。左宗棠比一般八股先生高明的地方，在于他抓住了教育的实质和根本："制外所以养中，养中始能制外。"教授四书五经，目的只是培养正直、善良的道德人品，树立正确的人生观与价值观，在实践中学会"学用合一"，且有切实可行的方法，将正直、善良的道德人格，在实践中运用出来，而不是停留在口头上、书本里。他的这种教育方法的实施，使陶桄的学业和人才素养得到了快速提高。

置身安化寂静的乡间，将近而立之年的左宗棠心情十分沉重。29岁生日那天，他独自提着一壶老酒，来到石门潭前，一边喝酒，一边吟诗：

犹作儿童句读师，

第七章　设馆授徒

生平至此乍堪思；

学之为利我何有？

壮不如人他可知。

蚕已过眼应作茧，

鹊虽绕树未依枝，

回头廿九年间事，

零落而今又一时。

官厅御书楼前乡贤祠正门

左宗棠殚竭心力教育陶桄外还协助陶澍家人"区划陶宅各事"，履行了自己"既受重托，保此遗孤，惟凭我一腔热血，尽力维持"的承诺。只是，从左宗棠写给恩师贺熙龄、妻子周诒端、妻弟周汝充以及邓湘皋等友人的书信可知,左宗棠在小淹的日子过得并不舒坦,"尽力维持"的承诺也践行得并不容易,甚至在道光二十二年前还屡生去意。

道光二十年正月,左宗棠在至小淹陶家赴馆前给周汝充写的信中提及:"陶家现住益阳安化小淹地方(距益阳两日水程),俟文毅葬后(当在夏秋间)即当移住省城,兄离家更近矣。"

由此可推测,左宗棠愿意前往陶府家馆任教,除遵恩师命、念知己情谊外,陶家迁往省城长沙后离家更近,更便于照顾家室也是一重要原因。

左宗棠到小淹授徒后,陶家不知何故并未如期迁往省城,偏距一隅,心中不胜烦闷,在其写给贺熙龄、邓湘皋等人的信中频见"肩居斗室,不独无可与谭者,亦并无一人之迹来。属有所思,无所于吐""山馆无聊,言念时艰,不胜愁愤""宗棠闭居此间,日间课程繁密,自己毫不能用功读书,亦复不成片段,悠悠忽忽,无有寸进,重负吾师训诲之意,悚愧悚愧""宗棠今岁仍馆陶文毅家,肩影山馆,如处瓮中,孤怀郁迭,

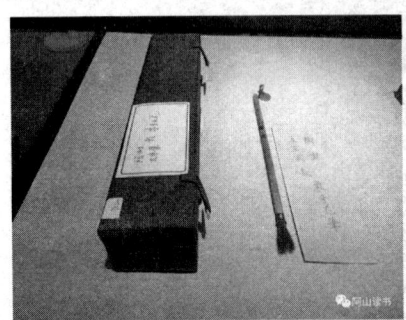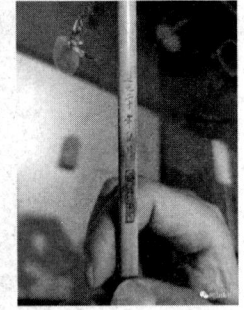

陶澍、左宗棠款象牙毛笔

欢惊实鲜,近状不堪为长者告也"等语。

依常理而言,左宗棠既已受托教育名臣孤子远不至于如此,而深究其缘由还因陶氏族人时有中伤之语,此事左宗棠在道光二十年给周诒端的信中讲得颇为详细:

第七章 设馆授徒

"自来小淹,已数月矣。授经之暇,尚须御侮。盖文毅族人觊觎遗产,时存凌孤欺寡之心。即如去年出殡,群吠猖猖,块肉尺布,在所必争,视逐欲眈,殆难理喻!幸有贺师严气正性,临之于上。润芝苦心孤诣,随机应付,得以弥缝无事。然其狡焉思逞之心,固有触必发,防不胜防。吾以文毅平生知己之感,又重以吾师之命,既受重托,保此遗孤,惟凭我一腔热血,尽力维持,虽日在群阴构难之中,众口铄金之际,而不屈不挠,决不因无足轻重之毁谤而动心也。此辈小人,原无伎俩,只要我脚跟立定,无可瑕疵,久之亦自慑伏,不敢尝试矣。然吾以疏远之人,久处嫌疑之地,虽自信坦然,亦不能无惴惴耳。"

对陶氏族人的行径,左宗棠在黄德芬逝世后写给贺熙龄的信中也有过议论:

"叩别后,次日午刻开舟,凡六日即抵小淹,始确悉文毅夫人弃世之耗。睹其病女、孤儿惨痛呼号之状,不觉泪下也。……诸陶不能共相经纪,已愧凡民之谊。且闻有饮馔不丰,厉声诟谇,孝帛稍短,负气凌竞者。此固下乡恶态,不足责。然亦可遽至此乎?自此事体必更纷纭,孤弱其何以自立矣!且叹且愤……"

左宗棠在陶氏家馆任教虽有前文所述诸多不如意处,但陶家人对左宗棠"相待之优,迥异寻常"。使得左宗棠"不得不殚竭心力"。道光二十年秋,陶家人将有"印心石屋主人""陶云汀印"款的象牙毛笔赠予左宗棠,左宗棠视作殊荣。

道光二十一年,周诒端小产,左宗棠闻信后"惶惑不安""焦灼万分",陶家人即选"辽东参五钱、高丽野参五钱、鹿茸一架、阿胶三十二块",予左宗棠,让其遣人送去。于此事,左宗棠曾在给周汝充的信中表露心迹:"内主人待兄极厚,闻信之日,屡次遣人问候(各药俱系亲自拣择,取其最佳者），心中十分悬挂（兄亦感之）。此情此谊，兄岂忍负之。"

陶桄是陶澍遗孤，左宗棠对陶桄的课教，承担着巨大的道义责任和心理压力。陶澍二十一岁结婚，共娶了七位夫人。原配夫人黄德芬（1779—1844年），生了三个女儿，但是，十年过去了，黄夫人仍没有生下儿子。于是，陶澍续娶了贺第英（元秀）为侧室，贺夫人生得多，生了五个女儿，四个儿子，然而可怜，一个儿子也没能活下来，最大的也在十岁上夭折了。又是一个十年，他娶了张夫人，只生了一个女儿。陶澍想要儿子的心情急迫起来。四年后，他再娶了刘夫人，再四年，他娶卢夫人，但她们生的三个儿子，都过早地夭折了，陶澍为儿子起乳名"佑无""普陀保"，祈求上天能保佑儿子存活，但上天没有答应他。在陶澍五十四岁的时候，由黄夫人作主，收了家里的一个穷苦人家出身的丫头张氏为妾，就是这位丫头生下了儿子陶桄（生于道光十二年，公元1832年），为陶澍留了一根独苗，延续了陶家的香火。

陶桄在左宗棠的培育下，博学多识，工诗能文。《资江陶氏八续族谱》收录有陶桄诗文，如《丁都途中杂感》（八首选四）："戎马关山路几年，频年空着祖生鞭。宦情已逐东流去，羁思还因北极牵。屡佐军储怜卜式，曾叨恩荫愧韦贤。浮云蔽日风尘恶，漫赋归来学地仙""弹指年华卅六春，名场屡质感前因。水经风力波澜老，山带晴光面目真。旅店泥痕惭故我，板桥霜迹认行人。从戎未遂封侯愿，只合渔樵了此身""半生壮志几消磨，放眼乾坤托醉歌。蜀栈三千常绕梦，洞庭八百又兴波。英雄老去繁华尽，迁客秋来感慨多。西望为屯非易集，转输谁继汉箫何""岳阳胜概汇南楼，俯腑重湖万景幽。山色划开云水界，波光照尽古今愁。凄凄夜雨沉宵析，浩浩霜风滞客舟。回首燕台无限恨，何时更向玉阶游"。陶桄的诗，对仗工整，语言明澈，写景抒情，浑然一体。特别是比较真实地反映了

第七章 设馆授徒

其矛盾的内心世界。陶桄想为国家建功立业，成就一番事业，却因是陶澍的单传独子，岳父左宗棠不允许其驰马疆场，以身涉险。陶桄只好将希望寄托在儿辈身上，他在《送三男入都》诗中说："趁此风云展鹏礴，会当联步到鹏翻"。

叶德辉在《陶公绍云府君墓志铭》中介绍了陶桄一生事迹：陶桄自幼"入学从训，事师犹父。潜思力践，百行渊备。凡圣哲遗教，古今宪典，罔不综贯，博观约取。会洪杨乱作，四方多故。咸丰三年，贼围长沙，公协力守御，缮修城垣。巡抚张公亮基上其事，得旨加员外郎衔。及寇陷江宁，东南事急，湘军四出，库帑不支。公感激天恩，毁家纾难，走谕乡里，激发忠义。时当事采黄公冕议，开盐茶厘金两局，取给军饷，奏公襄办。迄贼之平，前后输军累巨万。叠经巡抚骆文忠公、毛公鸿宾入告，得旨升任员外郎，旋以道员分发四川，遇缺即补，并陶桄躯干不高，性体威重顾盼雄毅，修髯伟貌，见者都说酷像其父。读书之余，兼习拳术，臂力绝伦。传说某老师武艺颇高，一日站着桩，手捧一盆水，若桄能掷过墙去，如桩不解，水不溢，则反呼为师。桄举手把老师掷于保第厢房月墙之外，墙高一丈有余。老师果然桩未解，水未溢"。陶桄六十五岁时写下《述怀》诗云："行年六十五春秋，衰病寻侵竟白头。幽愤忍为知己道，虚声犹误故乡留。人心变幻山溪险，世局浮沉日月流。枯苑一生都是命，惟完真性即丹邱。"还著有《祭岳父左文襄公文》《哀次男想谦文》《题养吾大叔大人玉照》《丁卯都途中杂感八首》《送三男入都并序》等诗文，陶桄的左氏夫人亦著有《小石屋诗钞》一卷。

咸丰三年（1853），陶桄曾在长沙参与对太平军的战争，协助黄冕创办厘金，支持湘军对太平军的战争，先后被清廷赏加员外郎衔、道员衔，赏戴花翎，加盐运使衔，因功封荣禄大夫，赐按察使衔。后又加二品顶戴，授通奉大夫，晋资政大夫（文职散官，正二品）。同治元年，以东征局功优诏褒美，有筹办饷需、不售分畛域、顾全大局、力拯时艰之谕，特赏按察使衔"。左宗棠督师西征时，陶桄奋力出征，随军队跑到了陕西。左宗棠为保陶澍后人执意不准。回到安化后，陶桄一方面积极组织兵源充实西征军；另一方面着力筹措资金帮助补充兵饷，长年累月，走村串户，不计个人得失。他胸有泾渭，从不攀附，不肯屈权贵之门借贿赂而猎功名，更不肯捐官而污其出身。陶桄世居小淹，终生不仕，但对"梓桑利弊多所兴革"。

陶桄天性仁孝，淡于名利，不入官场，"天下莫不仰公之高，而叹其不用于世，为可惜也。家居不闻外事，不履公庭，而梓桑利弊多所兴革。咸丰甲寅，邑以浮贼致变，奸民乘机作乱，太守仓公率兵剿捕，民情汹汹，大府乃檄胡文忠公治之。公谓此无烦兵力，莫如定粮草、惩蠹吏、谕巨魁、解忉从，而事定矣。文忠公从之，民遂安堵如故。曾文正公始治团练，严诛内奸，邑有告变者，联名百余人，多所罗织。公驰白大府，保全甚众。生平阴德，率多类似，公固不自表，襮世亦鲜知者。公识量宏深，提躬敬让。虽见卑幼，必谨于礼，笃于故旧，终始不渝。抚孤养老，恤嫠育婴，岁所周恤，费有常经。于族则重修总祠，手完族规。于乡则蠲学田以恤寒畯，输积谷以备凶荒。即他省告灾，如晋豫之饥，燕齐之水，凡所振济，不求奖叙。"陶桄"世居小淹赐第，晚移省城白鹤井署所，居曰白鹤山庄。甲午以后，倭夷败盟，时艰日棘，朝议变法，异学争鸣……公独居感愤，如忧其私，遂患哽噎，致废寝室"（载《资江陶氏八续族谱》第二册）。陶桄生有六个儿子和九个女儿，繁衍为陶氏大家族。

第八章 造葬修陵

左宗棠来到小淹陶家后，办理的第一件大事，就是亲自参与了陶澍下葬、陵园的规划和督修，并主持重修了宫太保第和陶澍贤良祠。左宗棠根据胡林翼的安排，在贺熙龄老师的指导下，调集了十里八乡的能工巧匠，协调化解好各方纠纷矛盾，精打细算，有条不紊地推进陵园建造工程。

陶澍去世后，道光皇帝恩准为陶澍建立专祠。次年六月，又恩准为陶澍建立崇祀海州儒学名宦祠、江苏名宦祠。

道光十九年秋，陶澍灵柩沿运河千里南下，由妻儿亲友及官府护送

陶澍陵园牌坊

回原籍。到次年的夏秋间，陶澍遗体才开始下葬。1839年12月20日，胡林翼《呈岳母及岳父陶澍之妾》的书信中写道："昨接家来谕，言十一月初七日行舟犹在益阳，换船再上安化，计此时早已到小淹矣。此时安葬之事未完，择地为第一要紧事。"左宗棠致书余星棠卜日葬期（《左宗棠全集·书信一》，道光二十四年，《上贺蔗农》"前文毅葬时，宗棠即代致一书，求余星棠先生为之选择，至今已阅三年有奇"），道光

第八章 造葬修陵

二十年正月十一日《与周汝充》信中写道:"陶家现在(益阳)安化小淹地方(距益阳两日水程),俟文毅葬后(当在夏秋间),即移住省城,兄离家更近矣。"由此推断,陶澍的下葬时间为1840年夏秋间,陵园牌坊左边的汉白玉花岗岩记载为"庚子岁八月十六日丑时葬"。陵园的规划和设计,在陶澍去世后即由胡林翼在京请高手筹划。选址小淹上三里之沙湾,面对资水背靠青山。地处资水北岸,风光秀丽,地形称之为"天鹏击水"。其地山势巍峨,资水环绕,就像一只大鹏扑向资水,气象十分壮观。

陵园由朝廷以一品官的礼制拨款修建,占地50亩,环筑3米高的围墙。大门朝南向,正对向资江。陵园大门为四柱三楼牌坊式大门,也称为"朱雀门"。大门二楼的大理石上,用颜体刻着陶澍的多种官衔,并涂填朱漆。四个门柱顶部,分别蹲着一尊石雕动物。大门前,两只威武的石狮子蹲守着。严格按照古代"四柱八卦"的要求设计,也与孔庙的第一道大门"金声玉振"坊类似。

陶澍陵园内景图

陶澍陵园神道

进大门后，沿"神道"直走80米，为陶澍墓，周围环绕汉白玉石和花岗岩精雕细琢的花栅栏，立有汉白玉石的陶澍墓碑。墓前有石级、墓表、石俑、石马、石狮、石羊、石兔，显得十分庄严肃穆。入门右侧处建有"御碑亭"，整个亭阁为八角亭式建筑，上盖琉璃瓦；亭内有两只巨大的石鳌，分别背负着刻有道光帝《圣旨》（共有四道圣旨，其中谕旨三道，恤旨一道）《御制碑文》《御祭文》《敕祀贤良祠文》的青石碑。左宗棠请贺熙龄篆额，名家何绍基书写碑文。面向碑林，自右首往左，御碑亭内有御碑四块。每块碑宽3尺1寸8分（市尺），高7尺9寸，厚8寸4分。每块碑上承白石盖，盖均高3尺。

第一块为《御祭文》，上承白石盖，阴文镌"御祭文"（文字书写自右向左，下同）三字。下以青石赑屃①负之，高2尺6寸。碑文竖刻，

---

①：赑屃，音kixi。蠵（xi）龟的别名。《本草纲目·介部》："蠵龟，赑屃。赑屃者，有力貌，今碑趺象之。"碑趺，碑下石座。赑龟，亦称"赤蠵龟"，爬行纲，海龟科，长约1米，背褐腹淡黄。

第八章　造葬修陵

左下首刻："掌四川道监察御史臣贺熙龄恭录"。

第二块为《圣旨》，上承白石盖，阴文镌"圣旨"二字。下设雕龙石座，高2尺。"圣旨"三道，竖刻，左下首刻有下列文字："掌四川道监察

御碑亭

御史臣贺熙龄篆额，翰林院编修臣何绍基书丹。"

第三块为《敕祀贤良祠文》，上承白石盖，阴文镌"敕祀贤良祠文"六字。下设雕龙石座，高2尺。碑文颜体、竖刻，不署名。

第四块为《御赐碑》，上承白石盖，阴文镌"御赐碑"三字。下以青石赑屃负之，高2尺5寸。碑文竖刻，左下首刻："湖南巡抚臣吴其

御碑

浚敬书恭录"。此碑句末作"播此休声","道光十九年",作"道光二十一年"。

左宗棠从桃花江一带调运石料,挑选了上百名石匠,陵园的牌坊由花岗石砌成。正中有一块汉白玉的石匾,上面主要介绍了陶澍的为官情况:"皇清诰(帝王任命或封赠的文书)授,荣禄大夫,例晋光禄大夫,太子少保,晋赠太子太保,兵部尚书,总督江南江西等处地方,兼营两淮盐政等"。牌坊左边主要介绍了陶澍的生平概况,右边介绍陵园的修建情况。

陵园的正前方是陶澍的陵墓,两侧预留为夫人的墓冢。后来,在陶澍墓的两侧建有五位夫人的陵墓。陵园的四周种有松柏、樟树、玉兰等,陵园整体设计建设成为左青龙右白虎南朱雀北玄武的一块风水宝地。陶澍墓独占一个山头，坐北朝南，背靠香炉山，面临资江水，左右两山环抱，好像青龙环绕，对面两山之间，白沙溪水扑面而来。陵园内最先建的是左边的享堂。原来是停放陶澍遗体的地方，后来主要供祭祀用。在亭堂的正中原有一尊陶澍的木质雕像。

在左宗棠的精心组织下，陵园的建设期从1839年年底陶澍遗体运抵时动工，到1840年底竣工，前后用了一年的时间。

陶澍墓

陶澍陵墓群

道光二十四年六月，陶澍夫人黄德芬去世，享年六十六岁。黄德芬（1779—1844），字菱玉，安化一都河曲溪人（今属大桥乡）。其父黄崇榜，字殿元，熟读诗书，忠厚传家，是一位受人尊敬的长者。黄德芬处事勤俭，刻苦耐劳，待人宽厚，亲友真诚，家教严格，品德高尚。据胡林翼《陶母黄夫人墓志铭》记载：陶澍结婚后，仍随父亲在外读书，黄德芬主持家计，而"家常缺食，即得食，夫人必先进其夫弟子晋，而后啜其余"。陶澍在京为官时，黄德芬仍在陶家操持家务，"奉菽水之养"（即侍奉公婆）。陶澍逝世后，淮商"以白金四万两为赙"，黄德芬认为"不可以污吾夫子，却不受"，强调"夫子生无亏，死无歉，家世儒素，生计非所求，所求得师教子耳"。其后，黄德芬率全家扶柩回小淹，成为一家之长。黄德芬表率全家，勤劳节俭，躬亲操劳，处事公正，待人诚恳，亲自纺织，全家和睦，为乡里所称道。黄德芬生育瑞姿、琼姿、琦姿三个女儿，晋封一品夫人。

黄德芬和陶澍结婚后感情笃实，虽然不在一起的时间多，但夫妻情深。陶澍虽有七位妻子，却对黄德芬情有独钟。在《陶澍全集》中，有不少写给黄德芬的诗词、书信。如《七夕寄内黄安人》："村酒难沾兴易消，空庭独坐客心遥。明星落落三更出，好月纤纤一榻邀。路阻黄牛徒有堡，河填乌鹊自成桥。人间此夕输天上，香雾云鬟隔寂寥。"陶澍生日，秘而不宣，不愿惊动同僚好友，唯独思念黄德芬，有《京口生日寄内》："我卅八龄卿卅七，桃根廿五共齐眉。巧将天上三星会，合作人间百岁期。得势帆如同我乐，忍寒花亦畏人知。料应儿女团聚夜，喃语灯前寄远思。"当黄德芬生日时，陶澍虽没有陪伴身边，却有诗歌来祝贺，如《内子四十生日》："数龄君又四盈旬，柴米夫妻健在身。日日劳为八口计，星星渐是二毛人。却看绕膝怜娇女，曾记离家托病亲。

第八章　造葬修陵

白发庞公①仍有约，桦香山下共樵薪。"陶澍的意思是本不想在外为官，高官厚禄非所愿；而愿夫妻恩爱，夫唱妇随，在家乡躬耕陇亩，自食其力。此诗表达对黄德芬的深情厚谊，流露出与黄德芬白头到老、生死相依的强烈愿望。

黄德芬去世后，左宗棠恳请贺蔗农面晤余星棠卜日与陶澍合葬，停柩中堂多日，左宗棠认为"合葬原文毅与文毅夫人之意，佑奎不能从，则逆亲悖理，为罪滋深。俟之二十年，则停丧不葬，于理无征，于心何忍！且山向宜忌，就彼术中，亦只以太岁值年之方，吉凶为主，并未闻有前后二十年不能卜葬之事。果尔，则凡亥山已向之葬，于甲辰以后、癸亥以前者，举为不利耶？其理难通，其事亦未可深信矣。但本月二十七日，既据庆覃云不为妥善，而所择之二十三日，又未免为期太迫，兴办殊难，自应俟至七月为妥。顷与成甫兄商之，渠意正同。现定议于本月二十七日发引，暂厝沙湾亭堂，先一二日开吊题主。如此办理，则停柩亭堂，既可免意外之虞，而及早出殡，亦可省诸无意之费，似为妥便。"左宗棠调解所发生的矛盾后，妥妥当当办理了黄夫人的丧事。

---

①："庞公"，即东汉庞德公，襄阳人，夫妻相敬如宾，躬耕于岘山之南。当刘表来礼聘时，他表示："鸿鹄巢于高林之上，暮而得所栖；鼋鼍穴于深渊之下，夕而得所宿。夫趣舍行止，亦人之巢穴也，且各得其栖宿而已，天下非所保也。"后隐居鹿门山而终，成为隐士。

第九章　理家置业

陶澍逝世后，陶府家政内由黄、贺二位夫人主持，外由胡达源、王平舫操劳，官场由胡林翼斡旋，左宗棠除承担为陶桄教学的义务外，并为孤儿寡母维持家业、掌管田产、处理家务等尤为棘手的重大事务。

陶澍去世后，因陶家"以独富之家，处众贫之地"，有人对陶家产业虎视眈眈。左宗棠此时是以老师的身份居住陶家，介于亲疏之间，陶家的很多家事他是不方便插手的。此时，还有类似左宗棠要侵吞陶家家产而联姻陶家之类的流言蜚语，这对于一向清高的左宗棠来说，无疑是难以容忍的。道光二十二年，胡林翼因为父亲去世而回家守丧，来到小淹与左宗棠、贺熙龄等筹划如何改变这一状况。最后左宗棠、胡林翼与贺长龄、贺熙龄、魏源、李星沅商定，拿出陶家一部分资财，救济村里贫困者和有非分之心者，并且对他们坦诚相待，让他们感畏。如此，陶家的日子才好过点。陶桄母亲去世之后，其叔伯兄弟也开始欺负陶桄，左宗棠就此为之周旋。此外，他还需要帮助陶家应对亲戚借钱之类的烦心事。陶府家事给左宗棠留下的印象是十分深刻的，也是痛苦的，在十年之后的咸丰二年（1852），他出任湖南巡抚幕府后，给胡林翼写信谈到陶家家事时，还说"不欲与闻，亦不敢与闻也"，意即不愿意打听，也不敢打听。可想而见，是左宗棠的艰辛付出，才使得陶家得以安宁。

左宗棠除管理陶家安化事务外，还要花费较多精力管理陶家在桃花江一带的家产。嘉庆十三年（1808），陶澍娶了桃花江河溪水的美女贺第英为妾。道光三年（1823）至道光九年（1829）间，陶澍先后任安徽、江苏巡抚，在桃花江杨家坳建成"陶宫保第"，把贺第英（元秀）安顿在这里。据《资江陶氏七续族谱》载，陶澍在桃江建有陶氏宗祠两处：一处位于桃江镇翰林街（原名西岐街，现桃江县人民医院职工宿舍附近），祠无存；另一处位于桃花江的金柳桥，原称乡贤祠，现地名为乡贤宫，祠无存。陶

第九章　理家置业

澍在桃江建有大型陶宫保（宫保第）两处，一处在花桥响石庙，另一处在桃江镇西约3公里的南京村，两处古殿均无存，后者仅留"南京"地名。

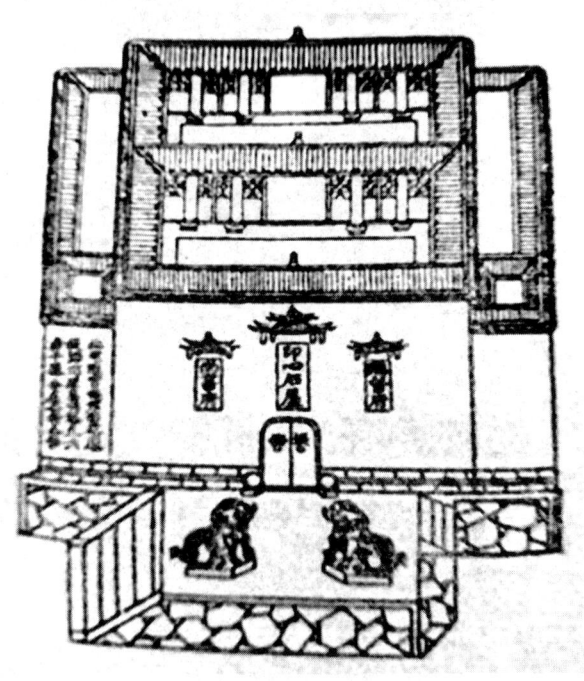

桃花江陶宫保第平面图

《益阳县志》记载："陶澍距桃江五里之杨家坳则营住宅一所，以所娶益阳十二里贺氏居之。"此处宫保第即称贺宅，建于道光三年至道光九年间，地处浮邱山与桃花江之间，通过驿道东去桃花江、益阳，西往安化、湘乡，交通十分便捷。宫保第规模宏大，开间进深各20多丈，占地20亩。房屋百余间，有三厅四厢五宅。三厅即前厅、中官厅、后神厅。厢分东、南、西、北，宅分主仆。第门有台阶数十级，门厅外码头左右各踞一尊青石猛狮，门厅门楣悬陶澍亲笔书写的四个镏金大字"陶宫保第"。分左右高挂八盏宫灯，门厅进去是官厅，正中堂屋挂释祖、孔子、老君三圣图。堂屋南侧是陶澍的印心书屋，屋内装挂楷书《桃花源记》中堂。后厅即神厅，下面立有真武祖师神龛。宫保第内饰庄严精致，外

桃花江陶宫保第的双面雕门

观青瓦砖墙，建筑牢固，气势雄伟。丫鬟侍女，衙役听差，长工勤杂甚多。有武士驻守，刀枪银光闪闪。道光十年（1830）九月初二日，陶静娟与胡林翼的新婚大典就在这里举行，胡林翼婚后在别墅住了十六个月。在此期间，陶澍为他请来湖南名儒蔡用锡当导师准备迎考。宫保第建成以后，陶澍仅于1836年10月23日住进这里一次，行了不少善举。道光十二年，陶澍任两江总督兼管两淮盐政，政务繁忙，怕误四子慧寿学业，便让贺夫人携子从江苏回到桃江，住进宫保第，并特请蔡用锡教读。

陶澍在桃花江的田产始置于道光二年（1822），共置田230多石，计1800亩以上，其中益阳六里荷塘23石，八里芭茅洲23石，八里花桥12石，九里金柳桥46石，十里石灰塘18石，益阳白箬溪100石，还有

第九章　理家置业

十里牛田、刘家山等六处零散田亩若干。道光末年仍然在继续添置田产，至咸丰元年已发展到三万多亩。

《曾国藩全集》有一消息关于陶家财富的佐证：咸丰四年（1854），曾国藩在衡阳组建湘军需募集军饷，要郭嵩焘出面向陶家勒捐白银三万两，后为左宗棠与曾国藩、郭嵩焘失和的隐因。曾国藩写信给湖南巡抚骆秉章："陶家之富何人不知？益阳所置之产，每岁收租三万石，以一年之租助饷亦不伤元气。"曾国藩所指陶家在"益阳所置之产"，也就是桃花江至浮邱山下的田产。按照当时主四佃六或主三佃七的通行规定，每亩收租八斗或收一石，或收一石二斗。如果能岁收租谷三万石，陶澍的田产不会少于三万亩。在浮邱山一带有个传说，说道光皇帝赐予陶澍五千四百八十石良田。"石"在桃江是个面积单位，一石田折合为六亩二分五厘（民间约称六亩三分）。照此计算，陶澍在浮邱山下有田三万四千五百亩。陶澍在浮邱山下所拥有的田地，南起金柳桥，北至广济桥；东起鸣石滩，西至沙田湾。为打理农庄，左宗棠还将十八户安化陶氏宗亲，迁徙于田庄之内，或田庄的周边，如沙田湾、井天坊、鸣石滩、金柳桥、小山湾、高桥等地。陶澍昔日读书的东家曾润攀的后裔，举家从杉树仑搬到了高桥的黄茅坑。陶澍去世后，左宗棠还聘用了胡楚裕、胡上依父子管理田庄，还专门修建一条从金柳桥经桃江市横街到沙田湾的大道，时称"金沙义路"，既是造福乡民的善举，也是便于桃花江别墅到庄园的交通。左宗棠还将这里的三万多亩稻田按地形方位绘成鱼鳞清册，注明丘名、面积、四抵界址、灌溉水源、佃耕要求等细目，便于经管。在左宗棠的管理下，陶宫保第周围已扩建成了一座收租囤粮的大型庄园。

1839年冬，陶澍灵柩由妻儿亲友及官府护送，途径桃花江陶宫保第时，停灵三日，举行了隆重的祭奠仪式。

由于桃花江的陶宫第规模宏大,加上远离安化小淹,管理难度很大,左宗棠花费的心思很多,制订了一套系统的管理方案,聘用了一帮可靠的能人,所以这里的秩序井井有条,财产完好无损,进一步得到了胡林翼的高度信任和肯定。

第十章　博究经史

左宗棠到小淹以后，一边静观天下大事，一边教书，掌管陶府家事，又在印心石屋饱读国朝宪章掌故有用之书，钻研学问。他的居室楼上满堂书架，是一个很大的藏书室。晚年的陶澍曾搜集了大量藏书，左宗棠见到这些藏书，他才深感自己见识少，以前在地摊上买的那些书，怎么可以与陶澍的藏书相提并论？这里真正是知识的海洋，有《读史方舆纪要》，有《天下郡国利病书》，有《古今图书集成》，有《康熙舆图》，有《乾隆内府舆图》，有一大套乾隆年间制作的地图集，有经史子集等达数万卷。有了这些藏书，左宗棠如鱼得水，喜不自胜。每日讲课之余，手执一卷，孜孜不倦。左宗棠这条潜沉资江的困龙，一下子游进了大海。一头扎进去，没有七八年时间，根本读不完，搞不透。也是老天成全，左宗棠在陶家，刚好是八年。他通过书，与古人神交；通过文字，与故去的陶澍神交，与清朝的皇帝神交，实现神交古人的梦想。左宗棠说："吾在此所最快意者，以第中藏书至富，因得饱读国朝宪章掌故有用之书。自海上事起，凡唐、宋以来史传、别录、说部及本朝志乘记载，官私各书，凡有关海国故事者，无不涉历及之，颇能知其梗概，道其原委，此亦有益之大者。"

左宗棠在陶府通过博览群书丰富了自我，了解了当时局势，掌握了军事、经济、政治、边防等诸多方面的知识，进一步了解了世事和政治得失，开阔了视野，增长了见识，收获巨大。熟读熟识兵法、农学、水利、地理、历史等知识的左宗棠，相比同时代的同僚们，可谓视野开阔、博闻强识，满腹经纶。可以说，正是这些对科举而言的"无用"之学成就了左宗棠后来的事业。

大清王朝本是北地满人贵族在李自成与崇祯皇帝鏖战之时趁乱取胜而来的，再加上满汉矛盾，朝野上下的思想禁锢也是空前的，五花八门

第十章 博究经史

的文字狱纷至沓来，这一点连一代贤君康熙大帝也不能幸免。众多秀才、举人为了谋得自己的一席之地，不得不在原本就僵化呆板的八股文里寻找与执政者的媾和点，于是私塾里充斥着腐儒的琅琅书声，朝堂之上却找不到一个能够经世致用的人才。从原意上讲，教育之鼻祖孔子是要求学生学以致用的，老夫子教弟子"六艺"之能，礼、乐、射、御、书、数。最初的文人，不光要会写文章，还要会驾车射箭，精通算术也是必需的。可惜的是，自从有了科举制度，经过明代八股文风，再历经残酷的文字狱，读书人变得渐渐功利化、单一化，甚至身无长物。而这更能体现出左宗棠超脱世俗、努力研习实学的可贵之处。他早在三岁时开始，常"读书梧塘"（梧塘为左家先祖课诸子孙处），五岁起开读《四书》中的《论语》和《孟子》，兼读南宋理学家朱熹的《四书集注》（即《四书章句集注》）。他八岁开始，学习制艺（即八股文），其父"每命题，必令先体会《大注》，一字不许放过"，目的是让左宗棠对科举考试的必读和必考书烂熟于心。"自童儿时，即知慕古人大节，稍长，工为壮语，视天下事若无不可为"。这样，左宗棠在童年时代即得到其先辈的循循善诱和严格训导，培养了刻苦读书的浓厚兴趣。

左宗棠此时尽管意识到自己没有任何功名和位阶的卑贱，但源于从中华文化遗传中禀赋的使命感和责任感，把"修身、齐家、治国、平天下"为自己安身立命的精神依据，把国家繁荣、民族复兴作为自己的道义担当，对新生事物充满着天真的好奇心，这才是他对经世致用的实学如此勤勉、如此孜孜不倦的力量源泉。同时，左宗棠已敏锐发现，十九世纪西洋人才辈出，学术昌明。而此种学术，既不是中国的八股虚文，也不只是工艺技术，学校也不只是文化技术学校。学校为西学之本，西学则是西洋科技与文明的源泉。以左宗棠之所见，西洋矿、电、兵、艺，莫不有学，所以有格致算学学堂、矿务学堂，船机学堂、枪炮学堂、兵学堂、建造学堂、学习学堂（师范）、政治学堂、水师学堂、陆军学堂、军医学堂、女子学堂等。而且，无论学矿务、船炮、建造，必先入格致算学学堂，立下基础。左宗棠思维的活跃、开放、创新与前瞻，有别于科举制度下的士大夫，他认为："泰西有，中国不必傲以无；泰西巧，中国不必傲以拙；人既跨骏，则我不得骑驴；人既操舟，则我不得结筏"。

左宗棠认识到要以理学的道德精神与经世致用的实事实功相结合。经世致用强调学术研究要和社会实践相结合，关注社会现实，并用所学知识来解决社会问题，其特点是主张"通经致用"，即发扬儒家学说的精华，用以解决国计民生的大问题，反对空谈误国，反对只把学问作为猎取个人功名利禄的狭隘工具。除时代影响外，家庭与社会的熏陶对左宗棠个人的成长、思想观念的形成也起着非常重要的作用。左宗棠出生在一个社会地位不高、经济状况不佳的"耕读之家"，过着"非脩脯无从得食"的清苦日子，生活相当窘迫，竟至"日食不给，赖书院膏火之资以佐食"（左孝同：《先考事略》）。艰辛的生活使青年时代的左宗棠有机会接触下层社会，也了解社会弊端、民间疾苦，遂使"经世致用"思潮在他胸中激起无法平静的波漪。

在接受"经世致用"思想、探讨改革社会的过程中，左宗棠是幸运的，因为他得到了当时著名经世派官员的赏识、指导和帮助。陶澍、贺氏兄弟（贺长龄、贺熙龄）、林则徐、胡林翼、郭嵩焘等都对他赞赏有加，待以"国士"，目为"奇才"寄以厚望。他们的爱国思想、务实精神对左宗棠的启迪和影响是不言而喻的。林则徐在左宗棠心目中被视为"天人"；魏源著作被左宗棠誉为"伟为不可及"（《左宗棠全集·书信三》，第596页）。林、魏的忧患意识与时代精神，为左宗棠增添了丰富的思

第十章 博究经史

想营养，对其爱国及"师长"思想的形成产生了深刻影响。左宗棠认为，"经世致用"从人生态度来说，是一种入世精神，这种精神的人格化表现即是以天下为己任的生命态度，勇于承担天下家国的重任，尽力解脱天下苍生的苦难，而不以一己私利为进退；经世致用从人生价值取向来说，是追求内圣外王，修齐治平，退而独善其身，进而兼善天下。"经世致用"从学术风格来说，是联系社会实际研究有关国计民生的实际知识，注重学问的现实操作性和实用性，注重知识者的生命价值与黎民百姓生活的联系。一句话，就是树立治国平天下的志向，研究有关国计民生、日用人伦的实际学问，学以致用。这是中国传统文化中的优秀成分，更是湖湘文化的一大传统。

左宗棠研读了顾炎武的《天下郡国利病书》，齐召南的《水道提纲》等地理学书籍，并绘制了皇舆图。《天下郡国利病书》以讲究郡国利病贯穿全书，重点辑录了兵防、赋税、水利三方面内容，研究各地兵要地理，深感兵防之重要，所以书中对全国各地的形势、险要、卫所、城堡、关寨、岛礁、烽堠、民兵、巡司、马政、草场、兵力配备、粮草供应、屯田以及有关农民起义和其他社会动乱等方面资料，无不详细摘录。然而，这在当时的学子中间并不被理解，很多同窗都认为左宗棠是在读闲书、浪费光阴，有的人还私下里嘲笑他。左宗棠不为此所动，依然刻苦钻研经世致用的实学。左宗棠"暇日皆遍读之，学力由是日进，一生勋业，盖悉植基于是时也。"左宗棠说过："士人但知有举业，见吾好此等书，莫不窃笑，以为无所用之"。左宗棠后来在家书中告诫自己的子女，教导他们要面向社会，多读经世致用之书，多关注民生世务，"至吾儒读书，天地民物，莫非己任。宇宙古今事理，均须融澈于心，然后施为有本"。

左宗棠对《读史方舆纪要》爱不释手的研读，对其所载山川险要、战守机宜，了如指掌，还写了许多批注。《读史方舆纪要》综记"山川险易，古今用兵战守攻取之宜，兴亡成败得失之迹"，具有浓厚的历史军事地理学特色，其核心在于阐明地理形势在军事上的战略价值。它首先指出，战守攻取应以分析地理形势为基础，无论"起事"之地，或"立本"之地，都须"审天下之大势"而后定，否则，不免于败亡。如"立本"之要在于择都，拱卫首都乃是军事建设的重心。以明代北京为例，主张多层设防：近畿三辅，内三关；蓟州（今天津蓟县）、宣府（今河北宣化）、保定三点相互为援；九边（辽东、宣府、大同、延绥、宁夏、甘肃、蓟州、太原、固原）与三卫（今河北东北部、长城外及辽宁西部一带），以及三齐（今山东淄博、平度、泰安一带）、秦晋之地，皆需驻兵，构成多层藩篱。

《读史方舆纪要》原名《二十一史方舆纪要》，是古代中国历史地理、兵要地志专著，由明、清时期地理学家顾祖禹创作，《读史方舆纪要》共130卷（后附《舆地要览》4卷），约280万字。常简称《方舆纪要》。作者于明亡后隐居不仕，历时三十年，约在康熙三十一年（1692）成书。着重考订古今郡县变迁，详列山川险要战守利害。《读史方舆纪要》有关历代州域形势部分，综述明朝以前各代州郡位置、形势，及其与用兵进退之策和成败的关系。各省方舆部分，按明末清初的政区分述十五省的府、州、县形势与沿革、区划，以及各处历代所发生的重要战争。舆图要览部分，实为明代最完备的兵要图籍，由概况说明、图、表组成。概况说明，总论天下大势，分论各省形势、山川险易、物产户口、边腹要地设防、兵员粮饷等情况；地图，除一省一图外，另有总图、京师图、九边图说、河海漕运图等；表，列有府州县山川险要，卫、所、关城的沿革、方位、区划、财赋、丁差、民情。书中在论及人与地理形势的关

第十章 博究经史

系时，注意到"设险以得人为本"，不能只凭地利决定胜败。要求明白"险易无常处"之理，灵活运用地形。该书为兵家所重，被誉为"千古绝作"、"古今之龟鉴、治平之药石"，是研究中国军事史、历史地理的重要文献。书中主要详解中国历史地理，倡导经世致用之术，关注国计民生。顾祖禹有意将其作为反清复明的参考书目，因而其中还包含了大量的军事战争论著。从这些角度上看，《读史方舆纪要》对于年轻的左宗棠科考及第是没有帮助的，甚至在某些方面还会对他产生不良影响。然而左宗棠对于这类书目的爱好却有增无减，热情一天比一天高。这其中一部分是由于兴趣的驱使，一部分是由于左宗棠孤傲的性格使然，然而更大一部分，却是他那渴望做出一番实事的雄心在牵引他一步步靠近它们，钻研运用它们。

左宗棠对陶府的大部头《古今图书集成》十分痴情。《古今图书集成》原名《古今图书汇编》，全书共 10000 卷，目录 40 卷，是清朝康熙时期由福建侯官人陈梦雷（1650—1741）所编辑的大型类书。该书编辑历时 28 年，共分 6 编 32 典，是当时规模最大、资料最丰富的类书。《古今图书集成》，采撷广博，内容非常丰富，上至天文、下至地理，中有人类、禽兽、昆虫，乃至文学、乐律，等等，包罗万象。它集清朝以前图书之大成，是各学科研究人员治学、继承先人成果的宝库。左宗棠找到其中的《康熙舆图》和《乾隆内府舆图》，又继续钻研地理，将在周氏西楼绘制的地图加以考订修改。他从《古今图书集成》中看到有"英圭黎来朝"的记载，考证是康熙朝英吉利就曾派使节来过。可见他读书是何等认真、细心，而且涉及的都是与军事、地理、外交等有关国家命运的学问。

左宗棠始终以"康济时艰""传道济民"为治学宗旨，"留心经济之学，且努力付之实践。"尊崇明清之际的王夫之直接接受并发扬了湖湘文化

"经世致用"的传统。研读了嘉道年间贺长龄、魏源著述的《皇朝经世文编》。该书按照"以实事程实功,以实功程实事"的原则,将清初以来有关治体、钱粮、河工、盐课、农田、仓储、边防、刑政等奏议文牍分类编辑,凡120卷,300多万字,于道光六年(1826)出版。其所倡导的经世致用学风影响了19世纪的中国思想界,对湖南士风影响尤其重大:"三湘学子,诵习成风,士皆有用世之志"。

此书以明陈子龙(卧子)(1608—1647)等所编《明经世文编》为蓝本,并参考吴江陆朗夫《切问斋经世文钞》,博选清初至道光三年以前奏疏、论著、书札等二千一百余篇,汇编成书。贺长龄辑,魏源参订等,尤其魏源是当时的改革家,编辑此书,是为两江地区进行的漕、盐、水利等方面的改革服务的。他对陶澍关于盐制改革的论述特别感兴趣。改纲盐制为票盐制是陶澍一生中改革最成功的一件大事,改革的核心是改纲盐为票盐。即废除纲商对盐业的垄断,允许民户进入盐业领域,从而为资本主义经济在盐业经济中的萌芽创造了条件。设立局厂收税,无论何人,只要照章纳税,均可领票销盐,从而废除了盐业专商,将官营改为商营,使清政府的盐税收入得到了保障,开创了中国盐政的新局面。全书主要内容分为八纲,即学术、治体、吏政、户政、礼政、兵政、刑政、工政,列目六十三。书中有关经济文章,主要见于户政部分,户政还分理财、养民、赋役、屯垦、八旗生计、农政、仓储、荒政、漕运、盐课、榷酤、钱币等十二目。理财有关理财方针及方法,如兴利与除弊、开源与节流的关系,理财方面各种流弊;垦荒辟土、屯田、兴修水利、开放海禁等生财之道。此外还有耗羡、羡余的处理,清理钱谷亏空积弊等具体问题。养民垦荒田、兴水利、广植树木、兴蚕桑发展生产,禁止额外的赋、役、税、关,去盐茶专利之弊,缓征赋役;富民出粟以养民;办理赈济、常

第十章 博究经史

平、社仓等。赋役钱粮积弊，均田均役（即先将全县田亩均分于全县应役的单位，然后将全部役的负担分于各应役单位），户口编查，清丈，限田，丁银摊入地粮，对一条鞭法赋役征银的评议等，反映了清代前期赋役制度的混乱和赋役制度的初步整理改革主张。漕运漕弊的揭露和批判，海运与河运的争议，海运南漕的建议，中国漕运的起源和变化等。所辑文章内容具有明显的革新倾向。盐课盐政积弊的揭露，论纲盐制，改革盐政的建议，盐课摊入地丁的争议，中国历代盐政变化等。所辑文章为道光十一年改行票盐制提供了思想准备。农政、仓储发展农桑、畜牧、种树及纺织，因土之宜、尽民之力以收自然之利及田制，平粜、常平及社仓以及积储备荒等。钱币主要是针对清代前期铜贵银贱，私铸盛行，钱币缺乏等问题而提出的疏通钱法的各种建议。如关于增铸或停铸的争议，铸轻钱以防毁钱，铸铜钞（实际即大钱），随铜价低昂调整铜钱轻重，关于铸钱成本与铸息问题等。这是研究清代前期货币思想的重要史料。续编《皇朝经世文编》不但规模远过于《切问斋经世文钞》，而且取材精审，尤其是编者对不同见解的著作采取了"广存"的原则，使许多不同于流俗见解的较有见识的文章得辑入书中。此书在清代首开以"经世致用"之学为现实改革服务的先例。刊行以后，风行海内，其后续编经世文者不下十余家，大都以此书为蓝本，但由于当时国内外形势的变化，续编内容也陆续有所增改，后来成为宣传变法维新的思想阵地。

左宗棠结合各类有关盐、漕诸策以及《艺舟双楫》等书，仔细研究清朝的经济、政治、社会等，有了一个相对系统的认识和了解。这一时期的广泛涉猎和研究，使得左宗棠接受了真正的素质教育。每天没有人管着他，可以睡觉，可以接着看，可以任意联想、发挥，也可以找不入流的杂书来比较、思考。想出来新意就记下，想不出新意没人惩罚，没有人攀比，也没有功利的诱惑，他像古代的庄子一样"独与天地精神往来"。

在当时思想禁锢的大背景下，出版印刷、媒介传播依然不发达，书籍流通非常缓慢，能遇见一部真正的好书，可谓是难之又难。左宗棠比其他读书人幸运的是，他具备了这些难得的条件。通过读陶澍藏书，左宗棠得以知识大增。后来，左宗棠西征收复新疆时，金积堡发生水荒。左宗棠回忆阅读陶府书籍知识，"骆驼能识水脉，行沙漠中缺水时，可纵骆驼视其前蹄所蹴处，即便开井，可以得水。"从而解决了缺水难题，保障了战争的胜利。30余年后，他在新疆征途中，和人家谈起，在陶家看到过一件书稿，那时就知道英国已和浩罕暗中勾结，不知何以朝廷诸公都没有注意到这样的重大事件。他办洋务造枪炮时，又回忆说，在陶家曾看到一份档案，有个洋人名雷壬士，曾制造一枚水雷献给朝廷，那还是道光年间，不解何以后来仿制洋枪炮的人谁也不记得这件事了。

第十一章　著书立说

熟读深思之法

左宗棠在陶府读书的方法和途径方面，总结出了一套自己的观点，那就是要做到循序渐进，熟读深思，从容涵泳。首先，读书需要日积月累，不可急功近利，贪多求快。左宗棠认为："读书要循序渐进，熟读深思，务在从容涵泳以博其义理之趣，不可只做苟且草率工夫，所以养心者在此，所以养身者在此。"读书只有做到熟读深思，才能学有所获，学有所得。"读书不必急求进功，只要有恒无间，养得此心纯一专静，自然学日进耳。""读书先须明理，非循序渐进，熟读深思不能有所开悟。"他告诫儿子说："尔从前读书只是一味草率，故穷年伏案而进境殊少。"这主要是因为没有能够明白书中的道理，所以要坚决戒除贪多求快的读书习惯。在咸丰辛酉年给儿子的信中说："读书最为要紧，所贵读书者，为能明白事理。""试看近时人才有一从八股文出身者否？八股愈做得入格，人才愈见低下。"左宗棠十分重视实践，他在给侄儿癸叟的信中说："终日读书，而所行不逮一村农野夫，乃能言之鹦鹉耳。"其次，在如何落实"熟读深思"方面，左宗棠还总结出"三到"读书法则："读书要眼到，一笔一画莫看错；口到，一字莫含糊；心到，一字莫放过。"他告诫儿子说："尔读书不看清字画偏旁，不辨明句读，不记清首尾，是目不到也。喉、舌、唇、牙、齿五音，并不清晰伶俐，朦胧含糊，听不明白，或多几字，或少几字，只图混过，就是口不到也……务期了然于心，了然于口，始可放手。总要将此心运在字里行间，时复思绎，乃为心到。"左宗棠认为"三到"读书法，"心到"最为重要。"读书能令人心旷神怡，聪明强固，盖义理悦心之效也。若徒然信口诵读而无得于心，如和尚念经一般，

第十一章 著书立说

不但毫无意趣，且久坐伤血，久读伤气，于身体有损。"读书要做到"心到"，并非易事，需要专注和投入。他告诉儿子，读书要"先看通篇，次则分起，节节看下去，一字一句都要细心体会，方晓得他的好处，方学得他的好处，亦是不容易的"。

左宗棠曾经在家书中告诫后辈说，"读书非为科名计，然非科名不能自养，则其为科名而读书，亦人情也"。但是，在他看来，读书治学不应以科名为终极目的，应重在明义理、明理笃行，自我修炼、变换气质，读书以明理为先，立身以至诚为本，他不苛求子女考取功名，而是做一个务实学的君子。在这一方面，他深受老师贺熙龄的影响。左宗棠在城南书院等处跟随贺熙龄读书十年，其才气学问深得贺熙龄的赞赏，被赞为"卓然能自立"。贺熙龄强调要读书明理，变换气质。左宗棠曾经记述这一段求学经历，"熙龄之为教，辩义利，正人心，谕多士以立志穷经，为有体有用之学。于宗棠并授以汉宋儒先之书"。贺熙龄还针对左宗棠志大言大的情况，写信告诉左宗棠要认真研读《论语》，并对照自己的言行去践行，"每于容貌辞气之间，戒慎必不容缓，则又深戒之矣"。左宗棠认识到自己气质粗驳，严格按照先儒"涵养须用敬"的要求去约束自己，"严为课程，先从寡言与静养两条，实下功夫"。明理笃行的学风亦成为左宗棠的家训。左宗棠告诫子女说："所贵读书者，为能明白事理，学做圣贤，不在科名一路。如果是品端学优之君子，即不得科第，亦自尊贵。"他在给侄子的家书中指出："既读圣贤书，必先求识字。所谓识字者，非仅如近世汉学云云也。识得一字即行一字，方是善学。终日读书，而所行不逮一村农野夫，乃能言之鹦鹉耳。"他要求后辈读书要切实做到知行合一，读书立志。"志向一定，并力赴之，无少夹杂，无稍游移，必有所就。"左宗棠还告诫子女要防止沾染上官宦子弟的不良习气,"子弟脚跟不定,往往欣厌所失,外诱乘之。唯能真读书则趋向正、识力定,可无忧耳,盖慎诸!"所谓"真读书",就是指读书要能明理笃行,加强自我修炼,提升自身素养。

编纂地理丛书

左宗棠十分重视对军事地理、经济地理和历史地理的研究。道光十六年(1836),左宗棠第二次会试落第以后,就开始专攻地理学,制作地图册。他制作的皇舆图,纵横各为九尺。图上画成方格,假定每格纵横各为一百里,并用五种颜色来区分各地主产的农作物。根据这张总图,再来制作各省分图,各省又分析为府,都做了说明。古为重险现为散地,从前的边陲现在变成腹地的疆域沿革,这些变化,他都逐一阐述出来,由此再上溯明、元、宋、唐,严谨而专业。花上整整一年时间,全新的"皇舆图"终于画成。道光十八年(1838),第三次会试失败以后,左宗棠放弃科举之路,更加集中精力研究地理学。在安化陶家教学期间,左宗棠利用陶家丰富的藏书,绘制地图,获得了渊博的地理知识。他抄录《畿辅通志》《西域图志》以及各省通志,分门记录,写成了一套数十册的地理丛书。他对自己祖国的疆域研究得很深入,对山川、河流、道路等做了大量笔记,整理成好几卷手稿。他在一部描述中国的著作中加入了这些笔记的内容。他写作时似乎从未考虑过著作的出版,只是为了整理自己筛选过的大量资料。这一系列地理学的研究,为他后半生的军事建树奠定了坚实的基础。

左宗棠虽然绝意科考,醉心山林,蛰隐山野,但面对正处于内忧外患、危急存亡紧要关头的国家,满腔爱国热情仍在汹涌澎湃,出仕为官之心仍在蠢蠢欲动。左宗棠深知构成封建时代关系国计民生的四大要政,即水利、赈灾、改革漕运和盐法，也看到了现实中各级贪官借机搜刮、营私舞弊的渊薮，他将对这方面的关注纳入了自己研究的视野。左宗棠通过广泛涉猎，对清朝的政治、经济和文化都有了比较系统的认识和了解。这些也成为他从政以后的政绩根源。

立说《六策论》

1840年6月，英国侵略军的炮声震撼了神州大地。第一次鸦片战争爆发了，西方列强的炮声震惊了沉睡几千年的神州大地，中国开始了半殖民地的苦难历史，中国社会面临着一个"数千年未有"的大变局。

左宗棠刚到小淹不久，便得知广州禁烟、英军挑衅的消息，已预感到西方列强侵略中国是迟早的事。他从陶家的藏书中了解到，英国当时是西方列强中最富强的国家，而且一贯四处掠夺，包藏祸心，为时已久，决不可轻视。他认为，帝国主义列强为了使中国局部地区殖民地化，使中国丧失作为独立国家的完整主权，成为一个半独立即半殖民地国家。他还敏锐地意识到帝国主义的侵略、掠夺和剥削，将会控制中国的经济命脉和政治，对中国封建社会的自然经济基础起到巨大的破坏作用，必将造成中国的贫穷和落后，不可能使中国封建社会内部存在的资本主义生产关系的萌芽正常地发展起来。中国的民族资本在极其艰难的条件下，不可能发展壮大起来。它不但遭到具有种种特权的外国资本的排挤，而且无力抗拒在中国社会中仍然居于统治地位的资本主义剥削制度。帝国主义使清皇朝变成它们所利用的驯服工具；封建的土地关系、商业高利贷资本及其上层建筑，由于受到帝国主义的维护而得以继续存在。帝国主义利用它们作为统治和剥削中国人民的工具。左宗棠认为，帝国主义的侵略将会阻断中国的工业化、民主化独立发展道路，使中国在成为半殖民地的同时，又处于半封建的境地。如何摆脱帝国主义的统治和压迫，成为一个独立的国家，如何使中国近代化，这两个问题显然是密切相关的。因为落后，所以挨打；因为不断地挨打，所以更落后，这是一个恶性的循环。

道光廿一年（1841），国内局势更加恶化了。道光皇帝和文武大臣被英国几条军舰吓慌。卖国投降的琦善去广州接任两广总督，继续与英国人办理交涉。初步结果是，英方答应将军舰撤出天津，而朝廷却将坚决禁烟的林则徐和邓廷桢扣上"误国病民"的罪名，撤职查办，后来又流放到新疆。琦善的投降政策彻底失败，英军占领了香港，又向广州进逼，清军节节败退。左宗棠面对不断恶化的时局，设想用明朝抵御西班牙、葡萄牙、荷兰的方法，来对抗英国人。也就从这时起，他对待西方入侵，定下一生稳如泰山的调子：坚决抵抗，反对和议。他用一首诗来表达：

一怒永维天下祜，三年终靖鬼方人。

和戎自昔非长算，为尔豺狼不可驯。

诗的大意是：我一旦愤怒了，那就要坚决抵抗。成功了，就可以维持天下老百姓永远的福利，得靠这争来的和平，再努力培育社会，才可以将鬼重新变回人。战争一旦来了，不要怕，不要有丁点跟敌人谈和的打算，你想都不要想，有谁看到过豺狼被驯化成好狗了？我们要打到底，侵略者从哪里来，我们将他打回到哪里去。只要全国上下一心，积极奋战，敌人是可以击退的。

他认真研究了对付英军的战守机宜，写了六篇军事策略：一、《料敌》。对敌人要有全面、正确的了解：国力、军员、军械、运输、后备力量等。二、《定策》。确定军事、外交策略。三、《海屯》。沿海军舰、炮台、兵员等的配备。四、《器械》。增强军舰枪炮、弹药等力量。五、

第十一章　著书立说

《用间》。重视对敌人的情报、侦察工作,了解敌人虚实、动向。六、《善后》。计划好战后事宜。并建议发动海上渔民、水勇,乘坐小艇,用木炮黑夜袭击英舰。他抱定"天下兴亡,匹夫有责"的志向,提出了"练渔屯,设碉堡,简水卒,练亲兵,设水寨,省调发,编泊埠之船,设造船之厂,讲求大筏、软帐之利,更造炮船、火船之式"等具体抗敌措施。他认为英军劳师远征,舰只、兵员不多,补给不足,只要严阵以待,是可以击退的,决不可屈膝投降。当他得知朝廷将坚决主张抗英的林则徐、邓廷桢撤职查办,派妥协求和的琦善赴广东办理交涉时,左宗棠忧愤万分。他在写给老师贺熙龄的信中一再表示了"愁愤何言""令人愤懑""不胜愁愤"的心情。虽系书生谈兵,但爱国之志可见一斑。

左宗棠虽有满腔爱国热情和报国举措,但身为普通百姓,建议无人理睬,他只能作诗言志:"欲效边筹裨庙略,一尊山馆共谁论?"深憾自己报国无门而仰天长叹。他以为提出的策略对战争有用,但报国无门,没有人会采纳他这样一个乡村穷教师的意见。他写信告知贺熙龄,贺熙龄很同情他。但自己是个退职官员,也无能为力。

后来,道光皇帝又仓皇将琦善革职拿问。左宗棠对投降派气恨极了,写信给贺熙龄说:"琦善以奸谋误国,贻祸边疆,应当斩首军前。"他认为投降派的所作所为,长了敌人志气,灭了自己威风。从此西方人更蔑视中国,将士丧失了信心,以后东南海隅会长期遭受敌人的侵略,他的判断不幸而言中。

他的友人黎光曙(原名吉云)任御史,是一位敢说话的官员,对英军入侵一直很关心,上过几次奏疏。他比左宗棠年长许多,很器重左宗棠,写信征求他的意见。左宗棠说,当前要务是严惩那些主和、投降的人,也要追究那些作战失误的将领。不这样办,人心就不能振作,国威也从此不振。他也知道,世局如此糜烂,黎光曙也不过一名小官,人微言轻,朝廷哪能听得进去？

　　左宗棠的这些主张，恰与林则徐在广东的备战御敌之举颇有相似之处。林则徐注重加强广东海口的防御，添建炮台，购买和仿制外国船炮，对广东水陆各军进行整顿与充实，招募渔民疍户编练成水勇，并组织人力翻译外国书报以了解敌情，因而取得了九龙之战、穿鼻洋之战、官涌之战、长沙湾之战、磨刀洋之战、关闸之战和矾石洋之战的胜利。

　　1842年8月，英国人袭掠吴淞，侵入长江，攻击江宁。在被动挨打的形势下，清廷同英国达成和议，签订了丧权辱国的《南京条约》。左宗棠见清廷步入了丧权辱国的歧途，发出了"远殊深怅"的感慨。他产生了买山隐居的想法，打算努力耕读，提高自己的学识水平，待时而动。正巧胡林翼丁父忧回乡，来到小淹，于是便与左宗棠计划陶氏家事。两人雨夜连床，谈古论今，感慨时事。

　　1856年发生的第二次鸦片战争，使中国更进一步陷入半殖民地的地位，其后中法战争、中日甲午战争以及八国联军侵华，完全把中国推入了半殖民地的深渊。中国人民奋起反抗，三元里人民抗英、太平天国运动、戊戌维新变法、义和团运动，直至辛亥革命推翻腐朽的清王朝，翻开了中国历史的新篇章。泱泱之国的人民擦擦眼睛，昏昏然，惶惶不知所措，皇帝和王公大臣们更是惊慌万分。也有明智之士已预见到"夷祸之可虑"，曾作过一点介绍"夷情""夷务"的工作。而今听到炮声，知道他们担心的那一天终于到来了。左宗棠可算是后者之一，也是这些人中最年轻、最默默无闻的一个。

撰写《朴存阁农书》

　　道光二十四年（1844），左宗棠安排周夫人带着三个女儿从湘潭迁到了湘阴东乡的柳庄。在农学的实践上，左宗棠比起入赘湘潭周家时也

第十一章 著书立说

有了更深入的实践。他还雇佣了一批农民帮自己干活,自己也亲自参加劳动。他往返安化、湘阴几百里路程时,他经常走访农家,观察农田,将别处的好种子、好方法,带回柳庄和桃花江的陶宫保第庄园。亲手耕作给人示范。他将这些种稻、种柳、种竹、种茶及养蚕的方法,及时总结下来。甚至,为了证实"深水插秧,浅水肥田"这句农谚,他挨个问了几十个种田高手,然后自己下田,扶犁掌耙。其实,早在湘潭周家,左宗棠就开始种植桑树,养蚕、缫丝。三次落第以后,左宗棠心灰意冷,便决定学习姜太公归隐山林,等待时机。这从周夫人安慰他的诗句就能看出来:"书生报国心常在,未应渔樵了此生。"(《秋夜偶书寄外》)蛰居期间,左宗棠不但在农事上躬行实践,而且推行了新的经济模式。早在道光十八年(1838),左宗棠就写下了《广区田图说》,主张大力推广古代的区田制。

他"每自安化归来,督工耕作,以平日所讲求者试行之。日巡行陇亩,自号'湘上农人'。"打算从此做一个"太平有道之民"。左宗棠视"农事为人生第一要务"。他"自耕之田,略以古农法之便于今者行之,茶园所入,今岁差可了清国课,逐渐增加,于人事不无裨益。倘更桑竹之利成,其可以存廉耻广惠爱者大矣"。对此,左孝同记述称:"府君于柳庄艺茶、种树,期尽地利。湘阴产茶,实府君为之倡"。 当时,柳庄的生产经营模式呈现出农业资本主义萌芽的性质,不再是单纯的放佃收租,而是类似现代的农场化生产。在这当地引起了强烈的轰动,左宗棠和柳庄的名气也不胫而走。道光二十八年(1848),湖南在连年苦旱之后遇到大水灾,饥馑遍野。左宗棠四处奔波办理赈务,劝富有人家捐赈。他认为"捐赈是古今通义",他于"授徒之暇,亦曾办过,统计长沙、善化、湘阴、湘潭、宁乡各属所捐银钱谷米,不下五十余万"。他还"劝族里储谷以备荒",并对络绎经过柳庄的饥民,罄其所藏,与周夫人"散米俵食，并丸药乞病者"。

左宗棠将多年来种稻、种茶、种柳、种桑、种竹的实践研究，总结写成《朴存阁农书》，这部书共十多卷，分门别类记述了各种农事，对农民从事农业生产具有一定的指导作用。左宗棠天天跟农民们打交道，也对农务、农民有感情，作为一个乡间知识分子，理性也在告诉他，"农为人生第一要务"。

左宗棠自己当然也想不到，这些眼下看来属"无用之学"的知识，为他日后平定陕西、甘肃，收复新疆打下了实践基础。他更加没有事先料到，当他以"湘上农人"自号，说出"长为农夫没世"，他学到的农学知识，后来为他收复新疆立下了汗马功劳。正是这段时间的实践，积累了丰富的种田、种茶、种树的农学经验。20多年后，左宗棠对中国大西北的生态环境的建设，远大于六个英国国土面积的植树造林，给后人带来史无前例的贡献。

左宗棠虽然在科举道路上屡遭挫折，但在人生低谷找到了另一条终南捷径，并通过勤奋的学习和研究，在经世致用的道路上成为了一个相当成熟的人物。而他更聪明的一点是，不时跟老师、朋友们互通书信，相互交流，向他们展示自己的才能和研究成果。于是，一个博古通今、"谈天下形势，了如指掌"的"近世楚材第一"形象就逐渐形成了，成为湖南地主士绅中颇有声望的人物。"姜太公模仿秀"的晋级赛算是圆满完成了，只差东风送他扶摇直上。

第十二章　情倾柳庄

鸦片战争爆发以后,左宗棠对朝廷深感失望。出于对将来可能发生战乱的考虑,他在继续给陶桄课读的同时,开始寻找能够避乱的地方。道光二十三年,左宗棠利用在陶家教书所得束脩银约九百两,经过一番考察比较,买下湘阴廖家坪龚姓之田七十亩,建造柳庄,并亲自设计建造了一座占地4.29亩、有48间房屋的砖木住宅。砖墙燕瓦,坐西朝东,传统民居格局。屋后是山冈,门前是一汪池塘。因挚爱柳树不折的性格,名曰"柳庄"。

柳庄正门

柳庄的房子分前后两进,中间隔着一个晒谷场。后进五间正房是全家人的卧室和起居间。前进北厢为谷仓、存放犁耙农具的杂屋。院门两侧有檐廊,檐廊墙上挂着蓑衣、斗笠。南边为前厅、厢房。另有一间孔子堂,也叫弟子学堂。庭院南侧是一个魁顶阁楼,命名为"朴存阁",取"返璞归真"之意,是读书藏书的地方。中国传统的"耕读传家"的

第十二章　情倾柳庄

朴存阁

生活理念，透过柳庄的房屋布局便可一目了然。

左宗棠精心经营的柳庄，地处洞庭湖畔，土地肥沃，雨量充沛，他除了着力搞好传统农业的水稻种植以外，还植果树，栽桑竹，种茶叶。房前屋后、池塘路边，栽植了许多柳树。春天柳绿花红，夏天稻菽花香。他仍然执教陶府家塾，彻底忘却了功名，自称"湘上农人"，他在自家的院门上贴门联："参差杨柳，丰阜农庄。"从那灵动俊逸的笔锋，可以想见主人怡然自得的好心情。

1850年，道光去世，咸丰继位，诏令全国各府、州、县，由官绅保举"孝廉方正之士"，经总督巡抚核实，可赐六品官阶。本来，通过科举考试选拔官员，是那时的一项基本制度。咸丰皇帝的举措，无疑是一项大胆的改革。左宗棠的学问在湖南已经很有名气，为人也称得上是"孝廉方正之士"。于是地方一些有声望的人士，联合推荐左宗棠。咸丰二年（1852），湖南巡抚张亮基急需人手，曾经两次派人来柳庄敦请，左

柳庄农耕图

左宗棠长沙司马桥故居遗址

宗棠才答应出山，这时他40岁。他到长沙的巡抚衙门上班后，柳庄只得请人照管。他心中盘算，等忙过这一阵子就回去，继续以古农法耕田于柳庄。没料到的是，一旦公务在身，就身不由己了。咸丰六年，太平军进犯岳州一带，波及湘阴。这年七月，他在信中告诉胡林翼，家眷已经搬来长沙，就得找住的地方。一开始是租屋居住，咸丰九年，左宗棠用湖南巡抚骆秉章提前支付幕府的薪金，并向胡林翼借了二百五十两，在长沙司马桥买下一栋住房。左宗棠在柳庄从建成入住到1857年迁居长沙，居住14年，期间，他除研习农事、钻研农桑外，还广泛研究天文、军事、

第十二章　情倾柳庄

历史、时事，为其日后建功立业、名垂青史奠定了深厚基础。此后的九年时间里，他由一介"布衣"升任兵部郎中而至封疆大吏。咸丰十一年（1861），左宗棠升任浙江巡抚。不久，他又总督闽浙，首办船政，创建近代海军。同治六年（1867），55岁的左宗棠被朝廷任命为钦差大臣，督办陕甘军务。由于军务政务繁忙，左宗棠将家眷都留在柳庄。

柳庄的墙上挂有左宗棠的墨迹：身无半亩，心忧天下。这是他少年时代立下的志向，一生都在践行。他常给住在柳庄的儿子孝宽写信说，他正在指挥西北地区的兵力6万多人，向新疆进军。沙俄入侵伊犁，阿古柏在南疆作乱，"西陲危急"！作为军事统帅，大敌当前，他不可能"英雄气短"。只不过置身在黄沙漫漫、铁马冰河的塞外边关，他的"柳庄情结"也仍然萦绕在心头。他要求部队在行军的空隙，在戈壁滩上栽植杨柳，一如柳庄房前屋后的杨柳。而在行军的路上，他的座驾后面，跟着一辆装着棺材的骡马车。他的部属觉得这不吉利，他却固执己见。这具漆得

柳庄外景图

锃亮的棺材，此时就成了正气凛然的军事宣言。经过两年零一个月的英勇奋战，终于取得了决定性胜利。

光绪七年（1881）12月初，左宗棠回故里谒墓。一别柳庄几十年，

他归心似箭。在景物渐渐熟悉、路上行人的口音越来越相近的时候，他肯定也会掉入一个游子归乡的感情泥淖：近乡情更怯，不敢问来人！当他回到魂牵梦绕的柳庄，柳庄庭院依然，却不见妻妾倚门，稚子雀跃，爱女呼叫。就在他服务西陲的这些年，他的夫人、长子和两个女儿，都到另一个世界里去了。酷似父亲的家兄，也长眠在老家后山的树林里。柳庄的一草一木，都会使他触景生情，见物伤心。

光绪十年（1884），他目疾加剧，左眼几近失明，便请求回故里颐养天年，并向朝廷推荐了接替的人选。据现在的柳庄守门人说，当时已经修葺了房屋，柳庄上上下下都在为左宗棠回乡做准备。这时，中法战争爆发。法国远东舰队攻打福建、台湾、浙江，控制台湾海峡。朝廷再一次任命他为钦差大臣，督办福建军务，主持对法作战事宜。外国侵略者的侵略行径，震撼着垂暮之年的左宗棠，也激活了他的生命潜能，他回柳庄的计划又一次被延搁。他临危受命，安排防务，调兵援台，冒雨巡视连江长门炮台，又去厦门金牌炮台督阵，组织指挥反击，顿时人心大定。然而，天不假年，光绪十一年（1885）农历七月二十七，为抗御外侮、效命疆场贡献了毕生精力的左宗棠，在福州的驿所去世,享年73岁。

如今的柳庄，除了新栽的两棵柳树之外，大门正前方的田边坡地里，还有一株高大挺拔、枝繁叶茂的枫树，是左宗棠亲手所栽，如今已有四人合围粗了。左宗棠两次率部西征，沿途植柳，"连绵不断，枝拂云霄"。左宗棠的部下杨昌浚写下的诗句："大将筹边尚未还，湖湘子弟满天山。新栽杨柳三千里，引得春风度玉关"，左宗棠希冀的不只是自家庄园里柳树成荫，而是把柳枝插遍祖国的万里边陲。

第十三章　浸润茶乡

左宗棠在小淹，与安化茶结下了不解之缘。他养成了喝上午茶、下午茶的习惯，每年还为在湘阴的周夫人带回能喝上一年的安化雨尖茶。至道光二十二年，他来安化不到二年，对安化茶市已了如指掌。上贺蔗农先生信中曰："安化土货之通商者，棕、桐、梅、竹而外，惟茶叶行销最巨，每年所入将及百万。一旦江湖道梗，则山西引商裹足不前，此间顿失岁计，有地之家，不能交易以为生，待雇之人，不能通工以觅食。"（《左宗棠全集·书信一》）。1845年，左宗棠还将茶种试种在柳庄，开始对茶叶的种植、加工和销售进行深入研究。

安化茶叶，品质极优，制作精湛，品位一流，颇受市场欢迎。左宗棠居住的小淹，正好是甘肃引商采购黑茶的中心，他对茶市情形十分熟悉。安化是黑茶的故乡，是中国黑茶的发祥地，是千两茶、黑砖茶、茯砖茶、天尖茶、贡尖茶的原产地，红茶曾经称雄世界达百余年。英国、俄罗斯的茶市上有"非安化字号不买"的故事。早在安化建县之前三百年的唐朝时期，那时没有安化县，安化只是长沙王国益阳县的边陲，距长沙水路300多公里。"资江边的渠江薄片茶"就已闻名于世。在长沙马王堆汉墓里，与美丽的辛追夫人相随一笥茶。那时，资江下游的益阳县隶属潭州，资江上游为邵州，资江中游的安化，是天高皇帝远的深山老林，潭州、邵州两不管。但这里出产的茶叶，享誉长安。

公元816年左右，唐朝人杨晔写了一本宫廷专用食品著作《膳夫经手录》，书里记载："潭邵之间有渠江，产渠江薄片茶。"这茶从水路到襄阳，销到长安。达官贵人、朝廷权臣都喜爱饮渠江薄片茶。

渠江，资江的支流，发源于新化，在安化的渠江镇流入资江。这一带高山连绵，终年云雾盖山，山上多杂色烂石头，长出的野生茶，矿物质含量高，口味极好。当时，新化、安化均未建县，外边的人很难也很

第十三章　浸润茶乡

少进入。山民刀耕火种，但土地贫瘠，为解饥寒之苦，就以卖茶叶、中草药为生。特殊的地理气候，造就了安化茶特别的品质。渠江的茶叶，就成了当时南方最出名的物产之一。

到五代时，毛文锡著的《茶谱》里，重点讲了渠江茶："潭邵之间有渠江，中有茶，而多毒蛇猛兽。""渠江薄片茶，一斤八十枚。""其色如铁，芳香异常"，一个典型的与世隔绝的深山老林里，茶叶却香飘隔山隔水的长安，渠江茶的这条走向长安、进入朝廷之路，到底经历了多少年？是谁发现了大山沟里的茶叶？又是怎样辗转劳顿，出资江，过洞庭，进到长安的？这茶为什么会是一斤八十枚？为什么其色如铁？为什么有异常的芳香？是谁人加工？是怎样加工？这里面有多少传奇故事？有多少未解之谜？

安化黑茶的最早文字记载在唐代。明洪武二十四年，高马二溪所产黑茶被列为贡茶。清道光四年，高马二溪立"奉上严禁"碑设为皇家禁

高马二溪纯料千两茶

园,"奉上严禁"碑,至今仍屹立在高马二溪。明代茶叶以"引"为单位,进行管理和纳税。《明史·食货志四》记载:"初,太祖令商人于产茶地买茶。纳钱请引。引茶百斤,输钱二百。"《安化县茶叶志》第22～23页记载:"明代规定1引正茶100斤,带损耗10斤,共计110斤"。晋《祁县大德诚文献》手抄本、《山西史料》第481页,均有"千两茶"名的记载。茶叶体积庞大,运输占用太多人力物力以及马匹船只。茶商在安化渔民打鱼用的鱼地笼中得到启示,将茶紧压成树型状态,称花卷茶。同时,为方便朝廷管理和征税,将每支花卷的重量规定为一千两,也称千两茶。古代重量计量16两为1斤,一支千两茶重1000两,共计62.5斤,两支千两茶就是125斤,除去竹篾包装的重量,茶叶净重,就在110斤左右,两支千两茶即为1引茶。因此,千两茶很有可能,在明代就已经出现,并作为贡茶,进入皇宫。

珍藏在故宫博物院的树型茶

第十三章　浸润茶乡

高马二溪公司形象店内放置的千两茶

千两茶以篾篓为外包装，内贴棕片、蓼叶。在踩制过程中，蓼叶的叶脉，以及叶与叶交接之处的痕迹，都会深深地刻在茶体上，形成不规则的花纹。

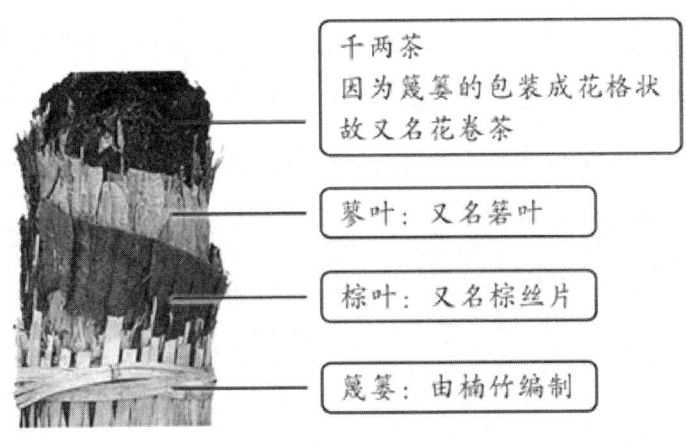

千两茶内贴棕片、蓼叶分布图

同时，为保证经得起茶马古道上的颠簸与搬运，千两茶在踩制之时，便会在茶体上编织篾箍，篾箍会在茶体上留下深深的凹槽。

千两茶篾箍箍出的凹槽

明清六百年里，安化境内资江岸边百里之内，八大茶镇，三百家茶行，十万人从业，一度成为中国黑茶生产加工中心。在历史上相当长一段时期，安化和整个益阳，因为茶的缘故，在国家的政治、经济、军事中，有着举足轻重的地位。安化几百家茶号，有一大半是晋商、陕商、兰州的商人投资，与本地人合办的。安化黑茶销往西北，是牧民对付常年吃羊肉牛肉的必需品。黑茶的原料是粗老茶叶，因此，安化本地人和做黑茶的茶商，一般都不喝这种茶。但这些外地茶商在运茶北上途中，经常有朋友和当权者，向他们讨要茶叶。最先，这类礼品茶，都是春茶里的芽尖、毛尖一类绿茶。但有一个问题，这些茶商一般是谷雨前来到安化，坐守做茶，一直到霜降才运茶北上，这样，他们带着的那些绿茶，送到朋友和关系户手里时，就保存不了多久了。绿茶

第十三章 浸润茶乡

第一年是宝，第二年是草，只有发酵茶才越存越香；因此，有人就将春天一叶一心的绿茶原料，经过发酵，做成散装的、高档的黑茶作礼品。起先，人们对这种茶还不以为然。后来，发现陈年的茶，口味一年比一年好。这种尖茶（相对牧民用的粗老叶做的茶）开始在贵族阶层流行。陶澍常向道光皇帝讲述家乡的茶事，说尖茶就是朱元璋钦点贡茶"安化芽茶"演变而来。1825年，道光皇帝正式钦点安化尖茶为贡茶。从此，安化尖茶分为天尖、贡尖和生尖，分别为皇帝用茶、宫廷用茶和民间用茶。

明永乐三年（1405），明成祖朱棣遣郑和下西洋，携带大量茶叶、丝绸、瓷器等商品，通商贸易。国内茶叶贸易迅速发展，茶叶需求量大幅增加，也造成了茶叶市场的混乱，贡茶、官茶、商茶相互混淆，良莠不齐。为规范茶叶市场，让贡茶、官茶、商茶各行其道，明朝划定安化芙蓉山三处茶山为皇室茶园，专门为皇室服务，成立专门机构，委派专人管理。所产茶叶，只能用作贡茶制作。明嘉靖三年（1524）就正式创

制出了安化黑茶。至16世纪末期，安化黑茶已位居中国领先地位，万历年间被定为官茶，大量远销西北。黑茶运销在清代盛极一时，最盛时期安化茶号多达200多家，产销达20000引（15万担，合8952吨）之巨。安化茶与祁门茶、普洱茶齐名，成为我国以地方命名的三大名茶。

安化县的大山（梅山—雪峰山北段）深处，有一条小路，人称"茶马古道"。茶马古道是指唐宋以来至民国时期，连接内地产茶区和西北、西南边疆少数民族地区，进行茶马交易的交通要道。历史上的益阳，驿道交通发达，并与茶马古道连接起来。千百年来，穿梭在古驿道上的辛勤马帮，在风餐露宿的艰难行程中，清悠的铃声和奔波的马蹄声打破山林深谷的宁静，日复一日、年复一年，开辟了一条通往边陲的经贸之路。在茶马古道上，使益阳茶名扬天下的是黑茶，其著名的品种有茯砖茶、千两茶、黑砖茶和三尖茶。马帮和茶马古道凝聚和集中了物流和人流，在茶马古道经过的好些水陆、陆陆交汇点，慢慢而自然的形成了集镇、驿站，以方便马帮和过往商贾行人买卖商品，住宿歇足。高城峒、江南

茶马古道

第十三章 浸润茶乡

古镇、永锡桥、洞市老街、唐家观、新化圳上、白溪、隆回滩头、宝庆这些老市镇，便是随"茶马古道"诞生、发展而来的。

左宗棠从陶澍的手札和日记中便能了解到，陶澍生前十分关心安化的茶业，他曾和茶农一起生活、一起劳动。在他的诗作中，对茶叶的生长、制作、品牌、特性等各方面都有生动形象的描述。

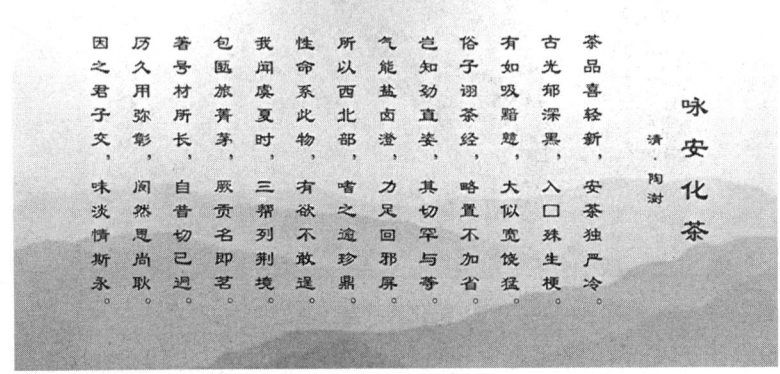

咏安化茶
清·陶澍

茶品喜轻新，安茶独严冷。
古光郁深黑，入口殊生梗。
有如吸赌楚，大似宽饶猛。
俗子诮茶经，其切罕与等。
包知劲直姿，力加省。
气能盐卤澄，杏之逾珍鼎。
所以西北部，嗜之不敢逞。
性命系此物，有欲不敢逞。
我闻虞夏时，三帮列荆境。
包匦菁茅，厥贡名即茗。
著号材所长，自昔切已过。
历久用弥彰，闻然思尚耿。
因之君子文，味淡情斯永。

如今，陶澍故乡的茶产业已十分兴旺发达，白沙溪茶厂是一家百年老厂，早在1920年，陶澍的后代乡邻彭国钧（小淹沙湾人，距陶家湾约2.5公里）在小淹成立"湖南茶叶讲习所"，这是中国最早的茶叶学校。1939年，

白沙溪茶厂

安化天茯茶

彭国钧之子彭先泽（字孟奇，毕业于日本九州大学，曾任浙江大学教授）回到小淹沙湾，创办白沙溪茶厂，主要生产砖茶，开发、研制了青砖茶，挖掘、继承和发展了民间传统茶叶产品——天、贡、生尖茶和花卷茶（即名闻遐迩的千两茶）。中华人民共和国成立后，白沙溪茶厂蓬勃发展，被评为全国五个优秀茶厂之一。改革开放之后，白沙溪茶厂更加青春焕发，生产蒸蒸日上，环境美丽如画，形成了八大景观：恢宏大气的办公楼、六栋连排的新厂房、传奇黑茶的博物馆、体验黑茶的拾趣馆、创新求变的研究室、沿江风光带的美景、焕发青春的老厂房、香飘满园的茶园基地。陶澍陵园与白沙溪茶厂隔江相望，凝重的陶澍文化与新兴的工业文化交相辉映，构成了山区小镇——小淹最亮丽的风景线！

同治六年（1867年），左宗棠奉命为钦差大臣，督办陕甘军务，率军入陕西剿西捻军和西北反清回民军。在陕甘任内，对西北茶务进行了成效卓著的改革。在左宗棠整顿茶务之前，西北地区的茶商靠"茶引"

第十三章 浸润茶乡

茶马古道风雨桥

购买茶叶。"引"是商人从事茶叶贸易的纳税凭证,最早实行卖引法是从北宋末年开始的叫"榷茶制"。规定茶叶不准私自交易,概由官府收买。商人经营茶叶必须先到京师榷货处缴纳税金,领取引票,持引票至生产地收购,运往西北销售。引茶一直延续至清代,据赵尔巽《清史稿》载:"清初茶法沿袭明代,官茶由茶商自陕西领引纳税,带引至湖南安化采买。"引又分为陕引和甘引。陕引茶叶较细嫩,每包80千克,运往晋、陕、察、绥等省,以太原、西安为主要市场。甘引系较粗老的黑毛茶叶,每包90千克,运往陕西泾阳,压制成茯砖,以兰州为主要市场。当时茶商可不受数量限制,可随意领取茶引,有的商人领取的茶引多达数十乃至上百引,使得茶引制相当混乱,既缺乏严格的管理,又易偷税漏税。

左宗棠看到茶引制弊病积深,于是效仿原两江总督陶澍在官盐经营上发放盐票的办法,在茶叶经营管理中也实行茶票制度。他上书说:"国家按引收课,东南唯盐,西北唯茶。茶务虽课额甚微,不足与盐务相比,然以引课有无为官私之别,与盐务固无异也。道光年间,两江盐务废弛,先臣陶澍力排众议，于淮北奏改盐票，鹾纳顿起，且有溢额；曾国藩克复金陵，犹赖票盐为入款第一大宗，其明验也。盐可改票，茶何不可？……拟仿淮盐之例，以票代引。"

公元1873年，朝廷准奏，"改引为票，增设南柜。"左宗棠主持改革茶务，制定了《变通茶务章程》，并在甘肃增设南柜。一是全免茶商以前所欠茶税额，而且不准再乱收其他杂费；二是不分省域定额，只要想经营者都可以领票，不论多少。领票时一律把税交上。三是还税按所得税缴纳，杂课按营业税缴纳。内销茶一引票缴纳白银一两，外销茶则加倍缴纳。

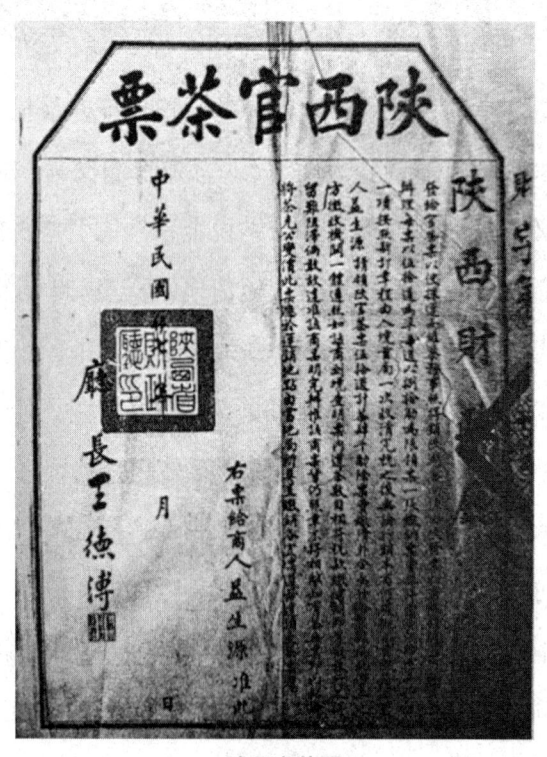

陕西官茶票

左宗棠这一改革措施的实行，取得了显著成效。1873年试发放835票，尽被茶商一抢而空，1875年增发到1462票，茶商领票后直接到湖南安化等产茶地贩茶,从水路或陆路运到泾阳加工压制成泾阳茯砖,包装成封,西运兰州销往西北各地。左宗棠这一茶事制度变革,极大地增加了过泾茶量,湖南10多家茶商(称南柜)相继在泾阳开业制茶,泾阳茶业从此步入兴盛时期。

泾阳茯茶

当时的具体规定是:每票50引,合茶51.2担。承领人至少得领1票,并且必须在陕甘一带有房屋不动产。与此同时,实行同行3家连环保结,属历史上的株连作法,也是合同担保的雏形。清政府规定每票征税银258两,初领时先收100两,将茶运送到兰州入库时,再补缴交158两。在缴纳课税后,可自由经营(杨自舟、董文延、聂丰年:《清末至抗战期间副茶行销西北简述》)。

豁免积欠,补贴税金。"豁免积欠课银,停止应征杂捐"(《甘肃通志》卷22《建置志·茶法》),把茶商以前所欠的茶税全部免掉,而且不准再乱收其他杂费。左宗棠经过与湖南巡抚协商,对持有陕甘茶票的茶商运茶过湖南境时,只征收税金2成,其余8成由陕甘都督府补贴,在湖南应解甘肃协饷内划抵。这一措施既激发了茶商运销茶叶的积极性,又解决了甘肃协饷拖欠的问题。

组建新柜，扩大规模。清咸丰同治间，陕西回民掀起抗清斗争，战乱10余年，致使经营黑茶官茶的东、西二柜茶商逃散，安化黑茶引茶运销几乎停顿。左宗棠既整顿原有甘、陕、晋茶商经营的东、西二柜，又组织了新的茶叶组织——南柜。据《清史稿》卷124《食货志五·茶法》载：左宗棠"遴选新商采运湖茶，是曰南柜。"南柜的茶商主要由湖南老乡充任，选派长沙人朱昌琳为南柜总管。南柜经营业务和规模迅速发展，后来居上。而茶的来源，除部分来自四川外，大部分来自湖南安化。

西北茶务整顿以后，茶销业逐渐复苏。仅兰州地区经营茶叶贸易的商号就增至40余家，所发茶票逐年增加，每年经销的茶叶多达数百万斤。光绪元年（1875）第一案茶票的发行量达到了1462票，合计4386吨。

在左宗棠督理陕甘政务时，俄国人索思诺福齐等人曾经来到兰州，请求在西北地区通商，让两湖茶（湖南茶和湖北茶）销往俄罗斯。后来，清政府同意经兰州、嘉峪关，沿着古代丝绸之路将茶叶销至俄国，于是大量茶叶通过西北地区出口至俄国。据统计，当时俄国所需的华茶竟占其用茶量的1/3左右。

徐方干在《历代茶叶边贸史略》（载《边政公论》1944年第3卷第11期）一文中评价左宗棠改革西北茶务："左氏引案之制，始于公历一八七五年，废于一九四二年，其间，凡经六十余年，此种制度施行以来，乃挽回咸（丰）同（治）（1851—1874）年间西北茶销停滞之全局，亦即奠定六十年来西北边销之基础也。"

左宗棠西北茶务制度的改革，极大地促进了以安化黑茶为主的湖

第十三章　浸润茶乡

南黑茶的发展，有效地解决了黑茶边销和出口俄国的贸易问题，也为以后边茶供销政策的制定奠定了基础。左宗棠对湖南黑茶发展的贡献，究其根源，是与在安化小淹品茶、爱茶、种茶和了解茶市、钻研茶政、浸润茶乡分不开的。八年守望印心石，结下了他一生与茶的不解情缘。

第十四章　秦约晋盟

一八四七年八月，陶桄与左孝瑜成婚，陶左联姻修成正果。"长女出阁之期，定于八月，家中想已预备，虽陶府决不计较，然以措大生涯，荆布亦非容易。此事不得不累卿矣。吾与文毅通迓山城，竟盟知己，今又联为姻眷，实为奇缘。少云纯谨可喜，足称快婿。惟吾八年保集，心本无他，今万成此一段公案，未免为世修浅见所讥，然吾绝不介诸胸也。"（《左宗棠全集》第15册）。左宗棠在安化为陶桄举办了盛大的婚礼。他在道光二十七年十一月初三夜《复周汝充》的信中记载："兄解馆当在此月之杪。居此间毫无佳状，学生长进，气质日佳，差以为慰。"左宗棠对陶桄非常满意："又陶婿去冬书来，预订读书长沙之约，仆以小女故，未能惬然。且此子从学八年，资识尚正，冀有所就，以延文毅之泽。"十一月初八日，左宗棠为陶桄夫妇在柳庄设回门宴款待。他在《复周汝充》的信中记载："适陶婿夫妇约期十一月初八回门。"至此，这桩超过十年的婚约，慰藉了陶澍的九天之灵。这些年来，左家人丁兴旺，1846年，周诒端在连生三女后，给左宗棠生下第一个儿子左孝威，这年，老师贺熙龄遗命以三女儿许配给了左孝威，两家定下一门娃娃亲。随后几年，张茹又接连给左宗棠生下三个儿子，一个女儿。四子四女，加上女婿陶桄，已是十二口之家，其乐融融。

据张一湖先生由文化发展出版社出版的《左宗棠本传》考究，婚约的提起是陶澍在两江总督任上向来到江宁的左宗棠提出的。陶澍先后娶了七房妻室，共生了八个儿子、九个女儿。但是，除陶桄外，其他七个儿子都夭亡了，有的是刚出生不久就夭折，也有长到十几岁生病死亡的。对陶澍来说，这是一种长期的打击和折磨。自己生病了，而且眼看来日无多，仅剩一根独苗陶桄，年仅六岁，而且，陶桄的生母又去世了，陶桄将来能不能健康长大、继承家业呢？左宗棠的到来，让陶澍起了托孤

第十四章 秦约晋盟

的念头。于是,陶澍主动求左宗棠长女为陶桄妻室,其实就是要左宗棠护持自己的幼子长大成人。

许多史料和传记作品一致认定陶左联姻,是陶澍当面向来南京的左宗棠当面提出的,也有的资料记载是陶澍在渌江书院向左宗棠提出的。因此,陶左的联姻是何时、何地、何人以何种方式而提,值得考究。《左宗棠全集·书信》收有道光二十二年左宗棠书信《上贺蔗农先生》,曰:"两奉钧谕,敬悉一是。长女姻议,辱荷师命谆谆,宗棠何敢复有异说。此议始于戊戌之秋,旋复中止。今夏王师璞为述文毅夫人之意,必欲续成前议,并代达一切。宗棠初颇不以为然,盖亦实有碍难处措之势也。既师璞复理前说,语极恳切,并云已有信与吾师及平舫先生,以必谐为期。宗棠窃以前次曾以年庚不合为说,今复议此,知者以为童蒙求我,不知者必且疑宗棠之就此馆,与去年之留此馆,及今日之欲辞此馆,皆隐有求系求接之意。窃惟君子之处事也,与其欲人之我谅,不如示人以无可疑。昨奉钧函后,但闻文毅夫人催备纳采礼物甚急,足征其用意之成。宗棠毫无成见,万不至以世俗浅见芥诸胸中,许之,却之,一听吾师之命而已。"从左宗棠的这封信里,可以判断,陶左在南京相会期间,陶澍并没有向左宗棠求其女为幼子妻。左宗棠说这件事情始于"戊戌之秋",道光十八年正是戊戌年,但左宗棠说这件事最早提出来是在这年的秋天。而陶左相会的时间是在四月,亦即初夏。道光十八年(1838),左宗棠第三次赴京师参加会试仍然未能取中。左宗棠随即循运河南下,抵达金陵。他到南京拜访了两江总督陶澍。哪知陶澍已是衰病缠身,形容憔悴。当时,陶澍把左宗棠请进内厅,唤夫人及儿子出来相见,缓缓说道:"老夫去冬今春以来,每感风寒,即喘咳不止,近来甚至咯血,自知来日无多,不久于人世。年少离家,求学、为官数十年,自问尚无愧于心。诸事我已与贺公兄弟商量，请他们转致下忱。今日能面告一切，就更可放心了。"左宗棠见此情形说："云公尽可安心调养，何必出此不吉之言。"原来他想会魏源，这次也落空了。居留几日，只得依依话别。左宗棠不可能在陶澍那里"上宾"一坐三个月，直待到这年的秋天。所以，可以肯定，陶左南京会晤期间，陶澍并没有向左宗棠当面提及陶左联姻的事情。但从左宗棠书信的内容可以看出，陶左联姻的事情，应当是陶澍在当年的秋天提出来的。此时陶澍还在正常工作，除了陶澍之外，没有其他人敢于提出这样的问题。当然，提出的方式也有可能是陶澍与左宗棠当年春天在南京会晤后，于秋天通过贺蔗农或他人转达之意。

1839年4月，左宗棠接到老师贺熙龄的来信，说他路过金陵，陶公气色很不好，可能不久于人世。受陶公之托，他为陶公之子作伐，求聘左宗棠长女孝瑜，两家结为姻亲之好。陶公又以陶桄年纪尚小，盼他长大成才，恳求左宗棠受聘为西席，教育幼子。表明陶澍对他这个会试落第而又具真才实学的举人非常器重。

所以，陶澍曾经确实向左宗棠求其女为陶桄妻，确实有意托孤左宗棠。而且，左宗棠一开始并不同意陶左联姻。书信中写得清楚，当陶家提及陶左亲事时，左宗棠找了个借口，说陶桄和自己长女左孝瑜的年庚八字不合，予以回绝了。左宗棠来到陶家后，尽心尽力教导培养陶桄，帮陶家料理家事，处理陶家与邻里的矛盾，既是教师，又是管家，实际上成为了陶家的倚靠，陶家孤儿寡母太需要左宗棠了。道光二十二年，左宗棠在陶家已有两年多的时间，当年，左宗棠向陶家请辞，打算离开陶家，买山归隐。陶澍夫人见左宗棠要走，急忙再次提起这门亲事，并请贺熙龄、王平舫、王师璞（陶澍女婿）等都来做左宗棠的工作，务必撮合成功。贺熙龄当然是赞成的，所以，连续两次致信左宗棠，以师尊

第十四章　秦约晋盟

之严,命左宗棠完成陶文毅的心愿。左宗棠亲自教授陶桄,很了解陶桄,陶桄又特别听左宗棠的话。陶桄才七岁,就身为"主事",长大便有现成的官做,这样的女婿还不好么?左宗棠当然心里有数,只是碍于面子,怕人说闲话,不便答应罢了。现在,有"师命难违",当然自可顺水推舟。而"但闻文毅夫人催备纳采礼物甚急"的话来看,陶左正式联姻就在道光二十二年,即公元1842年。

根据道光二十三年(1843)左宗棠写给贺长龄弟弟贺桂龄的信,可以得知,贺长龄已是两次邀请左宗棠入幕。一次是他亲自邀请,一次是通过贺桂龄转达。考虑到左宗棠家比较穷,为了请左宗棠出山,贺长龄主动提出多给酬金。当时,左宗棠心里明白各类幕友的束修行情。《儒林外史》提到倪廷珠入幕道自称束修一千两,虽然小说并未明确说明他是哪一类幕友,但从这个束修数目来看,他不是刑名,就是钱谷。因为刑名、钱谷的事务最为重要,所以束修也最高,一般都在一千两左右。如《佐治药言》提到,刑名钱谷"月修百两""岁修千金"。直到清末,人们仍称:"刑名、钱谷二宾,岁馈必得二千金。"(《清续经世文编》卷二十二)两人两千,则一人一千。刑名、钱谷以下的几类幕友,束修要少得多。《佐治药言》说:"幕中数席,惟刑名、钱谷岁修较厚,余则不过百金内外,或止四五十金者。"该书作者汪辉祖在二十五岁时,首次独自应聘为常州知府胡文伯的书记,不过"岁修二十四金"。但是相较于落第读书人的另一出路——当私塾教师的收入来说,幕友收入毕竟丰厚得多。但左宗棠没有去,主要是因为陶家。

经过陶澍夫人的多次恳请,左宗棠最终答应将女儿许给陶桄,并于道光二十四年正式订亲;当听说左宗棠有辞教馆的想法,陶澍夫人就开玩笑对陶桄说"你要是不好好学,先生将舍你而去",于是陶桄加倍发奋,这让左宗棠很不好意思；当然，左宗棠如果去贺长龄处就幕宾，属于辞掉薪金少的陶家而去薪金多的地方，离开穷苦的地方而去暖逸的地方，这虽然是人之常情，但左宗棠怕别人说他"嫌贫爱富"。最终，左宗棠谢绝了贺长龄的好意，表示"长鸣之报，敬俟他年"。

除此之外，左胡两家也结成了亲家。咸丰五年（1855年，2月，胡林翼告诉夫人陶静娟，左宗棠的二哥左宗植托人向胡家求婚。胡林翼觉得，可以将九妹胡同芝许配给左宗植的儿子左澂，并希望夫人转告母亲早定主意。由于当时胡林翼之母健在，在信奉"父母之命，媒妁之言"的当时，妹妹的婚事自然要由母亲决定，因此关于胡同芝嫁给左澂一事，虽并非如传言所说的由胡林翼做主，但胡林翼确实起了推荐作用。咸丰六年九月，两家举办婚事。这桩婚事牵动了左宗棠的心，当时正在担任湖南巡抚幕府的他，亲自写信给侄子左澂（小名癸叟），对婚事表示满意的同时，告诉侄儿左胡两家世代交好，自己和胡林翼是同年，要求侄子婚后要敬称胡林翼为先生而不可以同辈相称。胡林翼的妹妹嫁给了左宗棠二哥的儿子左澂，从此左、陶、胡三家亲上加亲。

左宗棠跟陶澍正式结成亲家，消息传出，在湖南官场产生了巨大震动，也传到了时任陕西巡抚林则徐的耳中。左宗棠以姻亲关系顺势进入了陶澍的官僚集团人脉圈，这对左宗棠日后越过科考入仕的障碍发挥了十分重要的作用。

陶桄结婚，表示成年。左宗棠的家教生涯，就此结束。从此他不用在安化、湘阴两头奔走。左宗棠于道光二十七年十一月底，结束了蛰居安化八年的塾师生涯。1848年，陶家搬进长沙城。左宗棠为谋生计，继续在长沙徽国朱文公祠设馆授徒，这次他带了五个学生，陶桄仍跟他学习。

第十五章 纵横捭阖

深交恩师贺氏兄弟

道光十年(1830),被左宗棠视为"学术之纯正,心地之光明"的"嘉、道两朝名臣"贺长龄因丁忧居长沙。左宗棠出于对这位倡导经世致用之学的名臣的敬慕之情,拜访了贺长龄。贺长龄(1785—1848)字耦耕,号西涯,晚号耐庵,湖南善化人,原籍浙江会稽。高祖上振,官湖南司狱恤因有隐德,贫未能归,遂家湖南,嘉庆十三年进士,选庶吉士,授编修,迁赞善。贺长龄为官40年,勤于职守,有惠政。山东所属多水患,贺长龄导民开沟洫,兴水利,收获倍增。在贵州,主张查禁私种罂粟和吸食鸦片。整饬吏治,练营伍,储粮备荒,恤孤抚幼,劝课桑棉,教以纺织,创建书院义塾,兴修府志,其中他主修的《遵义府志》被梁启超推为"天下府志第一"。著有《耐庵诗文集》等传世之作。贺长龄深为左宗棠年少博学而高兴,竟"以国士见待"。其实此时的左宗棠不过是一名年仅18周岁、连生员资格还未取得的青年人,而贺长龄则早已是进士出身、官至江苏布政使的地方要员。左宗棠受到如此器重,说明他在经世学问的探索上已有足以为贺长龄所赏识的见解。贺长龄面对眼前这个"颇好读书,苦贫乏无买书资"的青年人,答应出借家中所藏图书。贺长龄的"诱掖末学,与人为善之诚"深深地感动了左宗棠。他勉励左宗棠说:"天下方有乏才之叹,幸无苟且小就,自限其成。"

左宗棠在贺长龄的热情关怀下,学识大有长进。贺长龄还将左宗棠介绍给自己的弟弟、在城南书院做主讲的贺熙龄。贺熙龄,字光甫,号庶龙,乾隆五十三年(1788)生。嘉庆十九年(1814)进士,选庶吉士,授编修。迁河南道御史,提督湖北学政。复补山东道监察御史。在御史任内,请缉滨湖盗贼,查禁私垸,端士习,惩诬告,严究讼师胥役作奸;

第十五章 纵横捭阖

陈盐务河工积弊,条上苗疆九事等,皆奉旨可行。持冠后,前后主讲长沙城南书院八载,并倡立湘水校经堂。晚年筑室东城,布衣蔬食,名其居曰"菜根香"。道光二十六年(1846)卒。著有《寒香馆诗文钞》传世。

道光十一年(1831),左宗棠经贺长龄举荐,顺利就读于长沙城南书院。贺熙龄曾任湖北学政,他"掌教城南,辨义利,正人心,谕多士,

贺长龄(1785—1848)

以立志穷经为有体有用之学",他对清代乾嘉学派重在考据、崇尚对空疏的学风加以批评,大力提倡经世致用。他指出:"读书所以经世,而学不知要,瑰玮聪明之质,率多隳败于词章训诂、襞襀破碎之中,故明体达用之学,世少概见"。贺熙龄在讲学中,对诸生"诱以义理、经世之学,不专重制艺帖括"。培养的学生多为既崇奉宋儒义理之学,又能穷经而致用的有用人材。左宗棠追随贺熙龄"十年从学",深受其思想的影响。左宗棠说,他"从贺侍御师游,寻绎汉宋儒先遗书,讲求实行"。

贺熙龄（1788—1846）

贺熙龄对左宗棠也尤为器重，曾说："左子季高，少从余游，观其卓然能自立，叩其学则确然有所得，察其进退言论，则循循然有规矩，而不敢有所放轶也。余已心异之。"

结缘胡氏家族

道光十三年，左宗棠第一次入京会考时，拜访了在詹事府任詹事的胡达源，因为胡达源早年曾在岳麓书院与左观澜同学，关系甚密，所以说胡左两家是世交。胡达源，清中兴名臣，胡林翼的父亲，字清甫，号云阁，益阳县（今属益阳市赫山区泉交河）人。他幼承家学，二十岁入岳麓书院，为罗典弟子。嘉庆二十四年（1819）殿试一甲第三名进士。授翰林院编修，晋国子监司业，擢少詹事、日讲起居注官，充实录馆纂修。嘉庆帝赏其书注，命为提调官，总领馆事。书成，典试云南，视学贵州。黔中有大定武举吴甲父子，为当地恶霸，党羽遍郡县，曾屡侮辱学官，大吏不敢问。胡达源尽揭其奸恶上奏，置之以法，一郡称快。任满还朝，授学士。时逢大饥，京师设粥厂，胡达源以学士领厂事。人给五日粮，男友分途领取，升斗筹票，亲为验发，皇帝嘉奖。后以母丧告归，居益阳古城大码头，卒年64岁。

这时，在京城游历的胡林翼，恰好遇见了左宗棠，京城胡宅见证了

胡达源（1777—1841）

这对21岁青年人的友情。胡林翼生于1812年7月14日（农历六月初六），字贶生，号润芝，汉族，益阳县泉交河人，湘军重要首领。道光十六年进士，授编修，先后充会试同考官、江南乡试副考官。历任安顺、镇远、黎平知府及贵东道，咸丰四年迁四川按察使，次年调湖北按察使，升湖北布政使、署巡抚。抚鄂期间，注意整饬吏治，引荐人才，协调各方关系，曾多次推荐左宗棠、李鸿章、阎敬铭等，为时人所称道，与曾国藩、李鸿章、张之洞并称为"中兴四大名臣"。

胡林翼比左宗棠大六个月，也曾师从贺熙龄，只是胡林翼十四岁跟随贺熙龄学习，至十八岁时贺熙龄归家治丧止，而左宗棠是在这之后随

胡林翼（1812—1861）

贺熙龄学习一年，虽未同窗共读，但仍可以算是同学。这样一来，两人同龄、同学，且师从一派，两家又是世交，又同样深有忧国之心，于是两人一见如故，引为至交。

这第一次见面之后，胡林翼就向他的岳父，当时的两江总督陶澍举荐了左宗棠，并盛赞左宗棠"堪称奇才"。然而陶澍没在意女婿说的话。左宗棠虽满腹经纶，但屡试不第。道光二十八年，胡林翼把左宗棠介绍给云贵总督林则徐，并说左宗棠"当为楚才第一"。林则徐记住了左宗棠这个名字。次年，林则徐回故乡福建养病，途经长沙，特地要见左宗棠，见面地点是林则徐的船上。左宗棠见到仰慕已久的偶像，心情激动无以言表。林则徐对左宗棠"诧为绝世奇才"，大有相见恨晚之感。二人在舟中秉烛夜谈，年逾花甲的林则徐对时年38岁的左宗棠殷殷嘱咐，还将耗费数年心血整理的新疆资料和绘制的地图交给了他。本来有林则徐赏识，左宗棠步入仕途应是顺理成章的，然而自湘江边与左宗棠分别后，不久林则徐病逝。胡林翼便把左宗棠推荐给湖广总督程矞采。此后，

第十五章　纵横捭阖

胡林翼又两次把左宗棠推荐给湖南巡抚。一是举荐给湖南巡抚张亮基，胡林翼致函张亮基说："左子季高，才品超冠等伦。"当时太平军从广西攻入湖南，长沙告急。张亮基想到胡林翼的举荐信，便请左宗棠出山。左宗棠以湖南巡抚幕僚的身份辅佐张亮基守长沙，他运筹帷幄，领导长沙军民坚守城池。太平军被迫撤围北上。张亮基因守长沙有功，升任为湖广总督。二是把左宗棠举荐给了湖南巡抚骆秉章。彼时太平军驰骋湘北，长沙周围城池多被占领。面对危局，左宗棠日夜谋划，辅佐骆秉章编练团练来防卫太平军的进攻，而且帮助骆秉章革除弊政，开源节流，稳定货币，大力筹措银两购买军械、船只。左宗棠一系列措施使清军与

胡林翼壁画像

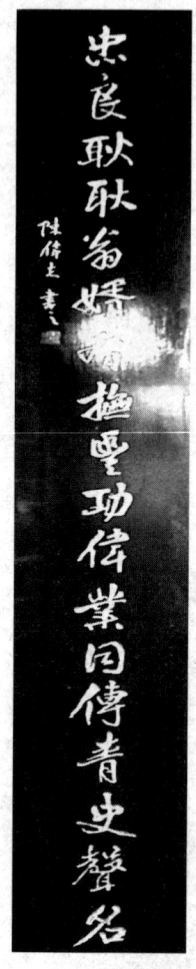

张松辉颂陶澍、胡林翼对联

太平军交战屡屡获胜,使湖南摆脱危局。湖南既定,遂成了"东南保障,天下倚属"。左宗棠的功绩让力荐他的胡林翼甚感欣慰,他不失时机地向咸丰帝进言,说左宗棠"其才力兼及江西、湖北之军,而代臣等为谋,实可为将帅之才"。于是咸丰帝对左宗棠赏加四品卿衔。咸丰十年五月,胡林翼再次向咸丰帝举荐左宗棠。胡林翼在《敬举贤才力图补救》奏疏中称:"湖南在籍四品卿衔兵部郎中左宗棠,精熟方舆,晓畅兵略。"并建议"令其速募勇六千人,以救江西、浙江、皖南之土。"咸丰接受

第十五章　纵横捭阖

了胡林翼意见,令左宗棠以四品京堂候补随曾国藩襄办军务。七次举荐中,这是最关键的一次举荐,也是左宗棠人生的重大转折。从此,他结束了幕僚生涯,在官场稳步上升,直到封恪靖侯。从一介布衣到主政一方的封疆大吏,左宗棠没有辜负老友的倾力举荐,也证实了胡林翼慧眼识人的能力。

胡林翼出身官宦之家,从小受到了较好的教育,并有不少奇遇。六岁时,他爷爷教他认字,读《论语》。八岁时,爷爷胡显韶在益阳修志馆编修志书,他随侍在侧。十九岁时,胡林翼与陶澍之女琇姿(字静娟)

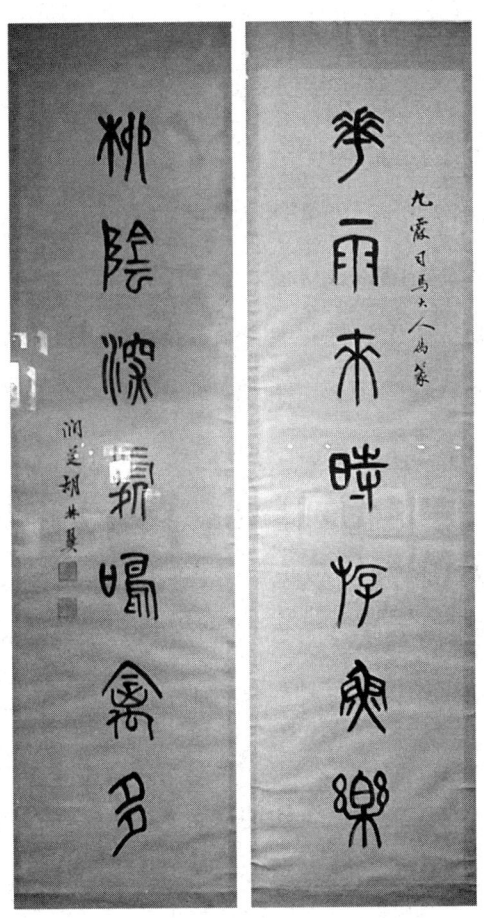

胡林翼对联

在桃花江陶氏别墅完婚。婚后，他师事同里蔡用锡前辈。他"务为有用之学，不专重文艺，而于兵略、吏治尤所究心"。胡林翼"师事两年，涵濡渐渍，服膺终身"。二十一岁时，胡林翼偕夫人送岳母贺夫人去南京陶澍任所。留居节署一年，胡林翼亲见陶澍兴利除弊措施，深受熏染，"精神殊为一变"。在给父亲的信中，他写道："岳丈公退之余，辄与男长谈。岳丈胸中本极渊博，加以数十年来宦途阅历，上下古今，融会贯通，每及一事，旁证曲引，判断洞中窃要，于男进益，非浅鲜焉。"江南一行，胡林翼收获很大。从此，他"于书无所不读，然不为章句之学，笃嗜《史记》《汉书》《左氏传》，司马《通鉴》暨中外舆图地志，山川厄塞，兵政机要，探讨尤力"。除了耳濡目染经世之术外，在此期间，胡林翼还得到了躬行实践的机会。

道光十一年（1831）五月，沅湘大水，益阳受灾严重，饥民流离失所。时在家受学的胡林翼担心饥民无食一变而为乱民，慨然曰"秀才便当以天下为己任"，挺身而出，面见县令，"请按灾区编户口，劝富民出钱粟以赈"。他还提出具体的救灾方案，即令遭灾各处保甲根据贫富情况造户口册，分上、中、下三等，上户不管，中户可减价买米，下户免费给米，限期一个月。为监督保甲，防止其舞弊，胡林翼建议"选本地士绅协同办理，一以镇地方，一以免保甲之欺罔"。鉴于劝捐遭富民抵制，十数日无动静，他愤不可遏，不得不"一出倡之"，首先请岳父家捐出两千两银子以作表率，然后对其他富民苦口婆心劝导，"以至诚感之，以大义责之，以危言动之，以赏劝诱之"，终于使大家踊跃捐款，立致数万金。"已而，散米表食，全活甚众"。当时，胡林翼年仅二十岁。在给爷爷的信中，他详细叙述此事经过，说："此事出于孙之意，见无一人赞之但沮之者不下十数人。而孙自以为泰山崩于前而不动，麋鹿奔

第十五章 纵横捭阖

于左而不顾,亦可谓毅然不移矣。"

1846年,胡林翼以知府分发贵州。其实他这个贵州地方官是通过捐纳而来的。原来胡林翼丁忧起复后,觉得在京候缺补官,上升的空间不大,做地方官能有所建树,所以就凑钱捐了个知府。根据当时捐例,捐纳为

胡林翼知府画像

官可以自主择地,胡林翼本可以选择一个发达的地方,挑个肥缺做官。但他是正途出身,捐纳为官已让他蒙羞,所以宁愿到边远之地,以区别于那些输金为吏者。在给弟弟的信中,他就直言不讳地说:"天下官方,日趋于坏。输金为吏者,类皆择其地之善者,以为自肥计。黔,硗瘠之所,边僻之境也,为人所掉首而不顾者。然兄独有取于黔者,诚以黔之官吏尚能奉上以礼不以货,以礼则知自重,不以货则知恤民,而治理庶几可冀。"对于友人的不解,他则解释说:"某之出,资用皆他人助成之……

某初为政此邦，贫瘠或可以保清白之风，而不致负良友厚意。"赴任前，他还"遍谒先茔，誓不取官中一钱自肥以贻前人羞"。其后历任安顺、镇远、黎平知府及贵东道。在任时，强化团练、保甲，镇压黄平、台拱、清江、天柱等地苗民起义和湖南李沅发起义。胡林翼文武双全，能诗能文，主张"用兵不如用民"，"用兵"只能治标，收一时之功，"用民"才是治本，享长久安定。胡林翼在贵州安顺知府任上，立志安定一方。他经常芒鞋短衣，深入群众，摸民情、探匪情，带领官兵与盗匪作战数百次，积累了丰富的作战经验，编成了《胡氏兵法》。

胡林翼习孔孟、知兵法，将经世致用之学融会贯通，且处事圆滑、能屈能伸，是一个难得的全才！二十四岁，高中进士，步入仕途。凭着自己的出色才华、左右逢源的处世之法和深厚的关系网，胡林翼仕途顺畅，四十三岁做到了湖北巡抚。左宗棠生性耿直，脾气倔强，很少有人能和他保持常年的友好交往，唯独胡林翼偏偏欣赏他这种性格，能够爱其才、容其错、忍其直。

受老师蔡用锡的影响，胡林翼对《史记》《汉书》《资治通鉴》等史书十分感兴趣，在中外舆图、山川地理、兵政机要等方面尤其下苦功。而左宗棠对兵法、史地之学也是十分喜欢。道光九年起就悉心研读过顾祖禹的《读史方舆纪要》、顾炎武的《天下郡国利病书》；胡林翼后来留下了《大清一统舆图》，而左宗棠也编绘了全国地图。两人纵谈古今大政，议论朝政得失，深叹国家处于多事之秋，内忧外患，集腋成裘，并为此唏嘘叹息。也许觉得光说还不过瘾，两人还时不时唱了出来，喊了起来，以至左宗棠在祭文中还有"我歌公号"之语。风雨之夜，两位年轻人借雷雨声的掩护，更是联床夜话，纵情彻夜长谈。

左宗棠在陶家八年期间，与胡林翼在小淹三次联床夜话。道光

第十五章 纵横捭阖

二十四年，陶澍黄夫人去世，因为事情很多，两人来不及深谈。道光二十五年秋天，胡林翼来吊岳母之丧，来小淹住了十日，两人继续进行深谈。此番，胡林翼直言左宗棠的缺点：虑事太密、论事太尽；劝左宗棠"出言不宜着边际"，也就是说话别太直。这样的直言相告，左宗棠深感欣慰。在给老师贺熙龄的信中，左宗棠认为胡林翼的建议"切中弊病"，令自己心悦诚服。

之后，胡林翼进京报捐知府，两人开始书信往来。《左宗棠全集》收录的写给胡林翼的第一封信，就是道光二十六年胡林翼去京城之后左宗棠写的《致胡润芝》，从信的内容我们就可以推断出两人已经是无话不谈的知己了。

清咸丰二年（1852）12月3日下午，东王杨秀清、翼王石达开会师益阳，益阳知县胡某闻风而逃。次日凌晨，天王洪秀全也随后抵达，百姓夹道欢呼，洪秀全在学门口亲登讲台，宣传太平军政治主张，百姓甚为踊跃，出钱捐物，并有千余人参加太平军。上午，湖南清军总督向荣从长沙率军紧逼益阳，并通知常德总兵纪律率兵从西北夹击，两军会合，一时声势浩大。但太平军此时人气正旺，便分三路攻清军阵地陆贾山，激战一昼夜，并用炮火猛轰，清军败退，太平军乘胜追击，斩纪律于茶亭街桥下，并悬首级于长杆上，威慑清军，直捣向荣部。向荣节节败退，退到石头铺，退尾与追头相遇，于是，总督向荣又只好回过头来与太平军厮杀，一个时辰下来，血流成河，清军被歼800余名，向荣带领余部，逃躲到宁家铺山里不敢露面。

太平军大败清军后，得胜回益阳城内文昌阁庆祝，天王洪秀全十分高兴，传旨改益阳为"得胜县"以志庆。洪秀全也趁势在益阳募得船只千余艘，于12月7日离开益阳，挥师岳州，东征武汉，直取南京。后太平天国在编写的《天情道理书》中记载：在长沙驻扎日久，则益阳等处江河船户为妖魔所恫吓，远遁他方，我百万雄师何由得舟楫之便而沿流以破武昌乎？

"得胜县"不到十天便被胡林翼贵东道（军职，相当于知府）率军从贵州赶来平定，并恢复原县名。当时，益阳官兵被杀2000余人，虽主罪归责太平军，但益阳近半数以上的人"通匪资敌"，是直接攻岳州、破武昌、占南京的帮凶，别说是满族人的天下，就是汉人的天下也要株连问罪的。胡林翼收复平定了家乡益阳，现在面临的问题是要把家乡近半数以上的"通匪资敌"的家属交地方政府问罪定刑，湖南提督向荣在益阳吃如此大亏，险些连命都送在益阳，他会如何处理？并如何向那死去的数千余名清兵交代？结论很明显，按大清刑律，如果交由地方政府处理的话，那将是益阳城内的一场浩劫，因此，胡林翼决定由自己把这宗事情处理妥善后再移交地方政府。但如何处理？法理人情能通过，益阳老百姓能理解，地方政府，尤其是死难的清兵军方能放过并保证日后不清算呢？这桩半个城区"资敌通匪"，死难数千余名清兵的惊天大案如果处理不好，不但救不了益阳半城的百姓，甚至自己都会被连累搭进去。

胡林翼运用他对人性的理解、对朝廷政治局势的判断以及对官僚心理的分析，作出了如此处理方案：由益阳地方绅士联名向县衙门上报太平军在益阳的掳掠"惨况"，请求朝廷救济补偿，使"通匪资敌"变成了"掳掠受害"。由才恢复的县衙奏表大力赞扬朝廷"天威浩荡"，拯救益阳百姓于水火，尤其是胡林翼知府文韬武略，乃国家栋梁，两湖保障，并奏请朝廷把胡林翼行营驻地命名为功臣巷。由胡林翼召集对太平军有人、物资助的百姓进行处理，实行集中训诫并罚款责罚，罚金交县

第十五章　纵横捭阖

衙入地方库，然后亲自奏本朝廷，奏明此次奉命征剿动乱和收复益阳的经过，并具体奏明死亡 80 余名清兵的安葬情况，请求朝廷以"天之骄子"的含义命名为"天子坟"。一场在益阳城内千余人加入太平军，并资助船只上千条，杀死官兵三千余人，致使益阳改名"得胜县"的惊天大案，在胡林翼慎微的处理下，大事化小，以恢复益阳名、城内出现"功臣巷""林翼蒙馆""胡文忠公祠"等新地名画上句号，这场惊天大祸的化解，左宗棠颂赞为：举重若轻、轻描淡写。

《清史稿·胡林翼列传》载："林翼一生从政、治军、办学三不误，功勋卓著，诏赠总督，入祀贤良祠，谥胡文忠公。"早年，胡林翼在长沙城南书院就读时，就跟同窗好友曾国藩、左宗棠讲："吾在有生之年，立志要办一座出类拔萃的书院，为国储才。"创办箴言书院，一直在胡林翼心中琢磨、规划、筹资，倾注了他一生的巨大心血。胡林翼创建箴言书院的初衷，主要是为了解决本地子弟读书问题，还可以珍藏父亲的著作《弟子箴言》，这从他与友人汪士铎（字梅村）、蒋照（文若）等通信中可以看出："伏念先光禄主持正学，身体力行，为邑人所钦，仰拟行茔高敞，于地旁建立祠堂，外间架迭为书院体势，购群书实中，即以公之邑人士。"清咸丰三年（1853），胡林翼趁休病在家之机，为书院选址，择山林胜地，他亲自赴桃江、益阳碧云峰（瑶华山）等名山胜水之地察看，后又请风水先生夏先范堪舆。夏复命曰："离益阳县城十五里，石笋乡之瑶华山，结阴穴富贵悠久，结阳穴可出词林。"胡林翼曰："阴穴已葬吾父，阳穴可为书院。"胡林翼不仅重视书院环境的选择，更关注书院建筑规划布局和景观的建设。他亲自赴长沙岳麓、衡阳石鼓、庐山白鹿洞、登封崇阳书院考察，综合著名的四大书院的建筑风格、适用性和特色，以及历代书院所形成的讲学、藏书、祭祀三大功能基本规制,他择其优而进行开拓。

　　咸丰三年(1853),亲自拟定好了箴言书院房舍的建筑设计、景观的配套设施布局方案。于当年(1853)就在此地为箴言书院破土奠基。他亲自执铲,参加了奠基仪式。而大规模修建书院时,胡林翼正在湖北巡抚任上,兼湘军将领,因忙于从政、治军,书院破土奠基之后,搁置已达六年之久,至咸丰九年(1859)六月,他驻军在湖北武昌英山,一种灵感使唤,觉得修建箴言书院迫在眉睫,不宜再拖。因他无兄弟助力,

箴言书院地理位置图

自己又无暇时间亲力而为。于是,他就委托太史陈梅鼐和他自己夫人陶琇姿负责主持修建。并请风水先生夏先范及当地乡绅汪士铎、蒋文若、梅英杰、周志圃等人协助。另外,胡林翼在湖北挑选了曾经参加过黄鹤楼、随州神农炎帝故居重修的30多位民间艺人、建筑师和雕刻师,前往湖南益阳参加箴言书院修建。陈太史和陶琇姿二人临行前,胡林翼一再嘱托:选地"毋近城市,避嚣杂也";"近水道便负籍也";"距先詹公墓地近,尤惬所怀"。陈太史遵嘱,选择在原奠基地,即益阳石笋乡小庐山支脉志溪河畔,瑶华山其父坟墓的祠堂旁,兴建箴言书院。书院建设的

第十五章　纵横捭阖

大小事务，均由陶夫人主持。箴言书院的修建，得到了曾国藩、左宗棠、李续宜（号希庵）等人的大力支持，曾国藩不仅捐献资金为其修建书院，而且亲自为书院写了碑记。为修建箴言书院，胡林翼与曾国藩等有多封书信往来。咸丰十年十月二十八日，胡林翼致信曾国藩，请求曾氏为书院搜集各种书籍。曾国藩接书信后，立即赠书数十种，并亲自为胡林翼开列了学院的《藏书目录》。胡林翼还请曾国藩作《箴言书院记》，并要求用书写上石碑的字体。曾国藩接信后立即复信胡林翼，明确表示，《箴言书院碑记》绝不敢推诿。咸丰十一年六月，曾国藩又致信胡林翼，询问书院修建的具体情况。1861年9月，胡林翼病逝后，曾国藩又亲自为"箴言书院"筹资。书院修造资金的最后缺口，曾国藩个人独捐近三分之一。同时，他还致书友人为其捐资，湖广总督官文、湖南巡抚骆秉章等26人慷慨解囊。

咸丰十年（1860）正月十五元宵节，按照胡林翼亲自规划设计的图纸，正式动工进行大规模地营造。书院历时三年、共计投资4万两白银于同治二年（1863）落成。同治四年（1865）正式招生。建成的书院坐北朝南，山水奇特，自然风光无限，是文人雅士、学者聚居讲习的最佳选地，实现了胡林翼"远尘俗之器，聆清幽之胜，钟名贤之迹，育良才之思"的办学心声。书院占地面积300余亩，原有房舍四进（类似四合院），共10栋96间，后增至108间。另外，有庭院48，有廊36，有亭阁6，有曲池4，有石级28。均系传统的砖瓦木质结构。栋与栋及庭院之间，有过道长廊连成一体，雨雪天不须打伞，也不会踏湿鞋袜，设计精巧适用。有的门窗、庭院、亭阁、廊柱，有清式雕刻彩绘、楹联匾额、名人字画、诗文、碑刻，反映出文化层次的不同特点。周围有高大的黄红色围墙环绕。书院建筑显得古色古香、朴实、典雅、幽静，时称"三

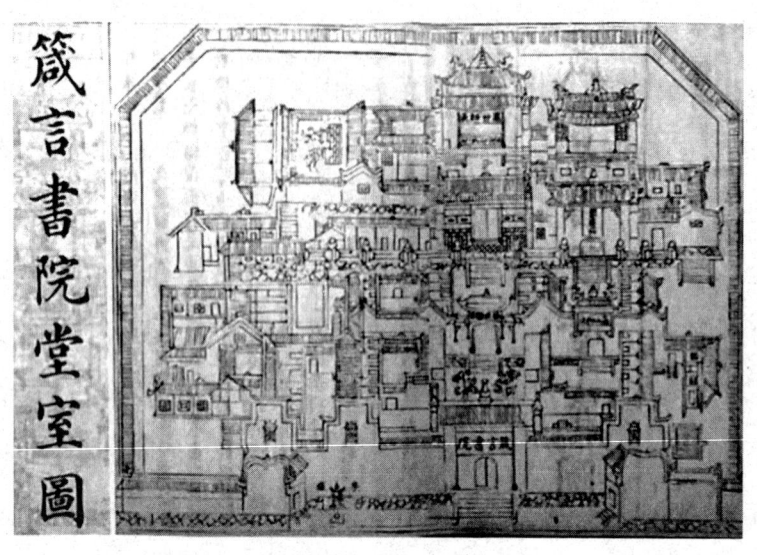

箴言书院整体堂室布局图

湘第一院"。书院建成后,曾国藩撰写了《箴言书院记》,高度称赞胡林翼"侍郎自开府湖北以来,即以移风易俗为己任"。"建箴言书院,将萃益阳之士而大淑之。""后有名世者出,观于胡氏父子仍世育才,肫肫之意,与余小子慎其所习之说,可以兴矣。"左宗棠撰写了《箴言书院碑名并序》曰:"咸丰十年,太子少保、兵部侍郎、湖北巡抚益阳胡公奉命起集复督师。时将东征,于故居资水之阳建诰赠光禄大夫、故詹事府少詹事先公祠堂,旁为书院,藏赠公所著《弟子箴言》,因颜曰'箴言书院'。别庋书若干卷,俾同里承学之士聚读其中。买田若干亩,岁取其出饩之。规画甫毕,语其友湘阴左宗棠叙而铭之。余维詹事公积学累善,信于家邦;笃生巨人,为国藩辅。侍郎读其遗书、罔敢失坠,用能殄寇息民,流惠南纪。又推其学所自出,公之邑人士冀得与闻至道之要,俾学于兹者辨志笃行,储为良材,各致其用。大哉,其与人为善之心乎!自顷学术凌迟,风俗颓敝,士竞科名利禄之途,靡靡然无所止极。一旦谿峒群蛮盗兵以逞,流毒遂半天下。而湖湘诸君子独发扬

第十五章 纵横捭阖

蹈厉,慨然各毕其智力以当世变而扶其衰,忠义之风照耀区宇。揆厥由来,非本其先世积累之厚、教诲之勤所贻,则亦乡里老生流风馀韵所渐被而成者也。然则箴言书院之设,侍郎岂徒然哉。故第谓詹事公有毂诒孙子,待郎善则归亲者,犹浅之为见也。"曾国藩、左宗棠之所以对胡林翼修建箴言书院如此竭尽全力,不仅积极捐资捐物,而且在精神上给予极大支持,因为对胡林翼确有深厚的情感,表现了他们对传承湖湘文化及藏书利于读书士子的莫大情怀。

1861年9月30日,胡林翼病死武昌,左宗棠闻之悲痛欲绝、泣不成声,作《祭胡文忠公文》:"交公幼年,哭公暮齿。自公云亡,无与为善。孰拯我穷,孰救我褊?我忧何诉,我喜何告?我苦何怜,我死何吊?追维畴昔,历三十年。一言一笑,愈思愈妍。"

左宗棠还为胡林翼写了挽联:

论才则弟胜兄,论德则兄胜弟,此语吾敢当哉?召我我不赴,哭公公不闻,生死睽违一知己;

世治正神为人,世乱正人为神,斯言君自道耳。功昭昭在民,心耿耿在国,古人期许此纯臣。

胡林翼铜像

仰拜汤鹏

左宗棠在长沙就读时，恩师贺蔗农常常夸奖湘江对岸的汤鹏，心之向往，只是苦于没有机会见面。

道光十年农历九月初二，坐落在桃花江杨家坳的陶宫保第流光溢彩，厅堂名人云集，路上车轿如流。陶澍之女陶静娟与翰林院编修益阳胡达源之子胡林翼新婚大典在这里举行。左家与胡家是世交，左宗棠与胡林翼是同年发小，都是少年才俊。左宗棠早一天乘船顺湘江到临资口，溯资水，到了桃花港的张家码头客栈。第二天一早，左宗棠雇了一辆马车赶去杨林坳。想到自己十四岁童子试第一名，十五岁府试第二名（实为第一名），对未来充满了憧憬。策马扬鞭，豪气干云，不到一个时辰就到了宫保第。宫保第内饰典雅精致，外观青砖青瓦，气势雄伟。胡林翼见到左宗棠的到来，高兴得不得了，百忙之中为左宗棠介绍宾朋。左宗

汤鹏像

第十五章　纵横捭阖

棠第一次见到了特意从京城赶来参加婚礼的汤鹏。

汤鹏，字海秋，自号浮邱子，1800年生于益阳沙头上游村，比左宗棠大12岁，是隔河相望的小老乡。汤鹏自幼聪敏好学，22岁中举，23岁进士及第，少年得志，入朝做官，初任礼部主事，因文章"震烁奇特"，被选入军机章京，转达贵州司员外郎，旋擢出山东道监察御史。胡林翼大婚时，汤鹏正是而立之年，少年得志。左宗棠与汤鹏在胡陶婚礼邂逅，两人一见如故。左宗棠相约京城拜访汤鹏，上门请教。

但人生不如意事常之八九，左宗棠以后屡试不第，便向恩师贺蔗农打听有过一面之交的汤鹏近况。贺蔗农老师惋惜地将汤鹏的情况说了一通，并告诉左宗棠，汤鹏已经辞官回乡了。原来，刚过而立之年的汤鹏"意气蹈厉，谓天下之事无不可为者"，于是一月之间，向朝廷连续三上奏章，对满朝文武官员皆屏息不言的皇族宗室之事提出异议："君以为司官朝吏，过失当付有司，不可奴隶辱之。"谁知道光皇帝并不想听汤鹏的意见，整肃朝纲，平等待臣，而是将其所言所为斥为偏执，硬是降了他的官职，由御史贬为户部员外，以致后来干脆"见其言不用"，错就错到底。汤鹏曾被称为"凌轹百代之才"，兼与炙手可热的朝廷权贵汪廷珍、穆彰阿有师生之谊，本可攀龙附凤，青云直上。但他为人狷介，不甘折腰屈节，趋时媚俗。因此，"礼曹十年不放一府道，八年不一御史"，长年待职闲曹，终不能为朝廷重用。其时汤鹏大有诗名文名，清代文学家姚莹在他所撰写的《汤海秋传》中记述：汤鹏与龚自珍、魏源、张亨甫（张际亮）并称为"当朝四子"。林则徐对汤鹏的诗更是爱不释手，给予了极高的评价："海秋之诗无礼不工，四言出于风雅颂，五言始而希从韩杜，既而陶阮鲍谢皆在伯仲之间……诗至此可谓极天下之大观也已。""备古人之所不及备，为今人之所不能为。"曾国藩在家书中写道："才气奔放则有汤海秋。"汤鹏作诗三千余首，多流露出抑郁沉痛之感。他利用这段赋闲的日子撰写了《信笔初稿》《杂记》《见闻杂事》《七经补疏》等著作。鸦片战争失败后，汤鹏悉心寻找根由，对照败因，潜心撰写了"夷务善后三十策"，详细阐述募兵、练勇、修船、造炮、设险等诸般事宜，却被朝廷视为书生之见，不予理睬。汤鹏逐渐心灰意冷，郁郁寡欢，在诗中愤然写道："三年海上太披猖，罨作鲸吞故故狂。上将功名徒画虎，中原天地屡亡羊。独推国士为韩信，能系人情是李纲。四战居然摧虏胆，鸡笼鹿目有辉光！"一个凉意渐深的秋夜，汤鹏独自待在书房借酒消愁，月光从窗棂泻进屋来，如寒霜铺满一地，他抬头望着窗外高悬的明月，从心臆间吐出一声长长的叹息，不由得想起了益阳乡下的老家，和家中年迈的父母；想起了桃花江老街的巷子，和住在巷子里的舅舅舅妈，还有美丽动人的桃花江姑娘婉婉。突然心中一动：我何不归去？于是毅然辞去闲职，打点行装，一身轻装回到了阔别经年的乡梓故里。

汤鹏在益阳上游村过了一段悠闲的日子，尽人子之孝，慰同胞之情。但他虽身处庙堂之远，仍常怀天下之事，多有郁闷，父母见之，劝他去桃花江看看舅舅舅妈，顺便散散心。汤鹏受到舅舅舅妈的热情款待，并专门安排茶庄掌柜陪他四处游历，有时去凤凰山瞻仰天问阁，凭吊屈子情怀；有时去浮邱寺拜谒老方丈，畅谈佛家典籍。方丈见其气色不佳，悉心开导："自古以来，天有四季，气有冷暖，月有盈缺，运有顺逆；施主当审时度势，安于天命才好。"汤鹏沉思良久，幡然醒悟：我"既不得施于事"，何不将所思所得"见之于言"，以"震荡人之耳目""暴白于天下"？汤鹏站起身来，对着方丈深深一揖："谢高僧开悟，我佛慈悲，弟子略有所得。"遂与方丈作别，回到家来，告之舅舅舅妈，自己想静下心来著书立说，别开天地。两位老人自然欣慰，关照更是周全。

第十五章 纵横捭阖

清刻本《浮邱子》书影

更有婉婉不离不弃，红袖添香。自此，汤鹏在舅舅家闭门谢客，独处一室，开始潜心写作《浮邱子》一书，"言军国利病，吏治要最，人事情伪，开张形势，寻蹳要眇"；"其指务在剖析天人王霸，发抒体用本末，原于经训，证于史策，切于家国天下，施于无穷。其心务在琢磨主术臣道，护持国势民风。"呕心沥血，终于成就皇皇十二卷政论巨著。汤鹏一生著述甚多，除前面提到的几部之外，还有《明林》二十四卷、《海秋制艺》前后集、《海秋诗集》前后集等。

1843年秋，汤鹏心血来潮，突感"向晚意不适"，于是给舅妈打了声招呼，一个人漫步向资江边桃花港张家码头走去。天凉好个秋，江风习习，残花败柳在天地间颤抖。第一次鸦片战争刚过去一年，国家积贫积弱，自己已过不惑，"不才明主弃"，只能著书立说，近来夜夜盗汗，大概离老死乡间为期不远了。愈思愈悲，夕阳的余晖染红了西边的天际，江水殷红如血。汤鹏独立江滨，仿佛化成了一尊雕像。

左宗棠听到汤鹏回到桃江舅舅家休养生息的消息后，立即安排好手头的事务，趁来贺宅处理田佃事务之际，一早从安化小淹乘一叶扁舟顺流而下，不到天黑，小舟便来到桃花港张家码头，左宗棠在老远处就望见了伫立江滨的汤鹏，船刚停稳就急急向汤鹏走来。

"我从文毅公家来贺宅料理秋收事务，特意准备去贵府打扰，不期在码头边巧遇到您，真是天意。""是天意，我在书房突然心血来潮，坐不住了，于是到江边来吹吹风，不期遇到左公子"。"我左某人与大人一别十三年，时时想念。在与润芝的书信中，我早已知道了'京中四子'汤大人的令名，心慕不已"。"左公子青年才俊，卓尔不凡，汤某早有耳闻，他年成就必在汤某人之上。""惭愧呀，汤大人，我而立已过，仍是一介布衣，只想为湘上农人以没世矣"。"我阅人无数，决不会看走眼的，左公子定将是大器晚成。亚圣孟子说过：天将降大任于斯人也，必先苦其心志，劳其筋骨，饿其体肤，空乏其身，行拂乱其所为，所以动心忍性，增益其所不能。你不要自卑，现在在陶文毅公府上课子教授，正是韬光养晦好时机，厚积薄发，一鸣惊人，为期不远。""汤大人谬赞，左某愧不敢当。从今以后，我当发奋努力，定当不辜负大人期望。""我比你虚长几岁，就以兄弟相称吧。我近来身体状况每况愈下，大限之年恐怕为期不远了，但我心中尚有许多疑惑，只怕是天不假天了。若要中华国果亡，除非湖南人尽死。老弟，中国的未来看湖南，湖南的未来看你了。"

天黑了，江上的点点渔火，传送着江风带来的凉意。而立相遇不惑，两个人惺惺相惜，全忘了天地与时间。舅妈派家人来寻汤鹏吃晚饭，汤鹏紧紧拿住左宗棠的手不放。安排好舟子和仆人，左宗棠同汤鹏来到了舅舅家。

晚餐后，两人联床夜话。汤鹏讲魏源的《海国图志》，谈自己的"夷务善后三十策"，左宗棠谈自己的《朴农阁农书》《六策论》，提到龚自珍的《己亥杂诗》"九洲生气恃风雷，万马齐暗究可哀。我劝天公重抖擞，不拘一格降人才"。忧国忧民，不知东方既白。

1844年秋，左宗棠在安化惊闻汤鹏客死舅舅家的噩耗，立即丢下手头的一切事务，赶赴桃花江悼念，汤鹏已经入土为安，过了头七。通过询问婉婉，得知了汤鹏与婉婉的生死恋情。

道光二十三年，汤鹏回到桃花江老街，与离别多年的有情人婉婉终于走到一起。因著书伤神过度，加之多年在乱世官场的颠沛艰辛，《浮邱子》书稿出来后，他的身体彻底垮了。在婉婉的精心护侍下，挨过寒冬撑到三月桃花开放时，"扪心尚有孙吴略"的汤鹏于道光二十四年在婉婉怀中闭上了疲惫的双眼，时年44岁。汤鹏生前嘱托，葬他于城东7里处的金盆山上，墓朝浮邱山。

二十余年的离别与思念，在一起仅两年就阴阳两隔。婉婉含悲忍痛为其料理后事。扶其灵柩葬金盆山后，婉婉变卖祖屋，用换得的银两在汤鹏墓旁建了一庵，出家入庵为尼。守着长眠的汤鹏，与他一起守望浮邱山。此庵因建在金盆山上，庵随山名被称为金盆庵。

左宗棠听完婉婉如泣如诉的叙述后，夜上新坟，祭奠汤鹏。

左宗棠读着曾国藩赠给汤鹏的挽联：著书成二十万言，才未尽也；得谤遍九州四海，名亦随之。

左宗棠在坟头哭读曾国藩《祭汤海秋文》：赫赫汤君，倏焉已陈。一呷之药，椓我天民。岂不有命！药则何罪？死而死耳，知君不悔。道光初载,君贡京朝。狂名一鼓,万口嚣嚣。春官名揭,如蘗斯标。奇文骤布,句骛字袅。群儿苦诵,自瞑达朝。上公好士,维汪与曹。大风嘘口,吹女羽毛。舐笔枢府,有铦如刀。济辈力逐,一虎众猱。曹司一终,稍迁御史。一鸣惊天,堕落泥淬。坎坎郎官,复归其始。群雀款门,昨罷之市。穷鬼喷沫,婢叹奴耻。维君不羞,复乃不求。天脱桎梏,放此诗囚。伐肝荡肺,与命为仇。被发四顾,有棘在喉。匪屈匪阮,畴可与投?忽焉狂走,东下江南。秦淮夜醉,笙吹喃喃。是时淮海,战鼓殷酣。狁夷所蹣,肉阜血潭。出入贼中,百忧内惔。寅岁还朝,左抱娇娥。示我百篇,儿女兵戈。三更大叫,君泗余哦。忽瞠两眸,曰余乃颇。沥胆相要,斧门掊锁。嗟余不媚!动与时左。非君谬寻,谁云逮我?王城海大,尘雾滔滔。惟余谐子,有隙辄遭。联车酒肆,袒肩载号。煮鱼大嚼、宇内两饕。授我《浮邱》,九十其训。韩焊庄夸。孙卿之酳?鏖义斗文,百合逾奋。俯视符充,其言犹粪。我时讥评,导曾不愠。我行西川,来归君迓。一语不能,君乃狂骂。我实无辜,讵敢相卜?骨肉寇仇,朋游所讶。见豕负途,或张之弧。群疑之积,众痏生肤。君不能释,我不肯输。一日参商,万古长诀。吾实负心,其又何说?凡今之人,善调其舌。导则不然,喙刚如铁。锋棱所值,人谁女容?直者弃好,巧者兴戎。昔余痛谏,君嘉我忠。曾是不察,而丁我躬。伤心往事,泪堕如糜。以君毅魄,岂曰无知?鬼神森列,吾言敢欺?酹子一滴,庶摅我悲!

字字血,声声泪。左宗棠泣不成声。一种相思,阴阳永隔。料得明年清明雨断魂时,一冢孤坟,把酒话凄凉。

仰慕林则徐

左宗棠自幼志向远大,有着强烈的爱国主义思想,林则徐是他最为

第十五章　纵横捭阖

崇仰的人物。林则徐，出生于1785年，比左宗棠大27岁，应该是左的长辈。林则徐原本也干过幕僚，考上进士后进入官场，曾担任江宁布政、江苏巡抚等职，长期作为陶澍的下级，与陶澍一起为官。陶、林二人相交甚深。左宗棠在陶家遍览陶澍的笔迹，其中就有陶澍与林则徐的往来书信和陶澍纪录的关于林则徐的事迹。1837—1838年，林则徐任湖广总督，严禁鸦片，雷厉风行，成效卓著。后以钦差大臣赴广东禁烟，领导了抗击英国侵略的第一次鸦片战争。因投降派的陷害，充军伊犁，在新疆兴水利，辟屯田。道光二十六年（1846）被重新起用。在第一次鸦片战争期间，左宗棠全程关注形势发展，在给贺熙龄和胡林翼的书信中提出了很多中肯的见解。后来，鸦片战争失败，林则徐被贬，左宗棠非常悲愤，并且一直关注林则徐的行踪，"如日在公左右也。忽而悲，忽而愤，忽

林则徐像

而喜，尝自笑耳！"可见左宗棠对林则徐的仰慕。

  1849年10月，还在云贵总督任上的林则徐，因为夫人郑氏去世，哀痛欲绝，以致身体衰弱，疾病缠身，每况愈下，奏请开缺回福建调治，经道光批准后卸任，在儿子林汝舟的陪侍之下，带着夫人的棺柩离开昆明，从镇远买舟而下，经湖南辰州，泛沅江，入洞庭湖溯湘水，向长沙划来。几经漂泊，于1850年1月3日到长沙，停靠湘江岸边。当地文武官绅闻讯，争相前往拜访，一时应接不暇。而此时，林则徐计划要专门会见左宗棠。这次会面，对左宗棠的一生乃至对中国历史进程都产生了深远影响。

  林则徐打听到左宗棠尚在湘阴的老家，便修书一封，派人请他来湘江的舟中相见。而此时年已37岁的左宗棠还是一介布衣身份，隐居在湘阴东乡的柳庄。林则徐为何对左宗棠如此看重呢？他是如何知道左宗棠这个人的呢？原来，在一年以前，贵州安顺知府胡林翼，极力向林则徐介绍并且推荐左宗棠："湘阴左君有异才，品学为湘中士类第一。"当时，林则徐听了胡林翼的介绍，对左宗棠十分感兴趣，觉得是个人才，应该收纳到身边叙用。林则徐要胡林翼写信给左宗棠，请他到云贵总督幕府任职。左宗棠已饱读诗书、潜心修炼了几十年，也有出仕之意，特别是遇到了自己敬重的林大人相邀，尤其想去。无奈当时左宗棠的长兄已经不在人世，他要代长兄为侄子世延操办婚事，因此耽搁，一时不能前往，左宗棠于是写了一封信，表示歉意。"西望滇池，孤怀怅结"，深表遗憾。左宗棠虽没来云南，却给林则徐留下了深刻的印象。正因如此，林则徐此次途经湖南，自然要顺道见见这"湘中士类第一"的左宗棠。

  左宗棠接到林则徐的邀请后，立即马不停蹄地赶到长沙。林则徐给予了左宗棠特殊的礼遇：他吩咐了手下对其他来客一概挡驾，并且将官船移到岳麓山下一个偏僻幽静之处停泊。两人一边喝酒，一边谈论天下

第十五章　纵横捭阖

大事，从晚清的军政腐败到夷人入侵，从东南海防到西北边疆危机，从治理内政军务到洋务，从新疆屯田到滇中戡乱，各抒己见，畅所欲言，几乎无所不涉及。两人对如何治国理政、挽救民族危亡，特别是大西北军政事务与学习西方的科技富国强兵，诸多见解不谋而合，英雄所见略同。这一老一少，毫无拘束，不知不觉竟然谈到了第二天的清晨。

林则徐起身从行箧中找出一包文书，双手捧着，郑重地交给左宗棠，深情地说："季高先生，这就是我刚才所谈在新疆考察天山南北路的种种记载，其中有绘制的西北形势图，山川、道路、城镇、桥梁、水井都是亲身考察过的。原来，我愿以有生之年经营西北，巩固边防。可惜既已年近体衰，又身不由己，无可奈何。但据老夫多年考察，我与俄罗斯接界，由东北而西北，长达万里。而俄罗斯雄踞北方，带甲百万，其君王野心勃勃，四出扩张，连年征战，西域诸国，被吞并不少，仍贪得无厌。为中国患者，其俄罗斯乎？早年我与龚定庵、魏默深先生讨论西北形势，认为为防俄罗斯觊觎我西北领地，应移民实边，开发西北，以卫边疆。且料定新疆来日必然生事，急宜曲突徙薪，预为之计。数年来所历各处留心考察，九州之大，竟难得担当重任之大才。今日与足下一夕畅谈，欣闻高论，实是天下奇才，一定向朝廷保荐，请给予重任。现在，国家动荡不安，内忧外患必然加剧。我料定足下不久将脱颖而出，身担大任。将来安定西北，也许非君莫属。这几卷文书，乃老夫几年心血，特赠与足下，将来倘有用着之日，老夫当含笑九泉矣！"

左宗棠双手接过这包文书，感怀知遇，热泪盈眶，说道："承蒙宫保厚爱器重，后生感激不尽。几年来常有心灰意懒之念，今日恭聆教诲，愧疚无比，理应振作精神，力求进取。他日若有缘报效朝廷，虽赴汤蹈火在所不辞，定不辜负老前辈的期望、重托。"

长沙湘江风光带上林、左雕塑

林则徐含笑道:"一定的,一定的,你的成就,必在我等之上。来,拿笔墨来,我们相互赠言吧。"家人送上纸笔,公子上前研墨。林则徐提起笔来,略一沉思,一挥而就:

　　此地有崇山峻岭,茂林修竹;
　　是能读三坟五典,八索九丘①。

　　　　　　　　　　季高先生留念,林则徐书

左宗棠欣然道:"敬领宫保大人明训。"他也提起笔来,不加思索,写下一副名联:

　　是能养天地正气,实乃法古今完人。

然后写了上下款:少穆宫保大人教正,后学左宗棠敬书

林则徐欣喜地看过对联,夸奖道:"先生真正地说出了老夫的心愿,

---

①:三坟五典,指中国最古老的书籍。最早见于《左传·昭公十二年》,楚灵王称赞左史倚相:是良史也,子善视之,是能读《三坟》《五典》《八索》《九丘》《尚书序》称:"伏羲、神农、黄帝之书,谓之《三坟》,言大道也。少昊、颛顼、高辛(喾)唐(尧)虞(舜)之书,谓之《五典》。"《八索》与《九丘》有两种说法:一说指"八卦"与"九州之志";一说是《河图》《洛书》)。

但望不辜负此联"。字里行间，透露了林则徐对左宗棠的殷切期望之意。这是他们的初次会面，没想到也是最后一次会面。十个月之后，林则徐在担任钦差大臣赴广西平定太平军内乱的途中，不幸因积劳成疾，病逝于广东普宁。左宗棠闻讯，放声大哭，作了一副挽联，凭吊仅一面之交却对自己有知遇之恩的林大人，这副对联后来刻在福州西湖林文忠公祠堂，对联是这样的：

附公者不皆君子，间公者必是小人，忧国如家，二百余年遗直在；庙堂倚之为长城，草野望之若时雨，出师未捷，八千里路大星颓。

左宗棠后来之所以能够出将入相，当然与他报国热忱、卓越才干有关，但与林则徐对他的高度赏识和倾心教诲是密不可分的。20多年后左宗棠奉旨驻防陕甘，痛下决心力排众议率兵平定西北，终于收复新疆，并且赈恤保民，屯田垦荒，兴修水利，改善交通，安抚并团结少数民族，一致对敌。特别是植树造林，改善生态环境，至今在新疆还有几千棵左宗棠率部种下的"左公柳"。无论在东南加强海防、抗击外来侵略，还是在经略大西北、奠定百十年来的稳定局面，都有林则徐指点的影子。

历史证明，林则徐很早就发现了左宗棠，左宗棠到最后也没有辜负林则徐的厚望。

神交魏源

魏源（1794—1857），字默深，比左宗棠大十八岁，邵阳县金潭（今邵阳市隆回县司门前镇）人。七岁从塾师刘之纲、魏辅邦读经学史，常苦读至深夜。九岁赴县城应童子试，考官指着画有"太极图"的茶杯提出"杯中含太极"嘱对。魏源摸着怀中二麦饼对曰："腹内孕乾坤。"嘉庆十五年（1810）庚午科取秀才。嘉庆十六年（1811）辛未岁试补廪膳生。嘉庆十八年癸酉科选拔贡。嘉庆二十五年（1820）全家迁居江苏扬州新城。

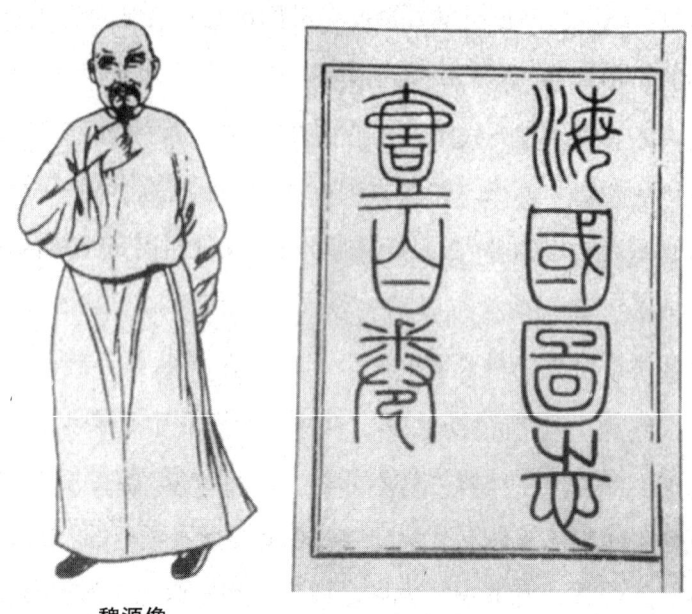

魏源像

道光二年(1822)壬午科中式举人第二名。著名学者、中国近代启蒙思想家、政治家、文学家,新思想的倡导者,林则徐的好友,近代中国"睁眼看世界"的优秀代表之一。左宗棠从贺长龄的介绍中,已对其人格和学术水平十分崇拜。左宗棠记得,当年在渌江书院与陶澍奇遇时,陶澍对魏源的介绍尤在耳际:"今年年初,魏默深先生来南京,曾经谈到要编辑一部《海国图志》。要防夷人捣乱,必先知夷情,他的这个主意很好。明年又是考期,我再约他来南京商议,老弟赴京应考,无论中与不中,回湘时请顺道来南京小住,或可与魏先生见面,商量此事,你必定是乐意的。"

魏源先后在长城古北口杨芳家中教馆,在江苏布政使贺长龄处任幕宾。道光五年(1825),陶澍调任江苏巡抚,魏源则在贺长龄幕府。道光七年(1827),贺长龄调山东布政使,魏源转入陶澍幕府,此后长达13年。魏源作为陶澍最得力的参谋和助手,参与了陶澍的吏治行政以及所有的改革活动,共同创造了震惊朝野、流芳后世的业绩,分别成为道光年间最杰出的封疆大吏与最杰出的思想家。

左宗棠早知其名，但没有机缘会面。陶澍约他明年考后到南京，与魏源会见，商议编辑《海国图志》，他极为高兴。原来，他与笃心绘制成大清舆图后，就有意做这方面的事，因接了渌江书院的聘书，只好暂时搁下。当下他答复陶澍，不论如何，明年一定到南京与魏先生见面。但是，后来南京之行还是无缘与魏源见面。左宗棠出于对魏源的崇拜，刚到安化小淹不久，花了四天时间，溯资江而上，来到魏源老家邵阳金潭拜访魏家。魏家为当地名门望族，魏源的祖父魏志顺，是位"隐居不仕、笃行著邑"的长者。从魏源的家书以及家人中对魏源进行了深入了解。魏源运用经世致用之学，积极协助陶澍处理漕、盐、河等有关国计民生的大政，兴利除弊，取得了巨大成就。在财政（特别是漕运）、公共工程和军事行政方面政绩显著。魏源从目睹西方列强和日本的兴起，深切指出在官僚腐败的剥蚀下，清政府的权力正在被削弱，清朝的统治已经失去了康熙、乾隆时期的雄伟气魄。中央政府的白银储备也日趋枯竭，从 18 世纪初期的 6000 万两下降到 19 世纪 50 年代的 800 万两，清朝的绿营军也在养尊处优中完全丧失了战斗力。陶澍作为当时最著名的封疆大吏，试图在危机四伏的 19 世纪 30 年代，在清朝暮气沉沉的行政官僚制度上进行一些改革。左宗棠深受魏源思想的影响，特别关注魏源经世致用的学说。左宗棠认为，经世致用学说的中心思想是面对内忧外患的形势，中国的文人们不能再整天钻在故纸堆里，把精力耗费在对国家毫无用途的语言学和词源学上；学是为了用，学识应用于行政，研究前人的知识是为了解决国家面临的新问题，通过改革来增强国家的实力。

道光五年（1825），魏源受江苏布政使贺长龄之聘，辑《皇朝经世文编》120 卷。撰《筹漕篇》《筹鹾篇》和《湖广水利论》等。道光九年（1829），应礼部会试，与龚自珍双双落第，房考刘逢禄作《两生行》哀之，从此与张际亮、龚自珍、汤鹏齐名京中四子。魏源捐内阁中书舍人候补，内阁藏书丰富，乃博览史馆秘阁官书及士大夫私家著述。时社会动乱加剧，他目睹江华瑶民起义，深感清朝政权的腐败；道光二十年爆发了鸦片战争，外国侵略危机使他更加愤激，进一步激发了爱国热情。道光十二年（1832），魏源来到南京，即相中地处城西清凉山下的乌龙潭边，在史称"诗巷"的龙蟠里东侧购地建三进草堂。初始魏源为爱屋起名"湖子草堂"，后改名"小卷阿"。并在潭边浅水处建有"宛在亭"。魏源后半生长年居住此处，其名著《海国图志》即在此处撰写完成。他的《圣武记》《元史新编》《明代兵食录》等许多作品，都是经世实学著作。为了记住鸦片战争失败的惨痛历史，魏源又写了《道光洋舰征抚记》，这是中国人自己写的第一部鸦片战争史，真实地记录了战争的全过程，热情歌颂林则徐等爱国官兵和人民群众的抗英业绩，总结了鸦片战争失败的教训。随后，魏源在林则徐《四洲志》的基础上编写了《海国图志》100卷。该书对世界各国的政治、经济、历史、地理等概况作了比较全面的介绍，还介绍了西方近代的自然科学知识，图文并茂，是中国人研究世界、特别是研究世界地理的优秀的成果，是当时介绍世界的百科全书。魏源在该书的《筹海》篇中，从议守、议和、议款三个方面，全面总结了鸦片战争的经验教训，提出了中国人民在战败之后应该采取亡羊补牢的善后措施。系统地论述了"师夷长技以制夷"的主张及具体做法。并对严禁鸦片、广开贸易、大办工厂等问题，提出了自己的见解。魏源根据当时反侵略战争的需要，指出"师夷长技"主要在三个方面：一战舰，二火器，三养兵。魏源还提出要学习西方的先进技术、经济政策、政治制度。《海国图志》对左宗棠起到了振聋发聩的作用，对后来的洋务运动、维新运动以至辛亥革命都曾产生积极的影响。

魏源与时任江苏巡抚的林则徐往来甚密。道光二十一年（1841），

第十五章　纵横捭阖

左宗棠刚入安化陶府时，魏源就已入两江总督裕谦幕府，直接参与抗英战争，并在前线亲自审讯俘虏。后见清政府和战不定，投降派昏庸误国，愤而辞归，立志著述。道光二十四年（1844）甲辰，魏源再次参加礼部会试，中进士，以知州用，分发江苏，任东台、兴化知县。期间改革盐政、筑堤治水。咸丰元年（1851），魏源授高邮州知州，公余整理著述，咸丰三年（1853）完成了《元史新编》。后以"迟误驿报"，"玩视军机"革职。旋复职，他以年逾六旬、遭遇坎坷、世乱多故而辞去。晚年潜心学佛，法名承贯，辑有《净土四经》。咸丰七年三月初一日（1857年3月26日），卒于杭州东园僧舍，终年63岁，葬杭州南屏山方家峪。

左宗棠十分钦佩魏源这个进步的思想家、史学家和坚决反对外国侵略的爱国学者。魏源积极要求清政府进行改革，强调："天下无数百年不弊之法，无穷极不变之法，无不除弊而能兴利之法，无不易简而能变通之法。"他着重于经济领域的改革，在鸦片战争前后提出了一些改革水利、漕运、盐政的方案，要求革除弊端以有利于"国计民生"。这些主张不仅在当时具有进步意义，对于后来的资产阶级变法维新运动，也起了积极的推动作用。

左宗棠同魏源坚决反对西方资本主义的侵华活动和反侵略的主张与观点相一致。魏源从三元里和台湾等地人民抗英斗争中得到鼓舞。在三元里人民痛击英国侵略者之后，他满怀激情地以"同仇敌忾士心齐，呼市俄闻十万师"，"前时但说民通寇，此日翻看吏纵夷"的诗句，热情讴歌三元里人民的抗英斗争，愤怒声讨投降派为侵略军解围的可耻行径，并在《海国图志》中写道："三元里之战，以区区义兵，围夷酋，斩夷师，歼夷兵，以歘开网之而逸，孰谓我兵陆战之不如夷者？"又说"广东之斩夷首，捐舰者皆义民"，"两禽夷舶于台湾，火攻夷船于南澳者亦义民"。他主张利用和依靠人民群众作为抵抗外来侵略的主要力量，与投降派"防民甚于防寇"形成鲜明对照。为了有效地进行抵抗,魏源反对"浪战",而主张"以守为战"。他总结鸦片战争的经验教训,提出"自守之策二:一曰守外洋不如守海口,守海口不如守内河;一曰调客兵不如练土兵,调水师不如练水勇",主张采取诱敌深入的策略,"设阱以待虎,设罾以待鱼",以歼灭来犯者。这是切合当时敌强我弱、敌寡我众的客观实际的,也是完全可行的。左宗棠吸收了魏源《海国图志》的思想,大胆提出了抗英《六策论》。

魏源、林则徐、左宗棠是鸦片战争时期最有眼光的代表人物。他们既坚决反抗侵略,又重视了解和学习西方的科学技术,作为对付侵略的重要方法。魏源在《海国图志》中很好地贯彻并发挥了林则徐了解和学习西方的思想和做法,认为"善师四夷者,能制四夷;不善师外夷者,外夷制之",把学习西方的"长技"提高到关系国家民族安危的大事来认识,产生了振聋发聩的重大影响,针对当时封建顽固派把西方先进的工艺技术一概目之为"奇技淫巧",他指出,"有用之物,即奇技而非淫巧",必须认真加以学习,而不能盲目自大,自甘落后。为此,他提出一套具体方案,不但包括了官办军事工业,改进军队武器装备的内容,而且提出了兴办民用工业,允许商民自由兴办工业的主张。其中包含了"量天尺、千里镜、龙尾车、风锯、水锯、火轮舟、自来火、自转碓、千金秤之属,凡有益民用者,皆可于此造之",主张以后"沿海商民,有自愿仿设厂局,以造船械,或自用,或出售者,听之"。他还倡议"立译馆翻夷书",并"于闽粤二省武试,增设水师一科,有能造西洋战舰、火轮舟、造飞炮火箭、水雷奇器者,为科甲出身",以奖励科学发明。他认为这样做,即可以"尽得西洋之长技为中国之长技",逐步改变中国的落后面貌,从而达到"制夷"之目的。他满怀着民族自豪感,对中华民族的智慧才能充满信心,认为"中国智慧无所不有",中国"人材非不足","材料非不足",中国有着丰富的矿藏和资源,具有自己的有利条件。他相信中国人民有能力掌握西方的新式生产技术,可以逐步做到"不必仰赖于外夷",只要经过努力,若干年后,必然"风气日开,智慧日出,方见东海之民,犹西海之民",中国一定能富强起来,赶上并超过西方资本主义国家。

诤友曾国藩

左宗棠和曾国藩位列"中兴四名臣",实至名归。他们的交情,可以说情谊深厚,"情意孚洽之至"。从道光十四年(1834)结识算起,到同治三年(1864)断交,曾国藩和左宗棠交往整整三十年。纵观两人

曾国藩

三十年的交谊，高峰与谷底的交替清晰可见。

咸丰二年，曾国藩在长沙帮办团练之前，二人相见稀少、通信不多，可谓交情一般。咸丰二年到咸丰七年，曾国藩奔父丧之前，时在湖南巡抚幕府的左宗棠为正与太平军作战的曾国藩输兵选将筹饷，可谓鼎力支持。在此期间，虽然有曾国藩逼追左宗棠女婿陶桄捐输等小矛盾，但难掩曾左二人"情意孚洽之至"的大局。咸丰七年，在江西进退维谷的曾国藩不待朝廷批准即奔父丧，引来左宗棠的批评。曾国藩对此颇为不满，导致两人一年多的时间"不通音问"。直到咸丰八年，曾国藩主动认错，两人重归于好。咸丰八年之后，两人关系进入新的和谐期。咸丰十年至同治元年，左宗棠一度成为曾国藩的副手，领兵在江西景德镇、婺源一带鏖战，为稳定曾国藩后路，使其得以专注东征攻打安庆、太平天国首都天京起到了重要作用；也由于曾国藩的奏保，清廷于咸丰十一年底授左宗棠为浙江巡抚。同治元年起，两人在兵饷、用兵策略等问题上矛盾不断，最终在同治三年攻下天京不久，因太平天国幼主洪天贵福是否出逃问题引发，曾国藩和左宗棠私交断绝，从此再无联系，直到同治十一年曾国藩逝世。

曾左二人为湖南老乡、同学，并肩与太平军作战，为清廷平定太平天国立下了汗马功劳。咸丰四年，曾国藩兵败投水自杀之时，左宗棠曾冒险出城，极力安慰；咸丰十年左宗棠卷入樊燮案险被投狱，曾国藩尽力在咸丰面前斡旋，使得左宗棠化险为夷，得以奉旨练兵。可以说，两人有着生死之谊。只是造化弄人，曾左二人最终由相交甚欢变为凶终隙末。如此巨大的转折，自然引发时人和后人的巨大兴趣。

科考际遇。曾国藩，字伯涵，号涤生，湘乡人。嘉庆十六年（1811）出生，乳名宽一。道光十年（1830）在衡阳就读时取名子城，字居武。道光十一年（1831）进入涟滨学院读书时改号"涤生"以自励，取此后

第十五章　纵横捭阖

以新面貌示人之意。他在日记中说："忆自辛卯年，改号涤生。涤者，取涤其旧染之污也。生者，取明代袁了凡之言'从前种种，譬如昨日死；从后种种，譬如今日生'也。"曾国藩和左宗棠都是湖南老乡，前者比后者大了一岁。左宗棠与岳麓书院的渊源，与贺熙龄有关。贺熙龄晚年在岳麓书院内倡办湘水校经堂（相当于岳麓书院的分校），并出任城南书院山长。左宗棠曾在湘水校经堂和城南书院就读。左宗棠就读两地的时间为道光十一年，曾国藩则是道光十三年（1833）起到岳麓书院深造，道光十四年（1834）肄业并于同年中举。但中举比左宗棠晚两年。道光十二年（1832），左宗棠中举，21岁；道光十四年，曾国藩中举时24岁。道光十三年，左宗棠首度参加会试落榜。此时，曾国藩还在岳麓书院就读，尚未获得参加会试的资格。道光十五年（1835），他们二人同时参加了会试，加上同为湖南老乡，因此，他们彼此认识是情理之中。也就是说，道光十四、十五年前后，或许就是左宗棠和曾国藩相识的开始。同治十三年（1874），在给好友吴桐云的信中，左宗棠曾有"即以两江言之，曾文正独非四十年旧交乎？"之语，按此上推四十年，即为道光十四年，这或可作为曾左二人结识的佐证。首度参加会试的曾国藩落榜。左宗棠本来已经被录中为第十五名。左宗棠拒绝了誊录职位，返乡继续准备下一场考试。

道光十六年（1836），曾国藩再度会试，再度落榜，这一年左宗棠没有参加。之后，就是道光十八年（1838）的两人再度同时参加会试。此番会试，曾国藩中了第38名进士，左宗棠第三度落榜后决意不再参加会试。左宗棠虽比曾国藩早中举，但最后曾国藩中了进士，直接走上仕途，而左宗棠因绝意科举，走了另外一条道路。左宗棠考场上的失败，意味着他不可能像曾国藩那样正儿八经地进入仕途大展宏图，因此有些心灰意冷，最后选择弃考，蛰居陶府静心研究儒学，还学习了大量的地理、军事著作，让他成功蜕变成了一个见广识多的人，所以他的很多观点日后就和曾国藩不同，也为最终的绝交埋下了伏笔。

提携之恩。咸丰二年，太平军包围湖南，这个时候曾国藩正在家乡为母守丧，朝廷任用他督办湘军，抵御太平军。而左宗棠正在湖南巡抚张亮基手下做幕僚，一来二去，曾、左二人就有了交往。曾国藩后来率军镇压太平天国运动，受两江总督之职，管辖四省军政大权，成为地道的封疆大吏，他向来聪明好学，且为人仗义，喜欢挖掘各类人才为己所用，左宗棠自然就不会被曾国藩遗漏掉。咸丰十年，曾国藩提拔左宗棠为自己的幕僚，还保举他为官佚四品的京堂候补，负责在湖南招募乡勇。曾国藩对左宗棠不仅仅有知遇之恩，还十分的关照和器重。朝廷有意让左宗棠去四川省督办军务，曾国藩认为他是自己的好帮手，且今后可以有更高的成就，于是主动站出来婉拒了朝廷的懿旨，让左宗棠继续留在自己身边。收复安庆后，湘军完成了对天京的包围，这个时候要牵制外围的太平军，就必须有人到浙江统兵，这个人选就是左宗棠。所以在曾国藩眼中，左宗棠是真正的左膀右臂，也是重点培养的人才，后来左宗棠有机会一路飞黄腾达，其实都离不开曾国藩。

矛盾渐生。虽然曾国藩年龄稍微大一点，但是在两人的书信或交往中都是以兄弟相称的，而且曾国藩为了表示谦逊都自称为"弟"。虽然看上去一片和谐，可私底下也是暗流涌动。左宗棠这个人刚直果断，大是大非面前常常表现得慷慨激昂、嫉恶如仇。他虽然才华横溢，但由于科举上的接连遇挫，导致他性格极其敏感。当有人怠慢他或者过分谦虚忍让的时候，他的表现都是过激的。咸丰四年，曾国藩组建湘军逼陶桄勒捐白银三万两一事染致他险些翻脸，后经骆秉章调停才得平息。又有一次，曾国藩给他写信，出于礼貌用了一个"右仰"的词语，实际上是表达对左宗棠的敬仰之情，可左宗棠看完信之后非常不痛快，甚至有些

第十五章　纵横捭阖

愤怒，他认为"右仰"用在信中，是曾国藩想让自己"左俯"。这种断章取义的事情不久后就流传到了曾国藩的耳朵里，从此两个人心里就彼此有了嫌隙。

关系破裂。曾左关系的彻底破裂，真正的问题出在太平军的天京被攻破之后。天京就是现在的南京城，被清军攻破后，两个人就洪天贵福是不是已经身死的问题掐了一架。当时曾国藩上报的是金陵收复，悍贼们都被一网打尽了，尤其是洪天贵福兵败自焚而亡，这其实就是说自己的功劳很大，完全歼灭了敌人。可就在这个时候，左宗棠也上书朝廷，说在金陵外出逃难的百姓中抓到了伪装悍贼，他们供述了自己的幼主洪天贵福已经逃窜到了广德地区，而且太平军的遗留将领还在湖州府迎接了他，准备打着他的旗号再次纠集部众造反。朝廷看到这份奏折就对曾国藩严加呵斥，认为他是欺君罔上，这可把曾国藩给吓坏了，要知道他向来以"诚信"著称于天下，左宗棠这么一搞不仅让自己有了性命之忧，还身败名裂了。于是曾国藩上书朝廷对左宗棠的言论进行反驳，认为他是在哗众取宠，虚张声势，目的在于想要邀功请赏。左宗棠自然不会善罢甘休，同样上书反驳。因为这件事，两人的口诛笔伐持续了很长时间，昔日的亲密关系也就不再了。

送联挽悼。同治十一年二月初四日（1872年3月12日），曾国藩在南京病逝。左宗棠深感伤悲。三月间，他在给长江水师提督黄翼升的信中，盛赞曾国藩"德业、勋名卓绝当出"。四月十四日他在给儿子孝威的信中说，"曾侯之丧，吾甚悲之。不但时局可虑，且交游情谊亦难恝然也"。恝然，淡然之意。在左宗棠看来，抛开国事不谈，仅从个人交情的角度，曾国藩的去世，也足以让他难以释怀。在这年的书信中，他多次谈到曾国藩的病逝，甚至羡慕曾国藩无疾而终是前生修来的福分。直到同治十三年，深感自己身体衰弱的左宗棠，在给朋友的信中，再度表达了对曾国藩去世得以解脱的羡慕，称自己也想如同曾国藩那样想了便了，只是无法实现。

曾国藩逝世后，时为钦差大臣、陕甘总督的左宗棠送去赙银四百两，并送去了挽联："知人之明，谋国之忠，自愧不如元辅；同心若金，攻错若石，相期无负平生。"而且，挽联异乎寻常地署名为"晚生左宗棠"。

同乡密友郭嵩焘

郭嵩焘生于嘉庆二十三年三月初七（1818年4月11日），小左宗棠六岁，家在湘阴县城西，郭嵩焘自述为"吾家积世城居"，是左宗棠的老乡。郭嵩焘的祖父辈，已经有人有功名。郭嵩焘的父亲郭家彪（1794—1850），是远近有闻的好好先生，"精医，岁储药饵，供人求乞"，左家人患病，常常找郭大夫医治。左宗棠父亲左观澜是县学廪生，贫居教书20余年，是郭嵩焘在湘阴仰高书院读书时敬仰的乡贤。郭嵩焘的大弟郭崑焘（1823—1882）是道光二十四年（1844）举人，历任张亮基、骆秉章、毛鸿宾等的幕僚。二弟郭崙焘（1827—1880）主持过岳阳厘务，曾国藩、胡林翼、李鸿章曾经想有所倚重，郭崙焘均辞不赴，曾国藩曾说，"湘阴三郭，论学则一二三，论才则三二一"。左宗棠于1832年中举，郭嵩焘于1837年中举。1847年，左宗棠还在陶府设馆授徒，郭嵩焘中进士，1844年郭崑焘中举。通过父亲郭家彪启蒙之后，郭嵩焘接下来所受的教育即是科举训练，道光十五年（1835），郭嵩焘与弟弟郭崙焘一起补博士弟子员即成为秀才，郭氏三兄弟与左氏三兄弟齐名湘阴。因此，左宗棠与郭嵩焘"至交三十年"，作为发小，他们之间的是非恩怨，意味深长。

道光二十年正月，左宗棠入陶府课读陶桄，九月，郭嵩焘开始作为浙江学政罗文俊的幕僚。1845年，郭嵩焘参加了乙巳年会试，一同考试的有52岁的魏源，23岁的李鸿章，弟弟郭崑焘，结果郭氏兄弟与李鸿

第十五章　纵横捭阖

章皆落第。1846年，郭嵩焘携妻子、弟弟及曾国荃一起在吉安知府陈源兖处做幕友。一年后，郭嵩焘再次应丁未年考，终于中进士，名列二甲第三十九名，经过一次朝考后，成为翰林院庶吉士，同科进士有李鸿章、沈葆桢、沈桂芬，日后都成为朝中重臣，与郭嵩焘的仕途也发生了重要关联。

道光二十七年（1847），秋后，左宗棠结束了在安化陶府家馆的塾师生活，返回湘阴柳庄，致力于兵学研究。显然，投笔从戎成为一代名将，是左宗棠在科场失意后所选择的道路，也是他精心钻研军事学之后所怀抱的志向。

这时，湘阴在连年大旱以后，又大水成灾。左宗棠家乡闹饥荒，柳庄庄稼被淹，家人皆病。极为强烈的责任感让左宗棠既为一家的灾病担忧，又四处奔波，办理赈灾事务，劝富有人家捐赈。据统计，长沙、善化、湘阴、湘潭和宁乡各地，捐献的银钱，不下五十多万两。左宗棠自己掏钱买了一些谷粮，分别接济左家塅的族人，以及柳庄的邻居。柳庄靠近湖滨，饥民都取道门径口，前往高乡求食，络绎不绝地经过柳庄。左宗棠和夫人拿出所有的储藏，送给灾民，并为生病的逃难者做药丸治病，保全了许多人的性命。

道光二十八年（1848）新年过后不久，郭嵩焘从武昌回到湖南，与八年未见的老友刘蓉相聚，相顾潸然，"同寓止弥月"，然后回到湘阴，并去柳庄拜访了左宗棠。两人常常更阑煮茗，纵读天下，畅论古今人物。湖南连月大雨，长江流域泛滥成灾，金陵、汉口都成了泽国，湖南、湖北是重灾区。湖南巡抚骆秉章委派候补知府夏廷樾监督救灾，夏氏找郭嵩焘帮忙，郭嵩焘不得不放下在湘阴协助叔叔和左宗棠救灾的事，到长沙协助夏廷樾。长沙城内水深数尺，只有北门丰原、衙正两条街没有浸水，饥民沿街塞途。郭嵩焘在诗中道："三日不得粥一瓯，沟壑死骨横如丘。

郭嵩焘

典男鬻妻作朝哺,一家小弱尽不留。"郭嵩焘为此景象"顾步心怀悲"。左宗棠和郭嵩焘是以"字养生民"为怀抱的旧式士大夫,这一种"民胞物与"的情感,是异常真切的,所谓"视民如伤",惺惺相惜。何况此时疮痍满目,人民是真的伤痕累累。这与现代生活方式与文化制度下政府官员的救灾感受也许并不完全一样,因为有关"人"的"生命观念"不一样了,从情感到理智,从伦理到法理,从臣民到公民,人与人之间,个人与国家之间,官员与人民之间的关联,同样发生了变迁。

由于灾民塞途,长沙救灾当局连准确散发赈牌都难。最初在五里墩、二里驿两处路旁搭盖棚厂,很快又赶搭了十余棚,但仍然容不下一千人。郭嵩焘日夜到棚厂探视,饥民围着他跪地哀号。他发现,白天灾民多于晚上,一时不知如何做。后来有人告知,灾民晚上住在北门外被水淹没的菜园内的小舟上,相连数里。知情后,查点船数、人数,发放赈牌、

第十五章　纵横捭阖

赈灾物资，救灾才算开始有效率和准确性了。城内也慢慢不见饿毙的尸体。大水延续了两月。等到水退了，灾民才可能回家种田，再到土里去刨食。这场水灾，把湘阴的两位才子左宗棠和郭嵩焘的赤子之心紧密地连接在一起。

道光三十年（1850）七月十六日，郭嵩焘的母亲病故，半年后，他的父亲也不幸逝世，只得告假丁忧。这年十月，落第的秀才洪秀全在广西金田大举起事。两个月后，建号"太平天国"。此前，湖南已爆发过李沅发之乱。李是一个做工的，最初参加湘桂边界的天地会，后自立"把子会"，以劫富济贫为号召，劫狱、开仓赈饥，一度击溃了湖南新宁的官兵，好不容易才被剿除。

咸丰二年（1852），太平军从广西进入湖南，地方会党群起响应。阳历9月11日围攻长沙。居丧守制在家的郭嵩焘兄弟和左宗棠一起，率眷到湘阴东面玉池山梓木洞（今属汨罗）亲戚家躲避。此地山水清真，风俗醇厚，是避兵的佳处。郭嵩焘和左宗棠还有终老此山此水、"为山居结邻"之约。

一个多月后，湖南巡抚张亮基在贵州知府胡林翼推荐下派人迎聘左宗棠，左宗棠彷徨，守城的江忠源从长沙来信劝驾，郭嵩焘在旁边力促，左宗棠乃慨然奔赴围城长沙，张亮基立即以兵事相托付。

长沙城得以保卫，左宗棠有功，这也是他的发迹之始。几个月后，张亮基又把郭崑焘延入幕府，主"文檄、函牍、调发兵食"。

郭嵩焘不仅劝左宗棠出山，让自己的弟弟入幕，还曾游说曾国藩办团练抵拒太平军。经历了天灾家变的郭嵩焘，像左宗棠一样，原本不再像屡试求进士时那样"以仕宦为意"，功名之心淡泊了许多。然而，对于"经营国计，保卫地方"的使命却并不回避，而且不无投笔从戎的兴奋和慷慨，郭嵩焘加入了江忠源的军旅，又帮助曾国藩治理水师。左宗棠和郭嵩焘为首的一帮士子文人，志同道合，能够崛起寒乡，领袖东南，中兴一个萎靡涣散的时代，与对于儒家风范与精神的真诚服膺，与内在心灵自我涵养的契合，有着直接的和必然的关联。

1858年2月，郭嵩焘到京就任翰林院编修，体验京师士大夫诗酒征逐的生活，很快获得咸丰的信任，进入南书房，成为皇帝近臣。

1859年1月5日清早，郭嵩焘从东华门入城，到达乾清门左九间房，等候咸丰皇帝叫起。

"汝可识左宗棠？"

"自小相识。"

"自然有书信来往？"

"有信来往。"

"汝寄左宗棠书，可以吾意谕知，当出为我办事。左宗棠所以不肯出，系何原故？想系功名心淡？"

"左宗棠自度赋性刚直，不能与世合，所以不肯出。抚臣骆秉章办事认真，与左宗棠性情契合，彼此亦不能相离。"

"左宗棠才干何如？"

"左宗棠才尽大，无不了之事，人品尤端正，所以人皆服他。"

"年若干岁？"

"四十七岁。"

"再过两年五十岁，精力衰矣。趁此时尚强健，可以一出办事，也莫自己糟蹋。汝须劝一劝他。"

"臣也曾劝过他。他只觉自己性太刚，难与时合。在湖南亦是办军务。现在广西、贵州两省防剿，筹兵筹饷，多系左宗棠之力。"

"闻渠尚想会试？"

"有此语。"

第十五章 纵横捭阖

"左宗棠何必以科名为重。文章报国与建功立业，所得孰多？渠有如许才，也须得一出办事才好。"

"左宗棠为人是豪杰，每谈及天下事，感激奋发。皇上天恩，如果用他，他也断无不出之理。"

咸丰六年，郭嵩焘在致王鑫信中谓："季老大力包举无遗，有贞固之气，所以能济大事。间有抬杠，亦其小节而已，处今之时，此乐又岂易得哉？"咸丰七年，他致曾国藩信中说"季高诚粗浅，然窥其勤勤之意，未尝不倚注老兄"。在咸丰皇帝面前，郭嵩焘对左宗棠的赞美之辞，他把自己与咸丰皇帝的对话，抄录给左宗棠，说：

"圣言尚多，略记大概如此，字句之间，未必能十分吻合，然非圣人所语及者，未敢稍附会一语。"

在作为南书房行走时，郭嵩焘还直接参与过拯救左宗棠的活动。

左宗棠有才略，有手段，也有胆量，性情阔大自负，自诩诸葛亮，在湖南巡抚骆秉章幕府时，权重一时，湖南甚至有"文武官绅非得左欢心者不能得意，而得左欢心者无不得意"的说法。官场乃利薮，从来险恶，何况，左宗棠"负性刚直，嫉恶如仇"，自出机杼，自以为是，弄权使事中，难免与人结下梁子。

署理提督、永州总兵樊燮"声名恶劣"，可能出于左宗棠的"赞画"，巡抚骆秉章以"贪纵不法"为名，将樊劾罢。樊氏不服，遝控于湖广总督官文及都察院，并首先指控左宗棠"欺罔贪狠"，把持湖南政局。

一个"贪纵不法"，一个"欺罔贪狠"，都是狠角色。朝廷命官文等查办此案，并指示，倘确有不法情事，即将左宗棠就地正法。

左宗棠曾经看不起作为湖广总督的满族大员官文，于两湖军政事务的交接方面，因此多所冒犯。樊燮案正好给了官文惩治左宗棠以口实。

左宗棠不得不主动退出骆秉章幕府，于咸丰十年正月启程赴京，准备参加这一年的"恩科"会试。但半途中得知,官文正在寻思"构陷之策",不利于他的流言蜚语"已满都中"。"帝乡既不可到,而悠悠我里仍畏寻踪",左宗棠深知自己处境危险,"侧身天地,四顾苍茫"。但是,按他自己的说法,他决不肯"死于小人"而甘愿死于疆场。于是,左宗棠前往曾国藩大营。此时,郭嵩焘等人在为援救左宗棠出谋划策。据说,骆秉章、胡林翼等人请托当时在肃顺家做"家教"的王闿运要他找肃顺帮忙。肃顺表示,必俟内外大臣有人保奏,皇帝因此问起,方有机会说话。王闿运将此一情节显然告诉了熟悉并且高看左宗棠能力的郭嵩焘。郭嵩焘与潘祖荫同值南书房,郭嵩焘对潘祖荫说:"左君去,湖南无与支持,必至倾覆,东南大局不复可问。"潘祖荫以此上书,谓"国家不可一日无湖南,即湖南不可一日无宗棠也"。同时,曾国藩、胡林翼也先后上奏说,左宗棠"刚明耐苦,晓畅兵机"。如此这般,终于得到皇上旨意:左某是否仍应回湖南巡抚衙门办理事件,抑应饬令带兵,着曾某(国藩)查明复奏。曾国藩于是奏请同意,令左宗棠募勇,以至日后"专任浙事,不复就讯湖北"。

左宗棠在咸丰十年获得曾国藩保荐,得以襄办皖南军务,并自组楚军五千人,转战江西,由此施展所长,建功立业。次年三月、击败太平军侍王李世贤于乐平。十一月,李秀成克杭州,浙江巡抚王有龄自杀。左宗棠接任浙江巡抚,转败为胜,渐次恢复浙江。然后擢升闽浙总,赐衔封爵,威望日隆。

第十六章　禅悟慧境

凌云塔联对

陶澍是有清第一人才，道光皇帝最为信任的股肱大臣。他生前致力于发现人才，提携后进，门人弟子填其室。陶澍去世后，道光对陶澍给予了极大哀荣，生前好友、门人第子亲致吊唁，真是灶里不断火，路上不断人。

左宗棠根据胡林翼提议，把安排陶澍善后事宜作为第一要务精心打理。从布置灵堂、安排吊唁、择地下葬以及修建陵墓，事无巨细，打理得尽善尽美，安排得妥妥当当。

这天，陶澍的灵堂来了湘乡的曾国藩和衡阳的彭玉麟。三年前，曾国藩专程转道金陵，向乡人陶澍请教求仕与学问之道。因门客李子木自作主张挡驾，使得曾国藩失去了亲聆陶澍教诲的机会。但曾国藩一生以陶澍为师，对《陶文毅公全集》手不释卷。彭玉麟早就仰慕陶澍人品学问，正在安化游学。曾左彭胡四人惺惺相惜，在陶澍灵前义结金兰，胡林翼和左宗棠礼送曾国藩和彭玉麟。于是，为陶澍心动的四人，顺资江而下，到了东洞庭湖，留下了凌云塔联对的传说。

凌云塔

第十六章　禅悟慧境

大清未来的四大中兴名臣，在船上喝酒品茗，顺风顺水，来到了沅江的凌云塔下。

凌云塔，耸立在离现在沅江市区五公里的万子湖千秋浃水上，水退洲上立，水涨湖中浮。远看，艳阳映照的湖面，波光闪闪，凌云塔像一朵出水芙蓉，亭亭玉立于碧水之上，在笑迎游客。近看，塔身突起，直插蓝天，塔影倒映在碧波荡漾的湖水之中，让人赏心悦目。

凌云塔奠基于1793年冬，竣工于1797年春，已经历时数十载风吹雨打。此塔每年春秋都遭洪水浸泡数月，但迄今塔身坚固。整个宝塔用花岗岩石砌成，共用石料16.7万块，耗用白银4710两。宝塔正门原有石牛一对，第一层门楣上书刻有"凌云塔"三个大字。第二层北门则刻有"挺出一支挥翰墨，联登七级会风云"的对联。从二层到七层，每层有窗户两扇和东南西北四门，窗格图案多样，窗花格调清新，每层有左右旋梯相通，供游人登高远眺。

时当中午，万里蓝天，云彩丝儿都不见；一湖碧水，平静得犹如镜面。曾国藩却心若大海波涛，起伏不定。想到自己行将而立之年，还只是一个翰林院检讨，恩师陶澍在26岁就是翰林院编修了，要想青出于蓝而胜于蓝，还要有许多的奋斗和机遇。眺望浩渺的洞庭湖不由得信口吟出："洞庭秋水砚池波"，左宗棠一听，想到岳阳楼，想到君山在洞庭湖水中若浮若沉，就像人生的际遇，马上冲口而出"且把君山当墨磨"。胡林翼是人精，少年得志，已为会试同考官，江南乡试副考官，但他想到彭玉麟远到为客，便让他先说。彭玉麟说："我才疏学浅，在兄长们面前实在是无缘置喙。但恭敬不如从命，我续'宝塔倒悬权作笔'，请兄长们指教。"胡林翼岂不知大清已经人才凋敝，病入膏肓，不由长叹一声，接口道："苍天能写几行多"。四人相视一笑，皆知此乃绝唱，必将流传千古。但一想到国家现在是多事之秋，内忧外患，很可能空有满腹经纶，一身正气却无用武之地，不觉心头沉甸甸的。

题名思贤桥

　　1843年秋，左宗棠在安化小淹陶公馆已有四个年头。自己设计建造的柳庄也正式竣工，有了一个理想的居住地，心情自然是十分爽快。这几年，左宗棠为处理陶家家事，真是殚精竭虑，加上要修建柳庄，每次在湘阴和安化之间都是行色匆匆，沿途风景也来不及细细观赏。现在，陶家家事已经进入正常轨道，陶桄也即将长大成人，加上自己在陶府阅读了海量文书，正是踌躇满志。想到古人行万里路、读万卷书的心得，决定静心下来对从安化回湘阴的沿途风景好好游历一番。农历八月初十，左宗棠从小淹学馆出发。行到江南镇，左宗棠想起了自己题名的思贤桥。

　　那是1840年底，左宗棠到江南镇采购物品，看到在资江的一条支流上有一座新建的风雨桥。他顿时来了兴致，走到人群中询问情况。一个工头模样的人告诉他："陶大人生前关心家乡的乡亲出行不便，捐资修建这座风雨桥，现在，陶大人已经逝世，桥也即将建成。我们在讨论给桥起个什么名字，来纪念陶大人，不忘他的功德。一看您是一个博学之士，只是不敢相认。"左宗棠介绍自己是陶家教习的先生。工头一听高兴极了。"您是国士，我们久仰您的大名，正商量上门求字，真是天意凑巧，您从天而降，就请您赐墨宝吧。"左宗棠想起在渌江书院一见陶澍，陶澍在南京的临终托孤，这几年在陶府课子、理家、阅读，不由心潮起伏。陶澍是百年难遇的圣人，人品学问、事业功名都是学习的榜样。《论语》子曰"见贤思齐焉，见不贤而内自省也"。左宗棠脱口而出说，就叫"思贤桥"吧。全场响起一串掌声。

第十六章　禅悟慧境

思贤桥

思贤桥位于安化县江南镇思贤村，始建于清朝乾隆三十五年（1770），道光十八年（1838）山洪暴发，大桥墩毁梁断，由陶澍牵头募资复建。桥身木构架为重，檐歇山式，小青瓦屋面，桥廊为悬臂挑梁木构架，两台两墩，棱形分水，五层鹊木，桥全长57.5米，高9米，宽4.1米，中间为走道，两侧为歇亭；歇亭共21空，每空2.7米。南北端桥亭顶上加建楼阁式顶，北端桥头有青石阶梯楼，阁式顶下有青花瓷片拼成的"思贤桥"桥名匾额，南端桥头有守桥亭。

听马迹塘传说

秋高气爽，客船在资江的清流中穿行。一日，左宗棠来到了马迹塘。旅店老板很喜欢讲古，向左宗棠介绍了马迹塘的由来。

马迹塘古镇地处资江中游，东通洞庭，西连湘黔，北达巴蜀，南扼衡岳，自古为湘中去湘西北的交通枢纽。马迹塘地名的由来，源渊于"关公跃马沂溪"的传说。相传，三国赤壁大战破曹后，吴国孙权多次向蜀国刘备讨还荆州，刘备拖延不还，并派大将关羽领兵在洞庭湖益阳一带巡逻，阻止吴军西进。一日，关羽带几名轻骑深入吴地，不料被吴军发现。吴军将领率精兵拼命追赶，想活捉关羽以换回荆州。关羽进退两难。在这千钧一发之际，随关羽出生入死、南征北战的坐骑赤兔马一声长啸，腾空而起，一足点过沂溪河中微露水面的一块礁石，驮着关羽跃过了沂溪。关羽化险为夷，惊魂甫定，回望河中礁石留下马蹄痕迹，问当地乡民，这是什么地方？乡民摇头说，这小小地方哪有什么名字。关羽深思片刻后对乡民说，以后这里就称"马迹塘"吧。于是，这个地方因关羽赐名而兴起。如今，在沂溪河中的那块礁石上，硕大的马迹印仍清晰可见。

左宗棠听罢凝思对店老板说："神骏腾空，点击江中巨石留印迹"。是呀，关羽的赤兔马蹄在江心巨石上踩出脚印，何尝不是又一个"印心石"的传说？于是，喝了一壶苞谷酒，几碟油豆腐、腊肉、刁子鱼、合菜下肚，旅途疲劳一扫而光。

马迹塘故事

第十六章　禅悟慧境

参观龙牙寺

一日黄昏，左宗棠乘舟来到三堂街，在寺院住持的热情挽留下，便借宿龙牙寺。龙牙寺位于现桃江县三堂街镇花桥坪村资江左岸龙牙山。唐贞观十三年（640）由唐太宗李世民下旨修建，元至正（1341—1367）年间重修。寺有九重，即山门、大佛殿、罗汉堂、梵堂、观音殿、斋堂、钟鼓二楼等。主持长老双手合十，微闭双目，向左宗棠娓娓道来龙牙寺的前世今生。唐贞观十二年，李世民母亲患有一种古怪背花病，遍请天下名医就诊不愈。太医言需龙牙熬药方愈。有人上奏，桃花江一地有龙牙，李世民立即下旨求药。钦差八百里加急，赶到桃花江三堂街（今桃江县资江中游南岸湖莲坪）一寺院，求得寺中长老道元和尚所献龙牙。传说太后服龙牙之药后，药到病除。李世民龙颜大悦，传旨新建寺院，御笔亲书"龙牙寺"，封道元和尚为"功德佛"。龙牙寺附近还有乌旗山和黄旗山，这是因李世民派大将尉迟恭和秦叔宝监修龙牙寺，分别插乌旗和黄旗于山顶而得名。龙牙寺恢宏大气，寺内雕梁画栋，金碧辉煌。

龙牙寺

大佛殿更是鸟兽绘图，别具匠心。正中一丈八尺高的四方神台上端坐着三丈高的金身"功德佛"，两旁排列着金刚罗汉，墙壁上还绘有从释善全长老救孽龙至唐太宗派人来此等三十六幅画。寺门两旁书有曾任巡抚、兵部尚书等职的益阳名人郭都贤对联：

万山烟雨锁龙宫，被樵子流连，识破一盘棋局；

千古水云迷洞口，问渔郎消息，放开几片桃花。

长老接着向左宗棠解释，上联云仙山境界，下联写世外桃源。龙宫即龙牙寺。在风雨迷漫中，有仙人对弈下棋，已成残局，被砍柴小子识破了，似把人带进了仙山境界，形象生动，想象奇特。"识破一盘棋局"，这"识"字将神秘点化，更增仙意。有人写为"看破"，就淡而无味了。一字之差，相去甚远。

下联"千古水云迷洞口"，是用的陶渊明《桃花源记》的典故："晋太原中，武陵人捕鱼为业，沿溪行，忘路之远近，忽逢桃花林⋯林有小口""千古水云迷洞口"，就是这个"口"；"问渔郎消息"，是"捕鱼为业"的鱼郎；"放开几片桃花"，则更是将典用活了。上下联都把人带进一种虚无缥缈的境界，将龙牙寺仙化，而又充满诗意和文采，不愧为名联！

左宗棠听了住持的介绍，礼佛赏画后，酣然入睡。

访璩女花桥

左宗棠一日路过大栗港首溪，慕名到兴坪大龙湾，在璩氏花桥上憩息。这桥为单孔石桥。桥身用长条花岗石砌拱，花岗块砌面，桥宽3米，长14米。护栏青石板上，镌两条腾云探爪的雕龙，拥簇"花桥"两个雄浑的楷体字。这时，一位老农主动向左宗棠介绍起当地的民俗风情。

第十六章 禅悟慧境

此桥为元末明初一位叫璩贞女的民间绣女所建。相传600多年前，这里有个璩姓姑娘天生丽质，非常漂亮。因为她貌美如花，大家都叫她花儿。花儿与邻村的周郎从小就两情相悦，本来可以终成眷属，不料在两人准备婚事前，周郎突发意外去世。闻此噩耗的花儿，伤心欲绝之下，决定终生不再嫁。从此，心灵手巧的花儿以绣花谋生，她绣针下的鲜花，花影好像在摇曳，鸟儿似乎能飞翔，四邻八乡的人，争相购买。绣花之余，花儿常去周郎的坟前草坪诉说衷肠，有时还情不自禁地给她的情郎跳舞唱歌……花儿在草坪旁边的山窝里，搭建了一个小屋，有时累了困了，就在此歇息。有一年突发洪水，将村里的一座小桥冲毁，不仅村坊人家来去不便，而且还阻断了去龙阳（汉寿）、武陵（常德）的交通。心有大爱的花儿看在眼里，急在心中，她决定为百姓重新修桥。花儿拿出所有积蓄，但还差数十两银子。为此，她日夜赶工绣花，赚钱修桥。消息传出，不少外地富贵人家，为一睹这位心有大爱的绣娘之花容美貌，便以买花为名进行资助。很快，修桥所需的银两就凑齐了。石桥修好后，为了纪念花儿，这座桥就命名为璩氏花桥。而那块花儿常去的草坪，便命名为兴坪，寓意石桥带来兴旺的草坪；花儿常去歇息的那个小山窝，因为依山傍水，便之称为美人窝。

左宗棠又来到了资江边的临江寺，一位皈依佛门已久的尼姑给他讲起了西王母的故事。相传三千年前，绝色美人西王母诞生在大栗港兴坪的益水边，周穆王不远万里慕名前来与西王母相聚，演绎出了一场动人心魄的千古绝恋，这里仍残留着周穆王与西王母绝恋的传说：大小龙湾今犹在，美人河里女色香；龙湾山顶瑶池隐，八斗村头练兵场；藠子村里藠头香，不见当年周穆王。因这一带的水土所含矿物质非常丰富，并有大量有益于人体的微量元素，加上地下水充沛，使得这里的女性肤色白净，不少姑娘白里透红，面若桃花。这里有宋太宗太平兴国三年，时属马迹塘的兴坪村首溪寨，是梅山首领扶汉阳抵御宋军镇压所构筑的五寨之一，扶王美丽的压寨夫人就是兴坪村人。三国名将关云长在兴坪渣子滩屯兵，一位熊氏美女用蕌子村的蕌头熬汤为官兵消毒治病，大败吴军；宋太宗大败扶汉阳后，微服私访筑金坝兴坪村，被这里储量丰富的金沙矿及美女所触动，挥笔题下"桃花江美女甲天下"的诗句。左宗棠被兴平村的美景和美人的故事陶醉，捐了点香火后，挥毫泼墨致谢：纥烈全金功亦巨，李悝策魏术非疏。公孤自有匡时略，灾异仍来告衮书。不惜输金筹拜爵，初闻宣橄问仓储。庙堂衮衮醇英在，休道功名重补苴。

赏居士巷夜景

左宗棠于中午时分来到了张家码头。先到居士巷子去拜访汤鹏，不巧汤鹏回了益阳沙头。左宗棠便雇轿去了杨林坳陶宫保第。看望了贺夫

居士巷

第十六章　禅悟慧境

人，安排了农务，回到旅店，又是黄昏时候。左宗棠一边回想上次与汤鹏的联床夜话，一边欣赏居士巷夜景。

如果说桃花港的老街是商铺区，那居士巷子就是商号老板及名流贤达的居住区了。南北走向的居士巷子与东西走向的老街构成"丁"字形，巷子中间有一条五六尺宽的小溪，水质清澈明丽，像细细的血管，通过老街底下的涵管流进资江。溪岸伸出许多麻石砌成的小码头，方便人们挑水洗菜，早晚笑声不断。沿溪人家栽桃插柳，每年二三月，几度暖风吹过，芽爆叶发，柳丝纷披，一如少女蹲在溪边梳头洗发。桃树枝青叶秀，繁花盛开，点缀在柳丝之间，仿佛给青葱少女插上了一头绚丽的步摇发饰。偶尔一缕和风从巷口轻轻吹来，花枝如触电一般颤动，抖落几瓣娇红，被多情的清流碧水拥入怀中。左宗棠穿过一段店铺林立的麻石老街，来到张家码头，站立在石级上观赏江景。但见远处的浮邱山上夕阳如火，烧红了半边天，余晖斜照，江面上流光溢彩，下游处的一条乌篷渡船已进入江心，船夫站在船尾身子一起一伏地荡着双桨，驾着渡船缓缓地驶向对岸。江湾里停泊着无数木船竹簰，樯桅如林，船工簰客星散在宽阔

浮邱寺

的沙滩上，席地而坐，抽烟聊天。

浮邱寺礼佛

左宗棠来到陶宫保第已是三天了，田佃事务均已安排妥当，决定要去拜谒心仪已久的浮邱寺。浮邱山（一作"浮丘山"），又名浮梁山，俗称无量山。唐魏徵《隋书·地理志》载："益阳……有浮梁山。"左宗棠从《明一统志》了解到："峰峦倚伏，亚于南岳。山顶有石亭，相传刘宋时浮丘子炼丹处。"孤山地貌，南北走向，48面峰相叠，最高点海拔752.4米。因常年云遮雾绕，近看似丘，远望若浮，旧有"小南岳""楚南名山"之誉。唐永泰元年（765）自望浮驿（今桃花江镇）经浮邱新开驿道，通往湘乡等地。山间古木参天，浓荫匝地，有植物数百种，野生动物有穿山甲、鹗、尖吻蝮、豹猫等几十种，主要为南竹林、人工杉木林和马尾松林。春观山色，夏望云海，秋看日出，冬赏雪景，四时皆胜。山顶堆石坪浮邱寺原名浮邱观，始于南宋时期，系邑人潘逸远（一作潘逸，号浮邱子）修炼得道处。道光十八年（1838），陶澍如夫人贺氏捐资重修寿佛殿。坐北朝南偏东，四进，由玉皇殿、寿佛殿、祖师殿、大雄宝殿和寮房、斋堂、客房等组成，前高后低，砖木结构，周以围墙。大门石匾楷书"浮邱寺"三字。石门镌联："翠耸层峦仙风宛在，丹流飞阁佛日增辉。"左宗棠来到祖师殿品读门联："中国有圣人是祖是师咄咄西来东土；名山藏帝子亦仙亦佛玄玄北镇南天"，一眼认出是明末郭都贤所撰。大殿佛台下嵌青石板，上镌道光御赐陶澍"印心石屋"四个大字。寺外有古桂、古松、古樱桃和22棵古银杏，其中一株古银杏树龄逾千年。寺后山顶飞来石屋右置"丹台"碑，左立"风洞"碑。附近有齿石、井泉、仙翁洞、龙洞（火云洞）、中天门、磊石仓、滴水岩瀑布、美女峰、响

第十六章 禅悟慧境

鼓石、香炉峰等景点。每年农历三月三、九月九传统庙会，寺内香火鼎盛，热闹非凡。左宗棠在方丈的陪同下，品茗、烧香、礼佛，日已过午才回到桃花港客栈。

会龙山晤裴丞相

左宗棠乘船从桃花港顺江而下向益阳航行。船到大码头，左宗棠就踏着落日余晖向会龙山而去。会龙山是益阳城区最高的山，也是最有名的山。"会龙栖霞"风景，虽然早已知道由来，但没有实地印证过。左宗棠对"会龙"，即两条龙在此相会。公元373年，东晋高僧、汉传佛教净土宗初祖惠远禅师南下布道，驻足益阳，在碧云峰建清修寺，同期印度高僧不如密多在会龙山建宝泉寺，而后更有白鹿、龙牙、广法、浮邱诸寺，佛自西来，于斯为盛，益阳成了"汉传佛教胜地"。传说明代建文帝为了逃避叔叔朱棣的追捕，在此削发出家，复命名栖霞寺。山门有联："晋朝古刹，沧海桑田存胜境；明代浮云，青山绿水隐名僧"。就是指两个"真龙天子"千年后在此山的"神会"。左宗棠以益阳城内

白鹿寺

学门口为中心。站在这个地点看会龙山,正是益阳的西边,也是日落西山的地方。这里用了个"栖"字,栖者,禽鸟歇宿也,自古太阳曰"金乌",经过一天的飞翔,傍晚躲到会龙山来栖息了。"霞"就是晚霞。益阳城区的落日被树荫遮挡,慢慢在树林中沉睡,用"会龙栖霞"命名,是再准确不过的了。

裴公亭

左宗棠实地验证了"会龙栖霞"的美景,深刻感受到古人遣词造句之精当。他移步向白鹿寺走去,只听到"白鹿晚钟"的宏大回声在天地之间激荡。他来到裴公亭,面对参天古木,不由心潮激荡。裴公亭绿瓦红柱,在树林之间,眼中仿佛出现了裴公诵经与白鹿含草的画面,与四周的云树连为一体。

左宗棠十分崇拜唐朝一代名相裴休。裴休(791—864),字公美,官至吏部尚书,封河东县子,赠太尉。大中十四年(859)八月,裴休外放充任荆南节度使,驻足益阳会龙山。裴休每晚在山上读经,引来仙鹿聆听。一天晚上,白鹿听经的秘密被山民撞破,仙机泄露,白鹿再也不

第十六章 禅悟慧境

来听经。山民便把白鹿驻足听经的风水宝地命名为白鹿山,并在山下建了一座庙,名曰白鹿寺。

金乌西坠,夜色森森。左宗棠回到船上,已是夜深人静,于是倒头便睡。刚一落枕,只见裴休向他款款走来。"季高,季高,天行健,君子当自强不息"。梦晤裴丞相,左宗棠再也睡不着,想着自己已建好柳庄,"长为农人以没世"的心愿可以实现了,但国家正逢多事之秋,自己能够置身事外,独善其身吗?又想起范仲淹"居庙堂之高则忧其民,处江湖之远则忧其君",不觉热血沸腾,但一想到三次科考名落孙山,不觉又心灰意冷。"不才明主弃",报国进无门。既然裴休唤醒我,定有深意,我不能自暴自弃,要利用这段时间好好充实自己,做到"利剑一出鞘,光焰满人间"。

八月十四,左宗棠从大码头出发,继续顺流而下,欢快的资江水送他从临资口进入湘江。江水波平如镜,芦花清香怡人,在皎洁的月色陪伴下,左宗棠溯江回到了湘阴柳庄,陪伴家人度过了一个温馨的中秋节。

造访胡宫保第

左宗棠回柳庄过了中秋节,柳庄的庄稼长势喜人,心情十分高兴。八月十八日天还未亮,打点行囊,告别妻儿,要赶回安化学馆。这次,他计划要沿着益安官道,去梅城参拜文武庙。早些时日,左宗棠已听说胡林翼为胡家建造的住宅胡宫保第已竣工,他这次要顺道去造访。他找渡子渡过湘江,从八字哨到泉交河晏家湾只有半天路程,他老远看到,地面上新矗立起一座规模宏大、设计精巧、建造坚固的一色火砖青瓦楼宇。管家为了介绍好宫保第的建筑格局,特别请来了承建包工头余师傅参与接待。

胡宫保第

胡宫保第布局图

首先，余师傅拿着一叠厚厚的图纸，引导左宗棠参观了整体布局。宫保第四周除东北面以山坑为围墙外，其余几面均用三砂和窑砖砌成围墙。围墙高6米，宽0.8米，全长750米（其中山坑长250米），墙内面积有70余亩。围墙上端全部用青瓦盖顶，离顶0.7米处横向每距3米就开有170个凤眼（实为炮眼，因怕触犯皇禁，故称凤眼）。围墙外开

第十六章 禅悟慧境

有一条宽数米的水沟。围墙与正房之间有甬道、水田、池塘，围墙内古木参天，浓荫蔽日，人们若站在同一地平面观看，只能看到一把绿色"巨伞"下隐隐约约的一些小房，只有居高俯视，参天古树掩映下的宫保第，才能呈现如仙山琼阁般的气势、威严和壮美。

围墙的西南建有一个八字形槽门。槽门为两扇，每扇宽2.7米，高4米，系木制板门。正门顶端的横墙上，书有"宫保第"三个大字。槽门口有一对巨型石狮子，紧靠槽门建有三间槽门屋，中间的一间供停轿歇马用，两边各一间供守门人用。另外，围墙靠东的正南方向，还建有小槽门一张，单供官府轿马停歇出入之用，造型与正槽门无异，只是窄矮一点而已，进槽门后便可看清官保第的主要房屋部分了。主房分为正屋和左右两边的横屋。

正屋坐东朝西，有两进，均为六缝五间，还有一个后院。正屋的四周均用特制窑砖（长宽各1,2尺，厚3寸）砌成峰垛与高墙，十分坚固。大门口的天井里也砌了6米高的一字墙。墙上书有"天贶移奎"四个面积各有一平方米的泼金大字。贶，赐也；奎，即奎星之简称，谓二十八宿之一。胡林翼生于六月初六（天贶日），自认为是天上奎星移凡，故书"天贶移奎"。一字墙后面便是大门。大门高8.8尺，宽5.8尺，门框用花岗石砌成。依框各有一只直轻为1米的石鼓跫。木制板门上钉有铁环、铁码、铁扣，两扇合拢，高宽略大于门框，门厚5寸，两扇门共重400公斤，开关时需要两个大力士才能推动。一字墙两端建有耳房，耳房各建有一张拱形耳门。拱门也是石框木门，只是略比大门窄点。非大事，大门一般不开，平时出入，均走两旁的耳门。

进大门，有一道横走廊，正中有一过亭，长宽各4米。过亭两边各有一个天井，每个天井占地1分。从过亭往前走便是前进。前进由南至北，横排六缝，建有五间一律朝西向的房间。正中一间为堂屋，两边各两间，堂屋宽 5 米，其余四间各宽 4.7 米，五间长度一样，均为 6.7 米。

左宗棠从堂屋后门出至后进，亦有一间过亭，后进亦为六缝五间，其向址、造型、房间大小均与前进一模一样，过亭两边亦有与前过亭两边一模一样的两个天井。再从后进堂屋后门出至后院，要经过一个横走廊。横走廊正中建有三级石阶，下石阶便到了后院。院内（实为一个大天井）建有三个花围。中间一个植楠竹，左边一个植海棠，右边一个植牡丹。花围两端各有一口透明的玻璃大水缸，可养各色金鱼。三个花围之后建有一座假山，假山上的虎鹿花草雕塑得栩栩如生。后院两间各有两间小房间。这里前有假山，后有真山，风景优雅，空气新鲜，幽静舒适，是胡氏子孙吟诗作赋和习字绘画之处。

整个正屋共计有大小房间 24 间、5 个天井。除四周是窑砖墙外，其余均属木缝木壁和木制板门、花门、花窗。

正屋南北的窑砖墙上各开有两张石框木门的拱形大门，以通向两边的横屋。两横屋各为两进的六缝五间，只是向址各异。南边的横屋坐南朝北，北边的横屋坐北朝南。与正屋的不同之点是：正屋有后院，横屋无后院。虽无后院，却在与正屋后院平行地各又增建一排与正屋向址（坐东朝西）相同的六缝五间的横屋，称之横屋。另外，在北横屋的西端建有"千石仓"一间，以贮存粮食，在南横屋的西端建有厕所一间。累计起来，两横屋各有二十间房子。南边横屋为管家、兵丁、男女雇工的住所，设置厨房、马厩、猪圈、鸡笼及贮藏零星杂物之地。北边横屋是胡氏家眷及其亲属的住所。

南边官厅屋，作为接待一般绅士和本地官吏之用。北边官厅屋，用来接待高级官员和胡氏的亲戚朋友。正屋的前后堂屋，常设香案，供跪接圣旨和迎按钦差大臣之用。大门口两旁的耳房，供迎接客人鸣炮奏乐之用，平时则供防卫和看门人员的住宿。两边横屋也都用窑砖砌墙，其余缝、壁、门、窗也都是木制。

左宗棠目测了整个房屋都是一色青瓦盖的平房，共计64间，占地12亩（包括22个天井和1个后院），除正屋与横屋的官厅是木制地板外，其余房屋地面都是砖砌地面，所有阶基均用花岗石砌边。

作客丁氏宗祠

左宗棠从柳庄出发已是步行了一天路程，感到十分疲惫，只得在邓石桥客栈住宿一晚。到第二天中午，过了南坝、荷叶塘、石碑口，便是源嘉桥丁氏宗祠，他对陶澍的塾师丁对山心仪已久，于是一脚跨进了宗祠大门。一位鹤发童颜的长者，知道这位青年才俊是两江总督陶澍家的塾师时，恭敬地递烟倒茶，执意留他用午餐，然后滔滔不绝地介绍丁氏源渊。这大复公祠，为丁氏全族之总祠，列祖列宗发祥之地也，这里四山环拱，二水交萦，良田四周，康衢五达。祠外四松挺秀，堂后双桂敷荣。念堂构之联辉，敢忘前烈。仰规模之式廓，大启人文。祖有德而宗有功，典型未坠；秋曰尝而春曰祀，俎豆常新。懿铄哉！灵爽式凭，为百世不迁之宗。所在地为益阳第五区大桥乡十二里第十保源嘉桥。

老人接着对左宗棠说，我源嘉桥虽处偏隅，但与安化小淹同饮一江水。在远古的洪荒年代，资江的主流不断自东北向东南改道，当资水主流向东南挺进的过程中，遇到了桃花江盆地周边山地的阻挡。青山挡不住，毕竟东流去。不知经过多少年，终于有一天，水漫修山，浩浩荡荡闯进了桃花江盆地。这时盆地成为一个大水盆。浮邱山好像漂浮在其中。洪水在盆地旋转冲撞，寻找出路，终于从盆地底端牛田一带附近溢出，

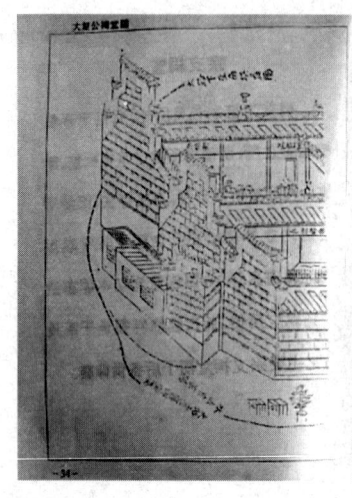 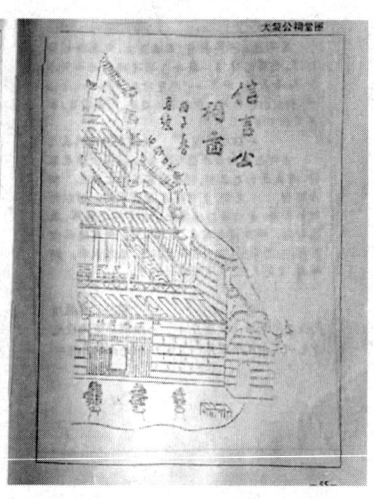

丁氏宗祠图

流向灰山港、泥江口、宁乡等地,从宁乡沩山北部的新塘湾开始,形成了一条洪道即志溪河,流经软桥、泥江口、新市渡、谢林港、会龙山,在益阳的李家洲汇合成资江。自志溪河源头十公里处,河水冲击出了源嘉桥盆地,距今5000年左右,聚居村落已趋密集。秦置益阳县后,软桥、大桥塘一带即为镇治之地,大桥镇是益阳七镇之一,后又更名为志源乡。清初,乡绅刘源洪率族众捐金数十,在刘公宗祠门首建桥,方便两岸乡亲来往,后人以源洪公所建嘉美之桥而命名为源嘉桥,所隶属的行政区划可考始于明代的里甲制,明代益阳县辖23里,源嘉桥属十二里。大复公嗣下宸、冥、宥、宁四房各派,人丁兴旺,遍布国中各地,历代族人皆能秉承祖先遗训,忠仁勤朴,奋发图强,各行各业名家辈出。于族于国,贡献良多。今族中名儒对山公是茅粟坪人,便是两江总督陶澍的塾师,对山公的儿子磊峰是陶澍的同窗好友。老人不急不慢,向左宗棠递过去一把旱烟,饶有兴趣地讲起了丁对山与陶澍的故事。

相传,清乾隆四十七年(1782)仲夏,安化小淹山洪暴发,一片汪洋,陶家农田被毁。陶澍的父亲只得辞退里中学徒,携带5岁儿子再次远走他乡，来到益阳十二里（现桃江县河溪水乡茅栗坪村）丁磊峰家。丁家是书香门第，从丁磊峰的父辈到孙辈，4代出了28个秀才。对山公早年在益阳大码头附近开办"大德纸行"，年迈后将纸行交给五儿子磊峰掌管，自己回桃江牛田一带办学，偶尔到益阳小住。陶澍自18岁试中秀才，至25岁登进士第，在安化、桃江、长沙等地学习七年，放假期间经常看望对山、磊峰二先生。丁家办有学堂，陶澍父子就住在丁家，并拜对山公为陶澍的义父和启蒙老师，陶必铨也在丁家教书。1783年，陶必铨入长沙城南书院学习，将小陶澍托付给丁家随堂就读。后来，陶必铨"秋闱荐而不售，乃归。"小陶澍"随府君受书"，所到之处有益阳十里桥河、九里高桥老鸦山、八里花桥等。直至1785年，陶必铨又赴秋闱，已登船，适遇大风，无法开船，返入门，决计不去赴试，而携陶澍移馆于安化二都王氏。1791年，陶澍随父读于安化梅城，因"会益阳曾氏坚请教授"，陶必铨又一次带陶澍来到桃江。"益阳曾氏"即曾润攀（字筠斋），其住址一说六里修山舒塘，一说十里牛田曾家老屋。陶澍在此读书多年，到1795年9月试中秀才后离开，回安化同黄德芬结婚并入安化县学。但此时陶家仍十分贫寒："家常缺食，即得食，夫人必先进其夫弟子，晋后啜其余。"所以，不得不又于"嘉庆丁巳年（1797）……以诸生随父乡贤公馆于益阳"。这次是在桃江石井头南峰村刘静园家，直至22岁乡试中举后离开，前往长沙岳麓书院。陶澍24岁从桃江武潭乘船赴京，25岁会试中进士第，踏上仕途，结束了陶澍幼年、童年、少年乃至青年早期风雨飘零，且牧且读的艰难生活。在桃江牛田、茅栗坪、苦竹溪、河溪水、甘泉山、天井山等地，流传着陶澍多副对联。其中耳熟能详的是"榨响如雷，惊动满天星斗；油光似月，照亮万里河山（河山一作乾坤）。"这副对联是为茅栗坪丁氏油榨房撰写的。丁氏油榨房开业时，

陶澍题丁氏榨油房

丁家请陶父写对联，陶父有事外出，陶澍代为写之。当时茅栗坪一带于明朝已盛产茶油，家家户户的房前屋后种山茶油树，以致后来发展到益路坡、洞坑里漫山遍野的山茶树，因为这一带土质好，日照多，雨水足，山茶油籽的产量高，油质特别好，老百姓把山茶油视为珍稀佳品送礼，姑娘们用榨油后的油渣饼泡水洗衣洗头洗器皿，用茶油护肤润肤，护发

生发黑发。因此,这一带的榨油产业十分发达,榨油房一个挨一个,以致后来发展的湖南省时利和农业综合开发有限公司生产的桃花江绿韵山茶油享誉三湘四水。

陶澍为官后,丁磊峰曾往安徽、南京探望陶澍。陶问丁"家道如何",丁答曰"更也胜也"。丁卒后,陶澍赠磊峰祠联:"江山依旧,气象维新。"桃江苦竹溪唐家有副对联:"周鼎商彝,自多古意;澧兰沅芷,别有清香。"落款陶云汀。桥头河柳塘湾刘氏祠堂,陶澍题联:"世泽起彭城,虎奋龙骧腾上国;书声开寿阁,衣香藜火耀明廷。"此联非指刘氏家族莫属,因益阳刘氏之始祖居彭城,故曰彭城刘氏。陶澍应邀题桃江凤形山三仙寺联:"云气飘飘,恍见天边来鹤驾;泉声汩汩,早知山下有龙吟。"在桃江茅栗坪、牛田、桥头河、峡山口等地的族谱中,发现了陶澍写的9篇文章,其中4篇见于《刘氏族志》和《刘氏族谱》,1篇见于《丁氏族谱》,3篇见于《胡氏族谱》,1篇见于《南坝张氏四修谱序》。

《刘氏族志》第一篇为《刘村支谱序》,提到"友人冠南、挹芝两刘子以书来京师,索余序其谱。余幼时随先太史读书十里,谂其为益阳茂族。元至正二十三年间,其始祖汝海由江右迁益,卜居十里刘村水口山。"第二篇为《桥河刘氏谱序》,提到"益阳十里桥河刘氏……""余少学于十里,与刘氏诸君子游最久而勖斋……"第三篇为《河塘刘氏谱序》,提到"刘君活云廷表古风者,丁磊峰先生友也。"《刘氏族谱》提及的也是陶澍幼年时在十里牛田楠(烂)木塘读书的师生情谊。1801年,时年24岁的陶澍离家赴京赶考,从桃江武潭乘船,作有《晓发武潭》:"恍惚湘流六六湾,垂杨两岸绿如鬟。晨兴记得昨宵雨,自起推篷看远山。"1817年4月,陶澍为桃江金柳桥乡贤祠作诗:"萍叶当年少定居,柳塘虚榜爱吾庐。家无长物唯三管,室有多藏是五车。惊世文章走魑魅,平生意气格豚鱼。儒林独行(音同'幸')秋阳在,位置他时太史书。""忆得趋庭发半垂,依依晨夕影形随。幼而失恃慈兼母,长即当官父是师。终古山河恩未报,侧身天地我何知。驰驱勉矢承先志,敢忘书来玉署时。"还有一首游浮邱山的古风,长达26句178字,现录存于浮邱寺中。陶澍在河溪水随父读书期间,对山公对陶澍在学问和做人方面都给予过无微不至的关怀。记得那是四十年前的一天,嘉庆十三年(1808),陶澍离家赴京做官,路过桃花港时曾专门拜访对山公,尊为前辈,自称后生,并作《赠别丁对山先生序》。老人接着从观经阁翻出陶澍所作《赠别丁对山先生序》,大声朗读起来:"始余以壬戌之岁,乞假南旋,相逢歧市。先生一见,慨然曰:范希文先忧后乐二语,毋得忘之。余不觉肃然起敬,以为城市中无此人也。接洽之顷,言论遂深。每闻风发,起耳后之雄澜;似饮醇醪,醉壶中之春色。及交才子,益悉生平。始知先生少志于学,羹经俎史,有下帷之瘁,有泮掌之勤。既而投笔,究心于尉缭黄石之书,怒马试箭,意气轩轩,欲以此干城王国。迨夫西风戢戢,宝剑难售。于是以田文爱客之心,为郑庄置驿之举。一时侠义之称,溢于江海。及至买山计就,归隐图成。子姓数十人,团栾绕膝。乃遂闭门谢客,设馆课孙。案有芸香,庭无艾气。至于肝胆照人,精明洞物。意所否者,雷轰电掣,一军皆惊,逮风骤雨还,星疏月朗,胸中涣然,无复意必,岂不诚磊落大丈夫哉!今且八十矣,童齿仙瞳,须眉飒爽。三径门前之竹,解报平安;一窝堂上之春,无非安乐。"

参拜文武庙

左宗棠游览丁氏宗祠后,对人才辈出的丁氏望族油然而生敬意。因

第十六章　禅悟慧境

急于赶路，谢过长者，匆匆出门，穿过黄道仑的小街，过牛田，来到子良岩，行至岩前伯仙湾，茅舍主人文七公揖手笑迎。左宗棠记得二年前路过此地时，见茅舍横樑上挂着匾额"天下第一棋手"，曾入内与主人文七公连弈三盘。主人三盘皆输，左宗棠笑道："你可以将此匾额卸下了！"随后，自信满满，兴高采烈地走了。今天，再到此处间茅舍，赫然仍见"天下第一棋手"之匾额仍未拆下，左宗棠入内，与文七公下了三盘。这次，左宗棠三盘皆输，大感讶异，问茅舍七公何故？七公答："上回，您春风满意，走马上任两江总督陶澍官厅设馆授徒，我不能挫您的锐气，现今，您在印心石屋禅修悟道有成，我当然全力以赴，当仁不让啦。有道是，世间真正的高手，是能胜，而不一定要胜，有谦让别人的胸襟；能赢，而不一定要赢，要善解人家的意愿，生活又何尝不是如此呢？聪明不一定有智慧，但是智慧一定包括聪明；聪明的人得失心重，有智慧的人则勇于舍得。真正的耳聪是能听到内心，真正的目明是能透视心灵。看到，不等于看见；看见，不等于看清；看清，不等于看懂；看懂，不等于看透；看透，不等于看开。"左宗棠听后连忙致谢："多谢老丈指点教诲，后生才疏学浅，曾口出狂言，愧哉愧哉"。左宗棠过了飞水岩，在草子坳喝了一碗凉茶后抓紧赶路，来到了安化大福坪，快到傍晚时分才赶到梅城。梅城是一座具有悠久历史的文化小镇，自宋熙宗年为安化历代县署，也为梅山文化的发祥地。古时从长沙来梅城县衙，如走水路，需坐船由湘江北上临资口入资江，经过益阳、桃花港、马迹塘至安化的善溪口，在离善溪口十五里路的敷溪口，改用小木船和竹筏到仙溪起岸，到梅城只有三十里路了。梅城是一个山间小盆地，周围多是丘陵，伊水贯穿其中，便于耕作和渔猎，是下梅山地理条件最优越的一片土地。这里离小淹还有一百二十里路程，左宗棠夜宿县衙，知县饶谦盛情予以款待，第二天上午，饶知县领着左宗棠首先来到燕子桥。

燕子桥位于梅城启安坪，东西向横跨伊溪，始建于清乾隆年间，现存建筑建于道光二年（1822），大桥扩建后只有二十余年，为歇山重层鹊木；全长约38.5米，通高11米，宽3.8米；中间为走道，重檐小青瓦顶，悬臂挑梁式木结构渠架，两台两墩，棱形分水，两侧为歇亭；歇亭共11空；西桥头有过道和守桥亭，东桥头南北两侧有石台阶；东、西桥头和

燕子桥

桥中间各有一个四边翘角式硬山顶；中间的脊上压三星宝顶，两侧为花形装饰，脊角耸立龙形泥塑。

看过燕子桥，饶知县又领着左宗棠来到县治西的文庙（又称为孔庙、夫子庙），并详细陈述于道光二十一年（1841），"率邑士绅移建今所规划完善的关帝庙门内，左祀马王右祀土地，两旁各有房所以司庖也，入大门势渐敞拜多跪处也，左右俱有厅，为更衣斋宿之所，稍前则两厢翼然拾级而升，正殿巍巍，周以开后殿开朗，四围甃以甄与学宫"。文庙修建于北宋熙宁年间，经过迁址、重建、扩建，文庙采用宫殿建筑形式，外院有半月池、棂星门，内院有大成门、大成殿、左右厢房等。布局规整紧凑，木雕、石刻十分丰富而且精美。在古代中国，文庙是用来讲学、

考试的场所，地方的学员如果在京高中，回来就要在文庙举行盛大的祭祀活动。中国历朝历代尊崇孔儒，孔庙本身就成为最高的文化殿堂，又在历史长河中不断积累，每一座孔庙就是一座博物馆。其建筑、碑刻、礼器、乐器，以及祭祀礼仪、音乐、舞蹈等，都是十分珍贵的文化遗产。

饶知县在文庙内还向左宗棠讲述了梅王的故事。话说唐朝末年，黄巢发动起义，朝廷迅速衰落，沿资水两岸进入梅山的居民，在梅山地域过起了刀耕火种、自由狩猎的生活。据《宋史·梅山峒》记载，他们以峒为基本单位，峒与峒之间联合形成一个集团。当时的梅山地区有两位首领，左甲首领叫扶汉阳，右甲首领叫顿汉陵。他们组织峒民反抗官府的盘剥，逐渐形成了自己的军事势力，并以梅城为中心，构筑了四道军事屏障：东起花果寨（今高明乡境内），南抵青峰寨（今思游青峰村），西至放马寨（今浮青），北到百花寨（今小淹境内）。扶汉阳威武彪悍，武艺超群，深得峒民拥戴，死后被尊称为"梅王"。

五代时后唐天成二年（927），楚王马殷、江华指挥使王全统兵攻梅山，扶汉阳、顿汉陵率瑶人迎敌于宁乡司徒岭，诱敌至"九关十八锁"峡谷，击毙王全大获全胜。后来宋朝廷为了纪念王全（王司徒），就把此地改

安化文庙

名司徒岭。在此次战役中，梅王扶汉阳调集放马寨峒民千余人增援，起到了关键作用，放马寨名声大振。自此，山寨之兵精诚团结，在梅王的西面筑起了一道铜墙铁壁。放马寨四周峒民对扶汉阳更加信任和爱戴。

扶汉阳的义举，进一步激怒了朝廷。朝廷便决定派兵从东、西、南三面进攻梅山。西面放马寨地势险要，易守难攻，更因为放马寨寨主英勇善战，终不能克。东面官兵从花果寨进攻，由于缺少援兵，扶汉阳仓促应战，终兵败身亡，葬于飞霜崖。官兵又乘胜追击，先破青峰寨，大小十七位首领全部阵亡，再围攻梅城，擒峒民二万，斩首精兵强将二百余人，牺牲将士全部埋葬在紫云山附近的大将冲，余部逃往放马寨才幸免于难。官兵再次围攻放马寨，也始终没有攻下来。"宋神宗熙宁初，湖南转运副使范子奇，尽言梅山蛮恃险为边患，宜臣属而郡县，寻召还"。到这时朝廷才开始考虑采用招安的办法。宋神宗熙宁五年（1072），朝廷派章惇等到梅山招安建县，建立了新化、安化两个县，放马寨的寨主也与朝廷结好，自此，梅山归于一统。"熙宁五年十月，传檄入梅山。蛮瑶争辟道路以迎，酋长苏氏、扶氏相继纳土。得其地：东起宁乡司徒，西抵邵阳白马（沙）寨，北界益阳泗里河，南止湘乡佛子岭。籍其民万四千八百九户，万九千八十九丁，田二十六万四百三十六亩，分保五，列乡里，分建二邑：曰新化，隶邵州；曰安化，隶潭州，盖取归安德化之义。"《明一统志》是"安化本益阳地，历代为益阳地。"《宋史·梅山峒蛮传》："梅山峒蛮，旧不与中国通。其地东接潭，南接邵，其西则辰，其北则鼎，而梅山居其中"。这里的"梅山"主要是指现在的"安化""新化"两县地，古为"益阳地"。"梅山峒蛮"为"益阳人"，为现"安化""新化"两县地原居民。"梅山峒蛮"因"不与中国通"，不仅"不服王化"，还经常"寇掠"边界，散见于史书的有后梁末年寇邵州、后汉乾祐十年陷潭州、宋太宗兴国二年掠边界、宋仁宗庆历初瑶人（蛮人）数为寇等。

拜过文庙后，饶知县又领着左大人来到武庙。武庙与文庙并列而建，

第十六章 禅悟慧境

庙堂重建于道光年间,其格局跟文庙相似,面积略小。武庙大殿高9.3米,殿顶盖碧蓝琉璃瓦,与文庙金碧交辉。大门两侧有精雕细刻的石鼓,石鼓上立着石狮,栩栩如生,庄严肃穆,武庙的厢房保存完好。文庙祭祀孔子,武庙祭祀关羽。这种建筑在全国很多地方都有,但是把文庙、武庙相邻并排建在一起的,在湖南全省则是唯一。左宗棠参拜文武庙后,对饶知县说:"梅城此地,左青龙右白虎,前朱雀后玄武,中间犹如聚宝盆,广纳财源只进不出。山前青松叠翠,客似云来,山后千祥云集,众山如群贤,陶文毅公这一文官之后,此地必定还会有天子前来参拜,也会有万军将帅出其后,饶知县得好生呵护呀!"

安化武庙

第十七章　秉承衣钵

陶澍逝世后，胡林翼将其手稿和图书全部打包随灵柩运回了小淹陶府，左宗棠具有得天独厚的条件，对陶澍的手稿进行了仔细整理和深入研究。陶澍一生的日记、手稿和奏章，还有无数册笔记，这些资料，都是些事情大得不得了、思考深得不得了的有关天文、地理、历史、军事的军国大事，是普通人很难得到的宝贵资料，陶府是真正的百科全书馆。这些数量上万册的史料，后来，一部分被陶桄运往长沙，直到1938年长沙大火被焚。另一部分一直封存至上世纪六十年代，当时陶宫保第已办成安化三中，几屋图书被红卫兵小将拖至操坪烧了一天一夜。陶澍当年从经世致用的角度，开创性地规划两江怎么搞，原稿全都可以读到。中国的前途与命运，经营天下的大智慧，里面的每一个思考，让左宗棠大开眼界，醍醐灌顶，窥破天机。左宗棠每天翻开的，是各种宪章文件、"臣工奏稿"，都是国家级的绝密材料。陶澍的儒学功底、学术思想、治政风格对左宗棠产生了深刻的影响。道光四年（1824）刊刻出版的《蜀輶日记》，是陶澍在嘉庆十五年（1810）赴四川担任乡试副主考官时期的日记。他将沿途所见所闻所想写入日记，其内容不在于游山玩水，而是将目光投向了历史、地理考据，引经据典，见解精辟。原稿以蝇头小楷写成，字迹厚重健实，墨色清晰，极具艺术欣赏价值和文献价值，现收藏于湖南图书馆。陶澍一生著述颇丰，岳麓出版社于2010年出版的《陶澍全集》共八册，奏疏卷一至七十六卷共五册，题本卷一至卷八、奏折题本补遗、杂件为第六册，印心石屋文钞卷一至卷三十五、文集补遗一、文集补遗二为第七册，诗集、对联为第八册，共收单篇著作3400多篇近三百万字。陶澍的这些手稿，是他各类作品的原始记录，能够反映出他所处时代的政治、社会的形态与发生的事件，具有极高的文献价值、文化价值、艺术价值和收藏价值，是一种稀缺资源，是孤本，更是

第十七章 秉承衣钵

不可再生的资源，在当时为国家机密，只有左宗棠才有先睹为快的机缘。陶澍的奏折直接向皇帝奏报的内政、外交、经济、文化、军事、风俗等机密要务，以及对时弊评摘或改革的建议，是反映他一生中学问专长、学术水平、政治见解、执政能力的第一手材料。陶澍生前每天都写日记，几乎天天有奏折，记叙着每天的所见所闻，还有大量的军国大事，治国理政的掌故、见解。左宗棠在《〈陶文毅公诗话钞〉跋后》中说："公（指陶澍）经纪庶事，无巨细，皆公自裁决，事尽办。寻常奏章、批判以及宾朋题唱和简牍往复之作，公余皆自为之，不以属人，人亦无能代之者。暇或探纸作书，刻尽十数副。公尝语人：吾岂欲名一艺耶，聊习吾勤耳。凡所手书，岁可得百数十册，旋为人裹去，亦不自惜也。"强调陶澍是"古今之能任大事者，必于其小事不苟"（《左宗棠全集》第13卷第279页，岳麓书社1996年版）。从而表达了对陶澍的人品心性、雄才大略的十分崇拜的心情。同时，也表示这些手稿内容对左宗棠产生了巨大影响。著名史家萧一山在《清代通史》中说："曾国藩、左宗棠皆标榜经世，受陶澍、贺长龄之熏陶也。"左宗棠在安化小淹受到陶澍潜移默化的影响，积极入世，练就了修身、齐家、医国、治民、平乱的本领，秉承陶澍衣钵。

左宗棠是陶澍经世思想的继承者和发扬者。陶澍反对空谈，认为理学为学问的根本，主张把经世之学引入理学，强调学习经史，钻研学问，经世实践。要面对现实，解决社会生活中的实际问题。陶澍曾对官制、财用、盐政、漕务、钱法、兵法、刑律、河渠等十四项有关国计民生的大政仔细考察，提出方略。陶澍主张吸纳包容各派学说，反对当时宋、汉之学的相互攻击问难，主张摒弃门户之见，吸纳各派之长。陶澍重视经学和史地等经世实学，强调经学为致治之理，要熟读《诗经》《左传》等书，主张通经致用，重视史地方志之学。左宗棠从小在农村长大，特别是蛰居安化小淹以后，对社会现实、农民困苦深有体会，他在《癸巳燕台杂感》诗中说："世事攸攸袖手看，谁将儒术策治安？国无苛政贫犹赖，民有饥心抚自难。天下军储劳圣虑，升平弦管集诸官。青衫不解谈时务，漫卷诗书一浩叹。"左宗棠以理学为宗，倡导理学经世，推崇程、朱。左宗棠反对空谈，反对专注形式的八股文，提倡实学，重视实践，左宗棠非常重视实用之学，他自号"湘上农人"，亲历农耕之事又研究农学，认为"农家为人生第一要务"，撰写《朴存阁农书》。在《上徐熙庵先生书》中指出："睹时务之艰棘，莫于荒政及盐、河、漕诸务，将求其书与其掌故，讲明而切究之。"他夜以继日，左图右书，制作全国及各省地图，以及历代地图。

左宗棠继承和发扬了陶澍的经世改革事业。陶澍是中国近代经济改革的先驱，左宗棠继承了陶澍的改革思想，尤其在军事和经济方面发展了陶澍的改革事业。在浙江巡抚、陕甘总督任上，革新盐政、整饬漕务、兴办洋务、振兴茶业、开发经济、整军运饷等许多方面，都推行了强有力的改革措施，并取得了成功。左宗棠秉承陶澍致治之法，在改革中坚持重商、用商、便商、利商的政策，特别是支持、鼓励民族工商业的发展，表现了他高于时人的眼光与魄力。在闽浙、两江总督任上，左宗棠采用陶澍票盐办法，并进一步充实，清除浮费、革汰陋规、严禁私盐、减免商欠，使票盐更加完善。他还主张"永定章程"，实行票盐，使"裕课、便民、恤商三者兼权"。在陕甘，左宗棠大力推行改革，恢复和发展农业生产。蔡冠洛在《清代七百名人传·左宗棠》中说："设赈局，招流亡，垦荒地，给牛、种，兵屯、民屯交错其中，且战且种。"又改革茶务，"仿淮盐之例，以票代引"，实行"商贩并招，正课照定额征收，杂税并归厘税项下征收。商贩领票，先纳正课，并添设南柜，招徕湖茶"。在收

第十七章　秉承衣钵

复新疆的战争中，左宗棠又在军事、军粮、军饷、军运等方面采取改革措施，为收复新疆提供了可靠的保证。

左宗棠继承和发扬了陶澍的吏治思想。陶澍为官，公正廉明，道光皇帝称其为"干国良臣"，民间则赞颂其为"大清官"，是封建官僚的表率。左宗棠的吏治思想和陶澍的吏治思想有许多相似之处。首先，他们都反对腐败，非常重视吏治。陶澍在两江任督抚近二十年，始终坚持州县要"得人而理"。左宗棠也认为，嘉、道以来，天下切要之政，莫如吏治。官场腐败是激起人民起义的一个根本原因。他在《甄别道员厅县折》中说："戡乱之道，在修军政，尤在饬吏治。军政者，弭乱之已形；吏治者，弭乱之未发也。"强调吏治重于军事。其次，他们都严格要求自己起表率作用。左宗棠为官，一任巡抚，三任总督，以大学士入值军机，在总理衙门行走，参与清廷最高决策，却是封建官场清正廉明的表率，堪称能员廉吏。他曾在兰州官舍撰联："万山不隔中秋月，千年复见黄河清。"用来表明自己从政的心意。他在《治学要言》中提出：做官要"爱民""清廉""勤于治事""慎于用人""熟悉法律"。自己首先身体力行，严于律己。他曾断然拒绝"别敬"、送礼，不许儿子在外应酬，不徇私情。再次，他们都致力于整顿吏治。左宗棠以"察吏、训吏、恤吏"作为整顿吏治的具体办法。"察吏"，就是对官吏勤加考察。"训吏"，左宗棠搜集前人有关吏治的言论编为《学治要言》，散发给各属官吏，要求认真学习。他还经常以咨文、批札、书信、告示等形式，直接向下属各官进行规劝、表彰、申斥。"恤吏"，即爱护、关心官吏。他曾拿出薪俸贴补廉洁而又有困难的官吏，关心下属官员的生活。他在《临潼伊令允桢禀接印视事情形由》中说："做官要认真，遇事耐烦体察，久之无不晓之事，无不通之情。一片心肠都在百姓身上，如慈母抚幼子，寒暖饥饱,不待幼子啼笑,般般都在慈母心中,有时自己寒暖饥饱翻不觉得。如此用心,可谓真心矣!"这一段话体现了左宗棠重视吏治、整顿吏治、关心民瘼的思想原则和良苦用心。

左宗棠继承和发扬了陶澍的人才思想。陶澍被称为"晚清人才第一",有"清史研究第一人"之称的萧一山评价:"不有陶澍之提倡,则湖南之人才不能蔚起,是国藩之成就,亦赖陶澍之喤引尔。""曾国藩、左宗棠、胡林翼固皆标榜经世,受陶澍、贺长龄之薰陶者也。"胡林翼受陶公熏染,善于引荐人才,协调各方,曾多次推荐左宗棠、李鸿章、阎敬铭等,为时人所称道。左宗棠和曾国藩、胡林翼是以陶澍为"源"、"以天下为己任,包罗万象"为特点的人才群体的组成部分。左宗棠的人才思想,主要体现在他对教育的重视上。左宗棠和陶澍一样,把"养士劝学"作为培养人才的首要任务。他在《答王璞山》中说:"天下之乱,由于吏治不修;吏治不修,由于人才不出;人才不出,由于人心不正,此则学术之不讲也。"所谓"学术不讲",即没有办好教育。左宗棠出身于教师世家,曾执掌渌江书院,又亲临安化设馆授徒达八年之久。位高权重之后,仍把教育、培养人才放在重要地位,如在浙江刊刻"六经",在杭州建设书院,在西安设立书局,在甘肃兴办和修复书院,在陕、甘、新疆大办义学,仅甘肃就有三百多所义学。他要求培养德才兼备的"真人才",不在科名,不求虚名。他于咸丰辛酉年给儿子写信说:"学作圣贤,不在科名一路也,如果是品端学优之君子,即不得科第亦自尊贵。若徒然写一笔时派字,作几句工致诗,编几篇时下八股,骗一个秀才、举人、进士、翰林,究竟是什么人物?"强调要有实学,要重实际,学风端正。学术端则士习正,士习正则民气厚,而礼义廉耻因之而明。只有良好的学风,才能培养出真正的人才。

第十七章　秉承衣钵

左宗棠继承和发扬了陶澍的洋务思想。经世思想和洋务思想是密切联系的。随着历史的进步和社会的发展，经世思想必然发展为洋务思想，洋务思想也要从经世思想中吸取养料。陶澍反对八股文，对八股取士提出了批评，提倡发展教育。重视兴办书院，强调培养和提拔有真才实学的人才。在改革活动中实行重商、用商、便商、利商的政策，促进商业活动的发展。主张自铸银币，为便于流通，在形式上仿照西方圆形银元铸币。上述三个主张是接近洋务思想的，或者说陶澍的经世主张为洋务思想的萌发准备了某些条件。左宗棠自从蛰居安化小淹后，思想上深受陶澍影响，成为中国洋务运动的发起人之一。他为魏源《海国图志》写的序言说"泰西弃虚崇实，艺重于道，官师均由艺进。性慧敏，好深思，制作精妙，日新而月有异。象纬舆地之学，尤征专诣。"左宗棠主张"学其长，以为我用"，从而达到自强克敌的目的。左宗棠的洋务思想，有其鲜明特色。其一，从仿造轮船入手，具有超过西方的积极进取精神。同治五年(1866)，左宗棠在福建马尾建立造船厂，共有员工2600多人，8年中共造船15艘，总排水量15932吨。左宗棠志在超过西方，他在《上总理各国事务衙门》中说："中国人才本胜外国，惟专心道德文章，不复以艺事为重，故有时独行其绌。数年之后，彼之所长，皆我之长也。"强调只要充分发扬中国人的聪明才智，"留心仿造，自然愈推愈精"，就一定可以超过西方国家。其二，反对西方控制，坚持独立自主。左宗棠在《会商海防事宜折》中说："自强之道，宜求诸己，不可求诸人。求人者制于人，求己者操之己。"左宗棠办洋务，无论是建铁路、架电线、开矿山，都坚持自己做主，不许外国势力染指。他在《拟购机器雇洋匠试造轮船先陈大概情形折》中强调："谓我之长不如外国，借外国导其先，可也；谓我之长不如外国，让外国擅其能，不可也。"马尾船政局成立之初，主事全为中国人，只有少量西洋技工。制造的第一艘轮船，从船长到水手，全是中国人。到同治十三年(874)，船厂洋人全部被辞退。特别可贵的是，左宗棠认识到独立自主的关键在于有自己的人才，故在船厂附设船政学校，培养科技人员和海军骨干。海军名将邓世昌、刘步蟾、萨镇冰、程璧光、林永升等，以及严复、詹天佑等，都是船政学校的学生。其三，重视民用工业和民办工业。左宗棠任陕甘总督时，在兰州建立了甘肃制呢局，这是中国官办近代民用工业的开始，也是西北地区民族工业的起源。左宗棠还根据西方经验，支持民办工业的发展。他说："西法听商经营，官收其税，故多为所成，国计亦裕。"他认为"商办"企业优于"官办"，故鼓励商人办工业，官府只收税而不加干涉。他还利用权力帮助一些商人、富户、地主投资办厂，发展民族工业。其四，在对外交涉中，坚持原则，反对妥协。在办理洋务活动中，必然多和西方各国打交道，当时清政府害怕和西方决裂，多采取迁就政策。左宗棠则持不同意见，主张分清情况，区别对待，"有可迁就者，有不可迁就者"。凡有关国家主权的大事，绝不可妥协；其他问题则可采取灵活的策略。在洋务运动中，从时间上说，曾国藩最早；从规模上看，李鸿章最大。但是，左宗棠坚持自力更生，自己做主，重视商人，发展民族资本，却是曾国藩和李鸿章所不及的。

左宗棠继承和发扬了陶澍的爱国主义思想。 左宗棠继承并发展了陶澍的爱国主义思想，其爱国主义仍然属于中国古代的爱国主义范畴，但又比陶澍的爱国主义思想大大地前进了一步，具备了许多近代爱国主义思想的内容。左宗棠是中国近代史上伟大的爱国主义者。首先，左宗棠是中国洋务运动的发起者和主将。鸦片战争之后，魏源提出了"师夷之长技以制夷"的著名口号，洋务运动则开始了学习西方的具体行动；左

第十七章 秉承衣钵

宗棠办洋务更具有鲜明的爱国主义特色。他办洋务的时间不及曾国藩早，办洋务的规模不及李鸿章大。但在强调自力更生培养自己的科技人才等方面，却非曾国藩、李鸿章可比。他强调："自强之道，宜求诸己，不可求诸人。求人者制于人，求己者操诸己。"他曾自豪地说："东南之有船局，惟沪与闽。沪非洋匠、洋人不可，闽则可不用洋匠而能造，不用洋人而能驾。"从船厂主事到技工、从船长到水手，全为中国人。其次，左宗棠在处理对外关系时始终坚持爱国主义的立场。左宗棠处理中外关系的原则是：其一，坚持"主权在我"，这是处理对外关系的出发点，是不可动摇的原则立场；其二，主张"学习先进"，这是从实际出发的工作方法；其三，强调"自强为本"，这是最终目的。左宗棠对于西方国家的侵略，坚决主张抵抗。在中法战争中，他是坚定的抵抗派，给法国侵略者以沉重的打击。再次，左宗棠收复新疆的壮举。同治年间，新疆阿古柏匪部和英俄殖民主义者相互勾结，分别占领南疆、伊犁地区、乌鲁木齐。当清朝统治者举棋不定时，左宗棠清醒地认识到新疆的重要地位，强调"重新疆者所以保蒙古，保蒙古者所以卫京师。西北臂指相连，形势完整，自无隙可乘。若新疆不固，则国家将无晏眠之。"光绪三年（1877），左宗棠以古稀之年，"舁榇西行"，率军远征，完全收复新疆。使新疆各族人民摆脱了侵略者的蹂躏，彻底粉碎了俄、英殖民主义者的侵略美梦，为祖国保卫了一片大好河山，为中华民族做了一件大好事。它不仅是左宗棠爱国主义思想的光辉体现，而且是中国近代史上爱国主义的伟大壮举。

第十八章　潜龙腾跃

左宗棠离开安化小淹时,已经快40岁了,他此时一直生活在困苦的农村社会最底层。所处的时期,是内忧外患纷至沓来、封建大厦濒临崩溃、中华民族危亡图存的晚清。40岁出山,于1852年入湖南巡抚张亮基幕府。咸丰十年(1860),由曾国藩保举,清廷特旨任为四品京堂襄办军务,招募"楚军"5000人,赴江西、浙江前线与太平军作战。次年任浙江巡抚,后升闽浙总督。同治五年(1866),左宗棠受命为钦差大臣率军出关执掌陕甘军务,平定捻军和西北回民起义,授协办大学士,于同治十二年(1873)平定了陕甘全境。举办兰州机器制造局等新式企业。光绪元年(1875)任钦差大臣督办新疆军务,率军讨伐阿古柏政权,收复新疆。建议新疆设省并进行经济文化改革,促进了新疆地区经济和文化的发展。光绪三年三月(1877),按照左宗棠的军事部署,刘锦棠率大军由乌鲁木齐南下,一举攻克达坂城,阿古柏集团内部乱作一团,阿古柏本人也在一次斗殴中为部下所杀。光绪四年(1878)初,南疆回归祖国。左宗棠决计乘胜收复仍被沙俄霸占的伊犁。沙俄一边施压和讹诈,逼迫清朝使臣崇厚签订了丧权辱国的《里瓦几亚条约》,一边在伊犁地区将俄军增至1.2万人,同时还向远东派出了一支由20多艘军舰组成的舰队。

1875年左宗棠部在兰州的军营

第十八章　潜龙腾跃

面对沙俄的挑衅，左宗棠毫不畏惧，于光绪六年（1880）春拟订了一个三路出击、收复伊犁的计划。5月底，左宗棠以68岁的高龄，亲自率大军出关，誓与俄人决一死战。当时投降派攻击左宗棠，说他近70岁的老翁，出关定难生还。左宗棠闻此语，嗤之以鼻。为了表达自己的决心，他吩咐部下为自己定做了一口棺材，舆榇出关。全军将士见主帅气概如此豪壮，士气倍增。中、俄伊犁交涉中，主张"先之以谈判，继之以战阵"，由于有左宗棠军事力量作为后盾，清政府在与沙俄签订《中俄伊犁条约》时，迫使沙俄交回所侵占的中国领土伊犁，收回了部分权益。伊犁问题虽最终是在谈判桌上解决的，但如果没有左宗棠积极的军事准备，中国政府是难以收回这部分权益的。

左宗棠，晚清时期著名的军事家、政治家、湘军著名将领，洋务派代表人物之一。官至东阁大学士、太子太保、一等轻骑都尉、赏穿黄马褂、两江总督、南洋通商事务大臣，他驰骋大江南北，经略陕甘，筹边新疆，督师闽粤。他积极倡导师夷长技兴办洋务，创办了中国第一座造船厂——马尾船政局。极力主张抵御外侮，是清朝不可或缺的重臣，是颓弊的大清帝国顶梁柱。

1885年，左宗棠病逝于中法战争前线的福州，清廷发布"上谕"称，左宗棠"学问优长，经济闳远，秉性廉正，莅事忠诚"。按照旧时"叶落归根""魂归故里"的观念，左宗棠应归葬其湘阴老家。那左宗棠为什么会埋葬在长沙杨梅河呢？这有一段鲜为人知的故事。据看守墓地的黄志清老人介绍：当年左宗棠训练湘军东进时，他顺着浏阳河路过白竹村。满腹经纶懂得风水的左宗棠见这里风水独特，便对随从讲："此处龟蛇锁水口，好地方。他年我若战死沙场，将我葬于此地。"当然这只是传说，不能当作历史。杨梅河风水好确为事实。杨梅河宛若一条巨龙，携一江灵动，自东向西逶迤而来。梅竹山倚江而峙，平步青云，山水交融，运势蕴婉。黄志清老人说，这山丘是一颗龙珠，河、山就是两条盘旋的巨龙，这风水宝地叫"二龙戏珠"。墓地前方视野开阔，正对着的是一处笔架形状的小山。易经研究学者刘子瑛对左宗棠墓地勘察结果如下：墓地明堂水口：壬子。入首龙：辛酉木龙（来龙非"自上而下"）。朝堂水：前甲卯，右巽巳。朝堂峰：艮甲卯乙。坟墓坐向：所扦辛酉坐穴（经），立辛山乙向兼酉卯（纬）。地风水判断：该墓依水定向为阳差克夫主应发富而淫乱。依龙定向属阴错伤妻，主应发富，而独占魁元。关于左宗棠选墓地，也有另一种版本的说法：左宗棠作为经世之学的集大成者，对于鬼神、风水之类，似无深信，也不斥为无稽之谈。他的态度是：若信，则要按照规矩办；不信，则可自行其便。但凡记述怪异之事、神灵之说，左宗棠都持这种态度。左宗棠的墓地位居山腰，周边苍松翠柏，东面河流蜿蜒，就连外行人都知道，这是一个幽静开阔的处所，适合于长眠。墓地位于长沙县跳马乡柏竹村（今属雨花区跳马镇）。地处杨梅

左宗棠墓

河大桥南约2公里处公路边，从《重修左宗棠墓碑记》碑后登数十级石阶而上，墓碑镌刻"清太傅大学士恪靖侯左文襄公之墓"。墓冢为圆顶，墓前有石砌平台，配以拜台、石鼓、石香炉。原墓前有石人、石马、华表、

第十八章 潜龙腾跃

左宗棠墓地石阶

石桌、御碑亭及墓庐,庐内树碑,为黄自元所书。浏阳河流经跳马镇白果集镇的一段称为杨梅河,原是浏阳河的水运码头,曾经是车水马龙,商铺林立。这里有著名的白果树、白果桥和白果庙,还有观音桥、观音堂、观音庙和潘家祠堂、毛氏祠堂和李家祠堂等历史遗迹。

左宗棠是一位敢于追梦的奋斗者。左宗棠虽然身无半亩,一介布衣,却立下心忧天下、读破万卷、拯救天下的雄心壮志。他心胸开阔,把世界装进心中,通过读万卷书,行万里路改造世界。他在安化陶府研读天文、地理、历史、军事,饱读国朝宪章掌故,从陶府的《图书集成》考证康熙朝英吉利派使节来华等事关军事、外交和国家命运的学问。仔细研读《皇家经世文编》。他虽蛰居小淹偏僻的山村,却心系国运,认真研究对付英军战守机宜的军事策略。正是因为左宗棠读破万卷,神交古人,丰富自我,掌握了边防外交、地理军事、经济政治等诸多方面的知识,进一步了解了世事和政治得失,奠定了日后建立丰功伟绩的坚实基础。左宗棠从父辈起家道中落,科考失意,不能按照古代中国的官制,先读书,考中进士后先授一小官,然后一步一步地往上熬。当他绝意仕途后，敢于不读枯涩的八股经书，在安化小淹一边教书授徒，一边钻研经世致用之学、治国理政之道。坚持走自己的路，敢于探索真理，追求光明，标新立异，不怕恶意的冷嘲热讽，不在乎别人的评头品足。左宗棠认为自己走的是正路，坚持下去，不理睬那些闲言碎语。他如果发现自己走的是弯路，当即转换方向，重新踏上正途。如果他发现自己走的是歧路，经人指点迷津，绝不执迷不悟，更不是一意孤行的固执，我行我素。左宗棠深受中华民族儒家思想的熏陶，克服艰难险阻，从一个家贫如洗的平凡之人，续写了最不平凡的传奇故事，用不懈奋斗之毅力，为国为民作出了巨大贡献，创建了丰功伟绩。他一生奔跑在奋斗的路上，从三岁随父就读到三次科考不第；从绝意仕途执掌渌江书院山长到蛰居安化村野潜沉；从遁入幕僚到抬棺行军收复新疆，直至残年抱病督师抗法，殉职前线举国同悲，他的每分每秒都没有虚掷。他铭记奋斗的意义、审视奋斗的方位、瞄准奋斗的目标，他深信，通过艰苦奋斗、团结奋斗、不懈奋斗，必能不断开辟事业的新天地。一个国家繁荣富强，靠的就是一代又一代人的拼搏奋斗。新时代的中国，比任何时候都更加需要弘扬

左宗棠雕像

第十八章　潜龙腾跃

使命在肩、奋斗有我的精神。奋斗创造历史，实干成就未来。中国共产党和中国人民在奋斗中收获了更多自信和勇气，有底气和能力战胜可以预见和难以预见的各种艰难险阻，铸就中华人民共和国的远大前程，创造民族复兴的美好明天。

左宗棠是一位伟大的民族英雄。在民族危亡的时刻，他拍案而起、挺身而出，他的行事风格势必会触犯一些人的私利。有些人要保家卫国，有些人要侵城掠地，而有些人甘愿当亡国奴，他们怎么会不惧怕他呢？中国历史上，能够所向披靡、铁腕收复大片国土的，有几人？苏武饮血茹毛，威武不屈；张骞关山万里，沟通西域；班超投笔从戎，西戎不敢过天山；祖逖闻鸡起舞，击楫中流；史可法慷慨殉国，魂傍梅花……他们留下的是一段段荡气回肠的故事，是仰天长啸的悲壮，是可歌可泣的精神，是后人无限的敬仰和唏嘘，而没有谁比得过左宗棠，收复了占国土六分之一的大好河山，留下了任我们驰骋的广袤疆场。

左宗棠是一位杰出的爱国主义者。在反对外国侵略的战争中，他威武不屈，表现出崇高的民族气节。为了捍卫国家主权，维护民族统一大业，他勇赴国难，虽"马革桐棺"而在所不惜。左宗棠的这种以天下为己任、不顾个人荣辱生死的献身精神，在晚清封疆大吏中绝无仅有。近代中国对外战争中两次重大的军事胜利——收复新疆和镇南关大捷，都与左宗棠的名字紧紧相连。在中国民族解放运动的丰碑上，应该镌刻上左宗棠的英名。坚决反对外来压迫而矗立于世界民族之林。中国自古即提倡"富贵不能淫，威武不能屈"的斗争精神和"成仁""取义"的献身精神。在近代反侵略战争中，左宗棠始终高扬爱国旗帜，坚决抗击外侮，反对妥协、投降，他振臂高呼："和戎自昔非长算，为尔豺狼不可驯！"（《左宗棠全集·诗文·家书》，第459页）在中国历史上，"杀身成仁，舍生取义"的信念激励着无数仁人志士为捍卫正义而前赴后继，呼啸前进。与先贤相比，左宗棠毫不逊色，当沙俄侵占伊犁的消息传来，他当即表示"西顾正殷，断难遽萌退志，当与此虏周旋！"（《左宗棠全集·书信二》第246页）在伊犁交涉处于紧要关头时，年近古稀的左宗棠毅然站在抗俄的战争第一线，出屯哈密，表示"至马革裹棺，则固非所计矣！"《左宗棠全集·书信三》，第583页）在中法战争中，左宗棠任两江总督兼南洋通商大臣，不但积极备战，而且表示如遇"寇警"，"防所即是死所，当即捐躯以殉"（《左宗棠全集·奏稿八》，第263页）。

左宗棠是一位顺应历史潮流的改革者。为了达到富国强兵的目的，他勇于开拓进取，力主向西方学习，成为中国早期近代化运动的倡导者和推动者之一。在推进近代经济发展、加强近代国防和培养新式科技人才方面，都作出了巨大的贡献。十九世纪中叶近代化的潮流席卷世界，其标志是科学技术的蓬勃发展，机器生产代替手工劳动。而中国早期的近代化则是从军事层面开始的。有识之士审时度势，提出了"师夷之长技以制夷"。左宗棠不仅充分肯定魏源等人"师长"的主张，而且决心把这一主张付诸实践。他于清同五年（1861）勾画出近代化造船厂的蓝图，随即创办了我国第一家真正意义上的近代化造船厂——福州马尾船政局。总督陕甘后，又在兰州开办了我国第一家机器毛纺厂——兰州机器织呢局，成为我国近代开发大西北的先声。

左宗棠是一位亲民重民的民本主义者。他深谙"民为邦本"的真谛，为官之后，关心民瘼，爱惜民力，为民兴利除弊，并引导民众发展近代工商业，使传统民本主义思想放射出时代光彩。毋庸讳言，民本主义又有其历史局限性。注定要从统治者的长治久安出发，服从于皇权。正是这个注重经世致用而不是娴熟八股的人，承担起了匡复社稷的重任。左宗棠的存在，深深地透射出民族之魂。左宗棠精神、左宗棠人格，典型

第十八章 潜龙腾跃

而又真切地体现了中国传统文人精神的精髓。可以说，左宗棠以他全部的生命之火将自己塑造为了传统文人的精神典范。

左宗棠，这位不可替代的历史人物，是中国历史上对国家疆土贡献最大的民族英雄；文职统兵，却治军有方，用兵如神，是敢于挑战列强并保持常胜的无敌战神；兴办主权洋务，首任船政大臣创建海军，造出第一艘近代化军舰，力促建设海军衙门，堪称"中国近代海军之父"；倡导科技实业救国，是中兴国运扶植民族工业的创富达人；是在赈恤保民、广修水利、改善交通、发展农业、激活贸易、整饬吏治等多方面卓有建树的善政者；是促进民族团结、保持边疆稳定的政治实干家；是促成新疆、台湾建省，实施西北边陲与宝岛有效行政管辖的第一人；是积极抢救典籍、兴教劝学、改良世风的教育实践家；是位高权重却不谋私利而且化私为公，古今罕见的一代廉吏；是以军垦绿化大西北、改良沙漠生态的环保先驱；是弱国时代唯一有实力藐视侵略者、令列强惧怕的外交家；是近代中国统一、领土主权完整的坚决捍卫者。

历史上的左宗棠，博学儒雅而又极具阳刚血性。心忧天下的责任

意识、求新求变的开拓思想、不屈不挠的拼搏精神，以及他发挥能动性、敢为天下先的智慧与担当，凸显中国传统文人剑胆琴心、内圣外王的伟岸风骨，折射出中华民族之魂。"发上等愿，结中等缘，享下等福"是他的志趣情怀；"我之疆索，尺寸不可让人"是他的铮铮铁骨；力排众议、抬棺出征收复疆土是他的爱国壮举……这种精神，百十年来激励过无数仁人志士，至今仍旧使人热血沸腾。鸦片战争以来，面对"三千年未有之大变局"，左宗棠为挽救民族危亡挺身而出，抗击外来侵略，探索复兴之路，呼喊出了衰落帝国的最强音，以顽强生命之火照亮了一个时代，绘就波澜壮阔、可歌可泣的历史画卷，是具有时代象征意义的杰出人物。

在全球主流媒体——美国《新闻周刊》举办的"千禧年人物评选"中，左宗棠与毛泽东等列入"世界历史上智慧名人"而享誉世界。这既是左宗棠的国际身价，也是中华民族的自豪。梁启超称他为"五百年以来的第一伟人"，曾国藩评价"湖南吾根本，不可无左公"，潘祖荫感叹"天下不可一日无湖南，湖南不可一日无左宗棠"。左宗棠作为从湖南走出去的历史人物，他不仅仅属于湖南、属于中国，也属于全世界。左宗棠既可作为中国儒家文化的经世典范，又可作为当今时代找回民族自信、重建道德信仰的标杆。当今社会转型的关键时期，尤其需要引领思想主潮流、弘扬时代主旋律的中华民族精神。传承先贤美德，传递社会正能量，树立精神文化标杆，将历史人物的鲜活事迹以现代宣传教育的形式展现，对当代人进行爱国主义教育、优秀传统文化教育、社会责任心与励志教育，将历史印记、先哲思想、时代责任意识融进青少年的灵魂。借鉴历史，古为今用，继承弘扬左宗棠精神的精华，树立当代社会主义核心价值观、增强民族自信与自豪感，让历久弥新的左宗棠精神焕发生机，照亮一代又一代青年人的梦想，激发青年奋进潜力，鼓励广大青年融入民族复兴

第十八章　潜龙腾跃

的澎湃春潮，热爱祖国，坚定信念、砥砺奋进、勇于创新，安身立命，培根铸魂，积极投身新时代的伟大斗争、伟大工程、伟大事业，勇于在实践中长志气、强骨气、厚底气，引导广大青年将个人命运与国家命运紧密结合起来，共同谱写为实现中华民族伟大复兴的"中国梦"而继往开来的青春乐章，争当伟大理想的追梦人，争当伟大事业的生力军。

左宗棠书信、奏折、诗联选

书信

《左宗棠全集》共收录左宗棠在安化八年期间的书信 64 封，择其与本书叙述内容相关的 25 封予以佐证。

1. 上徐熙庵先生

都门叩送，月纪两更，瞻企之忱，日月与积。敬维葆华崇道，俎朱豆张；世仰儒宗，播荣叶语。小子何幸，乃托门墙，请谒之馀，备闻至道，谆谆昭諰，不替有加。虽洪壑不弃纤鳞，旷野不遗濬莽，而含宏之施，抑可谓勤矣。

宗棠早岁孤贫，失时废学，章句末技，且鲜所窥。每观古今蓄道德、能文章，卓然为时论不可少之人，天地不数生之才者，即其英妙之年，类皆能坚自植立，不为流俗所转移。其始亦未尝不为世诟病也。及其功成事就，而天下翕然归之。如贾谊、诸葛亮、陈亮辈，可指数乎？夫人生无百年之身，大业非百年可就。小时嬉弄跳梁，不能遽责以学问之事；老而龙钟衰惫，非复可用之人；求其可用，其惟壮时乎？而又以妻子室家、科举征逐故，阻其来修，乃至割其馀景，以为读书求道之日，其何而成矣？

比者春榜既放，点检南归，睹时务之艰棘，莫如荒政及盐、河、漕诸务。将求其书与其掌故，讲明而切究之，求副国家养士之意，与吾夫子平生期许之殷。十馀年外，或者其稍有所得乎！然其成与不成，则仍非今日所能自必者也。敢附孔氏"各言尔志"之义，敬陈所怀。小子狂简，吾夫子其何以益之？尘飙蔽明，山川阻修，东望为劳，末缘请业。倚装作字，笺启失庄。敬维霁鉴不宣。（道光十三年）

注：徐法绩（1790—1837），字定夫，晚自号熙庵，陕西泾阳人。道光十二年以礼科堂印给事中出任湖南乡试正考官，奉旨搜阅遗卷，选取左宗棠为第18名举人。

2. 上贺蔗农先生

奉别后，月纪两更矣。敬维德业日盛，起居安乐，祇以为慰。

尔惟春和，风日晴美。南城杖履，山仁水智。固众芳之所在，惟君子能得朋。雍雍经堂，粲粲门子。晨彝夕训，步步趋趋。顾而乐之，乐可知矣。宗棠顽劣不足算，事先生二年于兹。请益徒殷，末由苦卓。犹且开蒙发凡，寸诣有进。矧诸狂简，亦越中行。其能传文章、通性道，以无惭吾师之弟子者，当更何量耶？

宗棠现假馆隐山，键居西楼，肇事方舆家言，爱披图乘。窃意古今谈地理者，索象于图，索理于书，两言尽之矣。然而陵谷之变迁，河渠之决塞，支原之远近，疆索之沿革，代不偟也。又土宇有分合，则城治有兴废。于是疆域杂错，攻守势殊。故有古为重险，今为散地；彼为边处，此为腹里者。如此则图不能尽纪也。广轮之度，山川所著也；山川脉络，准望所生也。于是方邪、迁直、高下均于是乎凭之。然而一言东，则东南，东也，东北，东也，果何据以为此郡此县之东乎？既辨其为东南矣，又或以东兼南，以南兼东，或东南各半，始以毫厘，终以千里，果何据而得其东南之数乎？既得东南之数矣，或自某省量至某府，某府量至某县，又自所界之府州县治忖之，或饶或减，歧出不定，果何从而折衷至是乎？如此则书亦不能尽告也，亦不能尽信也。

宗棠不揣，窃自思维，以为欲知往古形似，当先据目前可据之图籍，先成一图。然后辨今之某地，即先朝之某地；又溯而上之，以至经史言地之始。亦犹历家推步之法，必先取近年节令气候，逆而数之，乃为有据。故千岁日至，可坐而定也。欲知方位之实，当先知道里之数。欲知道里之数，当先审水道经由之乡。凡夫行旅舆程之记，村驿关口之名，山冈起伏之迹，参伍错综以审之，直曲围径以准之，以志绳史，以史印志，即未必尽得其实，其失实也亦寡矣。古书流传绝少，贾图李志，恒不多见。诸书引注，除蔡沈、王伯厚、胡身之数家外，类多牵凿。而外间所行诸图，位置乖舛，尤无足观。大率先画疆域大界，稍依各书填载方向，展转增窜，不求其安。譬犹凿趾以适其屦，诚不知其不可也。宗棠才识昏陋，讵能办此？又僻处深山，虽稍有书籍，究鲜友朋讨论之益，良用慨然。惧不自克，以为儒者羞。辰下左图右书，以日以夜，拟先作皇舆一图，计程画方，方以百里，别之以色，色以五物，纵横九尺，稍有头绪；俟其有成，分图各省，又析为府，各为之说。再由明而元，而宋，上至禹贡九州。以此图为之本，以诸史为之证，程功浩荡，未卜何如？窃有志焉。不知当否？伏乞夫子不以为不可教诲而卒训之，辨疑解惑，加以督课，小子不敏，未或敢怠。（道光十六年）

注：贺熙龄(1788—1846)字光甫，号蔗农，湖南善化（今长沙）人。历官河南道御史、湖北学政、山东道监察御史。晚年主讲长沙城南书院。左宗棠曾就读于城南书院。

3 与左宗植

近颇用力于方舆家，以为欲知往古形似，当先据目前可据之图籍，先成一图，然后辨今之某地，即先朝之某地，又溯而上之以至经史言地之始。亦犹历家推步之法，必先取近年节令气候逆而数之，乃为有据，故千岁之日至，可坐而定也。

欲知方位之实，当先知道里之数；欲知道里之数，当先审水道经由之乡。凡夫行旅舆程之记，村驿关口之名，山冈起伏之迹，参伍错综以审之，直曲围径以准之，以志绳史，以史印志，其失实也寡矣。现拟先作皇舆一图，计程画方，方以百里，别以五色，色以五物，纵横九尺。俟其成，分图各省，又析为府，各为之说，再由明而元而宋，上至《禹贡》九州，以此图为之本，以诸史为之证，或可一洗牵凿附会之失。"《左宗棠家书·与左宗植书》。

4. 上贺蔗农先生

前得手谕，敬悉松楸安谧，大事速竣，至以为慰。载违色笑，自寒徂暑，敬忆仪型，饥渴靡间。即承杖履无恙，唯适之安，敬颂敬颂。

宗棠来渌上三月馀，一以夫子之教为教。此邦人才，虽校大邑稍靳，然就中才颖俊发、恂悫良谨之士，所在不乏。惜山川僻狭，乡先辈又绝少宏达儒宗，闻见未广，风气斯闷。前数年间，讲席未得其人，黠者益其奸，拙者诲之惰，少年无俚之人，竟以訾薄相长益，以故父兄少娴礼教者辄以子弟入院为非幸事。宗棠初来，凡诸生晋谒，各给日记一本，令其工课随时注载。日入，头门下钥，即查阅工课。如旷废不事事及虚词掩著两次，将本课除去，膏火加与潜心攻苦之人。计七十馀日，熟《毛诗》一部及《尚书》二卷。惜此间书籍绝少，学者止能略识字义，未能因文见道，为可惜耳。伏念先儒有云：制外所以养中，养中始能制外，二义互相圆足。因于小学节文内撮取八则，订为学规，以诏学者。月朔望会订工课日记，为之引掖而督勉之。其有不率，则朴责而斥逐之。迩来俱知强勉学问，不谓苦也。前蒙以士习文风为问，故敢觊见缕陈之。伏乞时赐箴谕，俾有遵习。

同门胡生润芝，前许代购《水道提纲》《说文解字笺》及李申耆方舆图数种，别时曾云由江南寄存吾师处，不识到未？便中伏乞钧示。（道光十七年）

5. 与罗研生

春初一别，沉吟至今，思印之勤，至不可任。秋间在舍，闻六姨捐阁，殊用恒叹。壮年失偶，何以为怀？琴在人忘，房空灯冷。循省往迹，不亦悋矣。所贵君子慎思，达人顺变，无过郁怆重高堂悲，乃道所宜，亦情之至。

昨闻敦安兄言，阁下近患寒疾，想已痊复。北行伊迩。风雪首途，厚纩不温，重裘如葛。望多制裳衣，厚为卫护为妙。

弟自渌上解馆，居长沙将匝一月。月初始来此间，诸无善状，唯新生二女为快耳。北上之举，意竟难决，去住两难，亦有两便，故莫决也。

山妻旧有诗稿存六姨处，六姨既逝，此物恐忾就散佚，望即发回，至为感念。（道光十七年）

注：罗汝怀（1804—1880），字研生，湖南湘潭人。道光十七年拔贡。

近代著名经学家、史学家。

6. 上贺蔗农先生

倚篷拜别，咫尺千里，回棹引顾，中心怅结。畴昔之年，别经数月，尚尔惘惘，归日诣里第奉谒，步急犹迟；矧兹远道数千里，末由随侍杖履，高山遥矣，景行莫逮。重亲色笑，知是何年。静念成我之恩，分予之厚，且感且思，云胡能已。拜送后，北风常发，稍滞行舟。奉舟次前后二书，敬闻旅候载吉，至慰怀念。

先王父母遗象，蒙赐题赞，光及幽潜，稽拜受读，旧德重新，世世子孙，感且不朽。

陶文毅之丧，归自金陵。吾师既临其丧，命宗棠为教其孤子。现承王平舫先生及丹麓丈代致关聘。念文毅生前与宗棠有一日之雅故，又重以吾师谆谆之命，其曷敢辞！顾维文毅勋德文章，照耀宙合，遭际圣时，致身稷契。其卒也，天子为之震悼，谕祭于灵，命祀于国，纪行命谥，典巨非虚，遗孤甫离襁褓，亦被恩宠，身名俱泰，哀荣毕臻，古近人臣，鲜有其比。为公子者，近维名公之德，远图谊主之恩，守达人三命之诫，延君子五世之泽，顾当仅如寻常世宦子弟，掇科名，博雅誉，谓遂足称翩翩者乎？桐城张文端公训其家人有云："世家子弟，修身立名之难，较寒士百倍。"诚哉斯言！先世之禄，足以自赡。凭席馀业，刻厉之志不生，内志不贞，外缘益盛。其入非僻之路，既较便于凡人，其求成立之心，亦倍宽于素士，志钝名败，所从来矣。今陶公子方当就傅之年，私识未开，新机乍启。正古谚所谓"素丝无常，唯其所染"者也。宗棠既辱承吾师命，而抗颜为之师，才与不才，无所逃责。为教无方，诚未可以预拟。然小学幼仪，不可暂废。宗棠惟是兢兢焉求淑其身，以淑诸人，不负吾师，以不负文毅焉耳。到馆之期，当在明岁上元前。彼时再当肃函，奉慰存注。

城南饯别诗幅，闻罗生汝槐已觅便寄呈，想达钧览矣。

再，承师谕《论语》一书，每于容貌词气之间，兢兢致谨。隐微幽独之中，戒慎尤不容缓。宗棠自维气质粗驳，动逾闲则。年来颇思力为克治，冀少变化其旧。然而消融不尽，乖戾时形。即或稍有觉察，旋自宽假，病根蟠固愈深，随处辄见。寻思致此之由，觉先儒"涵养须用敬"五字，真是对症之药。现已深自刻厉，严为课程，先从寡言、养静二条，实下工夫，强勉用力。仰荷至教，在远不忘。宗棠虽极愚顽，何敢以空言妄对，自欺以欺道吾师乎？请事斯语，终身奉之，伏维鉴察，时有以督其不及，千万为幸。（道光十九年）

7. 致□□□

前接手示，未及奉复，实缘来往希便故。黔中之游所以不果者，山川险远，计一岁不能一宁其家；又闻藕翁西席已有人，弟自念舍此事别无可位置者，勉强应召，终非古人食功之业意示欲也。

连得柘农师舟次前后二书，谆谆以陶公子为念，敦嘱弟往为课读，意既恳到，语复婉挚。念文毅生前与弟颇有一顾之谊，又重以吾师之命，故不能却。现已承平舫、丹鹿两翁代致关聘，但不审其母夫人有异议否耳？

初一日复举一女，形状端好，性似聪慧，心亦爱之。古谚云："盗不过五女之家。"弟自今可夜不闭户矣。

新姨初到乡中，一切想能安之。前属内子书篚，久已写好置匣中，今特寄上。乞于尊夫人前大为赞叹，以塞弟言不谬。且尊夫人闻之，亦必踊跃摹效，楷法当益佳好，于君亦与有利也。玉夫初一日辰刻归家去矣，北上当在此月中旬,并闻。

弟宗棠拜手（道光十九年）

8. 上贺蔗农先生

省门两度趋谒,适缘人事匆遽,侍坐不久即散。积忱郁纡,未达百一,良用怅然。

拜别后沿湘溯资,八日乃抵馆舍,学子盼待正切,诣舟次迎劳,喜可知已。是乃天性独厚,非复凡儿所有。次日启馆,重理旧学、无稍忘遗。闻自解馆后,日夜肄习,悉中课程,不烦诃督,是诚可爱也。知慈念之甚,敢用奉闻。

洋事近云何？中丞新政,可略闻一二邪？此间僻左,如坐瓮中,敬乞便中有以见示。

家兄仲基,近闭户读书,意念沈融,似与曩异。而负诟既久,颇不自释。欲乞吾夫子于接对时,稍有以奖掖之,以坚其志,庶有与为善也。

润芝降官之信已确,昨有书来道及,似尚能安之。潘公甫《区田》书,此间无之,敬乞掷寄一部为幸。（道光二十年）

9. 上贺蔗农先生

胡湘林至,见吾师手书碑字,真气内含,和悦而静,实兼东坡、香光胜处,玩味不忍释。现已钩摹入石,泐工已竣,稍迟即可拓出寄呈也。

洋事于屡次挫衄之馀,忽又失利,愁愤何可言！时事如此,而经武知名,足系一时之望者,尚未睹其人。天下人材,自足供一时之用,安必其绌于今耶？

军兴以来,大小十数战,彼族尚知出奇制胜,多方误我；而我师不能致寇，每为寇所致。南塘束伍之法，既未见诸戎间；江陵驭将之方，亦未闻之当轴。此上不能谋，士不能死，公叔禺人所为感叹难已者也。

近诏按失守诸将罪状，军法从事。诸公若能肃将天威，一新纪律，置将卒于必死之地，而明示以必不死之机，此正朱子所谓"强弱之势、勇怯之情，只在腔子里一转"者也。桑榆之效，其可图乎？

抑事势之可虑者，虏以数十艘之众，牵制吾七省之兵，主客之势既反，劳逸之形顿异，揆度夷情，必将师伍胥肄楚之谋，用匈奴困汉之计。鱼虾扰攘，长此安穷？益饷调兵，劳费何极？是不待攻城掠地，而我先有坐困之势矣！

近来每遇警报，辄调邻远官兵赴洋防守，所用非其所习，未战先糜，兵以易地而弗良，饷以繁巨而难措，岂计之得哉？且内地营制，棋布星罗，皆所以壮声威而潜销反侧。征调既久，营伍空虚，乾隆、嘉庆年间即以数省大兵聚剿红苗，旋有三省教匪之变。由今而论，隐忧虽尚未形，而前事实为可鉴。若不及时熟筹通变之方、持久之策，正恐事终无补，而患不胜防也。

窃念彼族包藏祸心，为日已久，富强之实，远甲诸蕃。兵威屡挫之馀，尤足以启戎心而张敌胆。诚欲勾当此事，匪但不能急旦夕之功，而亦并不能求岁月之效。故今日情形所最急者，必在一省之力，足当一省防剿之用，而后可以省兵节饷，为固守持久之谋。其策如练渔屯，设碉堡，简水卒，练亲兵，设水寨，省调发，编泊埠之船，设造船之厂，讲求大筏软帐之利，更造炮船火船之式，火药归营修合，兵勇一体叙功数者，实力行之，画疆为守，明定约束，天子时以不测之恩威行之，庶几在我无劳费之苦，而海上屹然有金汤之固。以之制敌，即以之防奸；以之固守，即以之为战。天下事其终可为乎。

山斋无事，每披往昔海防纪载，揆度今日情形，敢谓帷幄之筹，似无易此。而埋头牖下，如蛰瓮中，军中议论，末由闻问。伏乞吾师于见闻之馀，备以见示。（道光二十年）

10. 致黎樾乔

樾乔仁兄亲家大人阁下：

春前一函托润芝转交，当已尘览。会闱分校，门下得几人？有卓然杰出者谁邪？此间僻远，又不阅邸抄，试差单不得见，未知我兄得奉使乘槎否？近状何如？稍不窘乎？前书云云，所论当是邪？幸勉留意。

霖生竟不留馆，可云违其才矣。闻今岁庶常改官者仅三数人，而霖生乃独出其中。世事颠倒乃如此，岂我辈心交例不逢时邪？美人迟暮，一嫁不终，吁可叹也。弟有诗慰之，中云："屈抑那无千里志，穷通只此百年身。"念此亦可不怏怏矣。我兄见霖生时盍话及此？弟此次忙，未及致书也。

弟明岁仍不来会试。近读书少有所得，身心渐有乐处。学问不求益身心，文如昌黎，诗如少陵，总为玩物丧志，何况以有用日月徇不可必得之科名邪？顷友人为作二十九岁小像，偶书八诗其上，区区志事亦粗具矣。录副尘览，乞有以进之。

都中近有何新政？诸公讦谟可略得闻邪？华甫近何作？仍似前懒不？小山将次入都，吾乡京官似此君之敦厚有执者少。旧友重聚，乐何如矣。

弟居馆中半载馀，未能暂归一宁其家。吾家近状不知何说，但闻春蚕作茧二万馀，差欲无寒，此则近来树桑之利也。君家近事末由闻知，竹报来往，想自悉。远游之子无以为安，能勤致家书，差免老人牵挂，即养老之一端也。大郎在都读书，想益孟晋。诸郎各有佳诣乎？此乃我兄后半世活计，当早为之所，勿似从前悠悠为幸。草此，即请大安。酷暑唯百凡珍重，为友朋自爱，勿过饮，勿贪谈。不宣。宗棠顿首（道光二十年）

注：黎光曙（1795—1854），晚更名吉云，字樾乔，湖南湘潭人。道光进士，长期任监察御史。

11. 与邓湘皋广文

前接家书，惊悉耘渠先生弃养之信，道里修阻，末缘走唁。哀维乡邦耆硕，日就凋丧，人之云亡，后来何仰？西望铭旌，徒极怅叹！先生兄弟为师友六十馀年，南村灯火，西园觞榼，触迹生哀，情何能已。然老年精气衰耗，哀思逾节，惧遂伤人。忧劳之馀，万望善自葆摄，至慰人伦之望。

宗棠今岁仍馆陶文毅家，扃影山馆，如处瓮中，孤怀郁迭，欢惊实鲜，近状不堪为长者告也。（道光二十一年）

注：邓显鹤（1777—1851），字子立，号湘皋，湖南新化人。嘉庆举人。道光中官宁乡训导。近代著名学者。

12. 上贺蔗农先生

洋事卒支离至此，令人愤懑。彼族不肆扰吾燕齐吴越之交，而并力窥粤，冒重险而屡进不已，知豨突而不知狼顾，志劣气骄，知其无能为矣。若严兵于黄浦近郊，固无与战。奇兵二路，疾出其后：一陆走东莞，逾山而西南，营于缺口海岸；一乘舟下内水，经顺德、香山，收复壕镜，顿兵十字门、九星洋附近各岛。俱结木为巨筏，环以铁鹿、撞竿、冲牙，上设水帘，列巨炮扼其归路。东路橄潮、惠之师，由海道驻师佛堂门、急水门、零丁洋一带；西路调粤西之兵，由肇庆、高明、新会诸府县，过内洋而屯大小琴山及三灶山各岛。皆择险要为贼必经之道守之，设为重复之险，以绝寇援而防溃逸。尽撤海口小船，申康熙初年片板不许下海之禁，海岸居民行坚壁清野之策，各港汉令俱募其地水勇自为堵御，官委以时部勒而激劝之，严遏接济，预靖奸宄。不二三月，彼族饷乏人疲，器械军资不得修补，譬犹羊触于篱，鱼聚于罛，进不能战，退不得脱，出长入短，自取灭亡，虽有奸猾，亦不能为寇谋矣。此策若行，则南洋之患可除，江浙八闽之警亦息，而东南海隅可百年无鱼虾之渗，转败为功，不待再举。此机诚不可再失也。

不然，彼纵不得逞于粤东，或俟夏至前后，西南风起，起碇齐发，分犯浙、闽、江南、天津各处，飙忽无常，伺便狎至，我之备多力分，兵疲于调发，饷艰于转运，复将何以待之邪？且彼族轻我甚矣，率数十艇之众，越重洋九万里而来，屡战而屡利，我屡却而屡受其侮。假如万分一通市之三十馀国相率效尤而起，而内地之奸民、洋盗乘机弄兵，荒屿绝岛之间，在在皆与我为难，不识谋国者复将何以待之？此草莽之臣所为日夕皇皇而不能自释者也。

自来此间，扃坐斗室，不独无可与谭者，亦并无一人之迹来。属有所思，无所于吐。适长沙人去，遂奉书吾师，一倾吐之。近作《陶氏三台石墓记》一首，呈请训正。（道光二十年）

13. 上贺蔗农先生

前奉钧复，敬悉一时从游之盛，系影山馆，末由上下其间，实深怅羡。

洋事孔棘，复又通市，想因互市各国货不速售，夷情不便，恐其并力致死于我，故聊为变通之举。其实各国贸易，原宜俟戎务告竣之后，商贩流通，始可议及。英人诡托陈乞通商，必因旷日持久，资货匮乏，冀得暂资接济。而此时乘势要求，意可遂其妄请，成和而归。当事者不能痛折奸谋，复借词婉转用机，徐为之备，长寇仇而损国体，怠军心而资寇粮，实为无策。即使彼族火器甚烈，一时难为捍蔽，然敌之所恃，专在火炮，能制其长，即可克日蒇事。大抵火炮利仰攻而不利俯击，利远击而不利近攻。为今计，炮台城垛尚可暂置不顾，惟于城根河岸一带，架木安轮，迭施水帘、丝网、生牛皮各物，为之障蔽。蔡牵前扰闽粤时，兵船皆施用此等器具，官军施放巨炮，不能得手。中藏精卒，排列木炮，木炮与竹将军制略同，但形制较大，炼精铁薄片为内堂。外傅水絮湿泥，防其炸裂，稍不同耳。此取其轻便利用，取准在十数里内者。俟敌近城，度吾炮可及者，更番施放。敌纵击破城垛，仍不能近薄城根。因以时选集水勇，分给木炮，每数十人为一队，队当一艕船，十人共举一炮，偷伏近岸，遇夜更番轰击，择地暂伏，侵晓仍散归各汛。复选蜑户及各水勇，乘坐小艇，黑夜携带木炮，两面夹击，彻夜不休。如此数旬，贼必疲惫，火药日少一日，必成擒矣。但须豫先绝其归路，必使聚而歼旃，片帆不返，庶可一鼓驱除，不待再举耳。

山馆无聊，言念时艰，不胜愁愤。惟夜望妖星明灭，以此卜西寇剿除之期耳。吾师处想必时有消息，仍求示悉为幸。

小蔗大兄时相过从，藉慰岑寂。但所居距宗棠馆中尚隔一宅，聚晤未能频数，犹为歉然耳。佑奎读书日进一日，脱手作字，亦尚有可观，今呈数纸奉览，乞更教之。

宗棠闭居此间，日间课程繁密，自己毫不能用功读书，亦复不成片段，悠悠忽忽，无有寸进，重负吾师训诲之意，悚愧悚愧。命书小楷，俟此

次在长沙觅得生纸来，即便书呈，但恐不能佳也。（道光二十年）

14. 上贺蔗农先生

世兄抵小淹，晤时奉到钧谕，敬悉近状，实慰怀思。

洋事为琦督所误，遂尔决裂，卒难收拾。赖天子明圣，即时逮问，得固危疆。宗棠窃计，夫己氏以奸谋误国，贻祸边疆，遂使西人俱有轻中国之心，将士无自固之志，东南海隅恐不能数十年无烽火之警，其罪不可仅与一时失律者比。皇上欲伸天讨，似宜驰使封剑，斩首军前，数其输国之罪，布告中外，庶有以壮三军之气，而寒彼族之胆。庙堂战胜之策，无逾此者矣。

去冬果勇杨侯奉诏北行，有人自侯所来云，侯言琦善得西人金巨万，遂坚主和议，将恐国计遂坏伊手。昨见林制府谢罪疏，末云"并恐彼族别生秘计"云云，是殆指此。诚如是，其愚亦大可哀矣。照壁之诗，及渠欲即斩生夷灭口各节，情状昭著。炮台失陷时，渠驰疏谓："二炮台孤悬海外，粤东武备懈弛，寡不敌众。"且云"彼族火器，为向来所未见"。此次以后，军情益馁，无非欺君罔上，以和要主，张贼势而慢军心，见之令人切齿。手无斧柯，奈龟山何？歌诗至此，知至人之心苦矣。粤督现简放何人？逋翁恐未必即能复任，其实目前人望，无如此公。若荷殊恩，毅然图旧，上足昭天子虚怀善任之明，下足固岭南千里之守，此天下所诚心仰望者耳。昨读其前后各疏，与宗棠策洋议论多有合者，但未能畅发详陈耳。

去年秋杪上吾师书中，有议及洋防者，封信时奴子节录一纸，前丹麓丈索观之，彼时未能检去，今特奉呈，并乞与丹麓丈一阅。事势虽已更易，然防守大局似终无以易之也。吾师谓然邪否？近作感事诗四首，

聊以抒发愤懑，不可言诗，录本呈上，乞吾师教之。（道光二十一年）

15.上贺蔗农先生

本月十六日奴子归省之便，奉寄一禀，想蒙慈鉴。比得京中诸友书，知洋寇一事，当局议论，内外同符，并为一谈，牢不可破。世务如此，将何赖矣！

黎君樾乔自履谏垣，三上奏牍，闻皆切务之谈，惜未获睹其草也。宗棠前与之书云："进言须有次序，论事须察缓急。"伊颇深以为然。而于洋事海防，尤所属意。兹属为详陈其概，以便采择。

窃思方今时事之坏，无过上下相蒙，贤奸失别，病源所在，攻达为先，称宗棠意旨。谓非严主和玩寇之诛，诘纵兵失律之罪，则人心不耸，主威不振。正恐将来有土地而不能守，有人民而不能为强，而国事乃不可复问矣！然世局已成，欲以疏逖小臣之一言，徐悟主听，岂可得矣？且近今谏官之以立言遭微谴者多。黎君老父已逾八十之年，衰晚龙钟，晨夕待养。在人臣报国之忱，固难两顾，而在友朋赠策之意，能不兼思？拟姑置此不谈，但条列善后事宜，于毖后之中，微及惩前之意，或者言之无罪，闻者足以戒乎。宗棠阅历极浅，世事多疏，不知措意，惟吾夫子幸教之。

胡云阁先生五月二十一日在京邸病逝，四十年父执，两世交情，思之怆然！润芝信云，八月初自运河奉丧南下，腊底当可抵里。此间闻颇望其臂助，然以宗棠度之，则必不能也。

湘潭张君声玠，与宗棠为僚婿，人品清挺，学问深醇，诗词四六，尤能传其家学。邓湘皋、杨紫卿时称道之。奈才赡命只，屡困春闱，住京二载有馀，更添穷债。其家口累尤重，老母在堂，无以为养。宗棠虽每于修奉之馀，时为分润，究于其家终无所补。窃欲敬求吾师于中丞公见之馀，不惜齿牙之惠，俾得一馆栖身，聊资菽水。行谊如此君，想不致累吾师知人之鉴。倘蒙俯鉴微衷，赐以一诺，在张君得遂考叔舍肉之私，在吾师即为孔子周急之义，感逾身受。干渎尊严，不胜皇悚待命之至。（道光二十一年）

16. 上贺蔗农先生

洋事卒成和局，实意念所不到。市不可绝，则鸦片不可得禁。自此亿万斯年之天下，其奈之何！西南诸海国以千百计，自前明永乐中七遣中官抚谕诸夷，诸夷慕中土人物之盛，不远数万里争先款贡，求贸易之利。及乎中叶，已来佛郎机、荷兰，恃其炮大船坚，屡犯浙、闽沿海州郡，以求贡市。终明之世，未能与之绝也。国初荷兰首先效顺，助讨海寇，故许其八年一贡，二年一市。嗣停其市，以示中外之防。其时荷兰震慑威棱，不敢相抗。自康熙二十四年海宇乂安，从疆吏之请，大开洋禁，于是有英圭黎者始请贡来朝。英圭黎实即今之英吉利，字与音经数译而讹耳。《一统志》、《职贡图》、《广东通志》诸书云雍正十二年英吉利始通市者，皆失考。

至若鸦片之名，明末已有之，李时珍《本草纲目》、方以智《物理小识》皆详载之。但未知其毒人之甚至此。想自英圭黎请市之始，即已携此物而来，嗜之者少，故其名不著。至雍正中列入药材，借收其税，乃敢公然市易耳。尝欲即明代御佛郎机、荷兰方略策议，及防海筹画战守器械，参以时所闻见，著为论说。顾终以书生谈兵，恐不值当局一哂自止。时事浸以不佳，夜坐独思，百感交集，愚痴之极，遂思择一幽窅夐绝、人迹不到之处，买田十数亩，躬耕其中。然人事牵制，卒卒不果。

尝叹杞人忧天，古今皆称其愚。究之十二万九千六百年后，称杞人愚者，亦未尝不服其先事之智也。（道光二十一年）

17. 上贺蔗农先生

连奉手谕，验其月日，皆历数旬之久始达。缘此禀复稍稽，馆居辟远，殊深怅卬也。

时事竟已至此，梦想所不到，古今所未有，虽有善者，亦无从措手矣。买山而隐，为苟全之计。此时已稍觉其迟；失此不图，更为无策。宗棠怀此久矣，缘馆地羁縶，未能亲往经营；又十馀年来，节衣缩食，箧中所藏，合之今岁奉馀，才得九百之数。既须择地而栖，复须量力以任，按图之索，事本为难。兼之将来人生日用所需，皆仰给于此，买山欲得其佳，而求田亦不能不稍计其直，两者合图，更难得当。所以迟迟，非无故也。青山佳处，已托诸昆谋之，月前又密遣奴子，同往相视。俟冬间归时，亲诣筹度，俟有成，当奉告吾师也。

此间以独富之家，处众贫之地，一夫狂呼，先为祸首。又地当宝庆之冲，会匪烟枭，潜滋已久，一旦蠢动，祸在门庭。本地山多田少，民食半资宝庆、益阳，偶遇荒歉，两处奸民即坚持闭粜之议。新化之苏溪关，益阳之桃花江，遇歉遏粜，文毅皆曾奏清查禁，然其风如故也。嘉庆十二年，此间放火抢谷之案，不一而足。道光十一、二年，斗米值钱八百，人心皇皇。安化土货之通商者，棕、桐、梅、竹而外，惟茶叶行销最巨，每年所入，将及百万。一旦江湖道梗，则山西引商裹足不前，此间顿失岁计，有地之家，不能交易以为生，待雇之人，不能通工以觅食。今年崇阳小警，引商到此稍迟，而此间已望之如岁矣。苟其一岁不来，此十数万人者，能忍饥以待乎？至若诸陶之求欲无厌，眈眈环伺，其野悍无理之状，犹袭蛮风，与他家迥异。一旦形势仓皇，则此辈先难安置，萧墙之祸，即在目前。前润芝论入山之计，欲即于近地谋之，宗棠颇以为不然，有六可虑之说，晋见时想可询悉一切也。润芝书来云：伊近处有碧云峰，山极险，田极腴，为前明避世之地。宗棠已属其速图之。如其有成，亦可备此间之一窟耳。（道光二十二年）

18. 上贺蔗农先生

两奉钧谕，敬悉一是。长女姻议，辱荷师命谆谆，宗棠何敢复有异说。然其中委曲极多，非面禀不能缕悉。既承谆谕，敢不略陈大概，俯俟钧裁。

此议始于戊戌之秋，旋复中止。今夏王师璞为述文毅夫人之意，必欲续成前议，并代达一切。宗棠初颇不以为然，盖亦实有碍难处措之势也。既师璞复理前说，语极恳切，并云已有信与师及平舫先生，以必谐为期。宗棠窃以前次曾以年庚不合为说，今复议此，知者以为童蒙之求我，不知者必且疑宗棠之就此馆，与去年之留此馆，及今日之欲辞此馆，皆隐有求系求援之意。窃惟君子之处事也，与其欲人之我谅，不如示人以无可疑。且此间人各有心，难期协一，订姻之后，尤难自处。而此间既信合婚之说，自不得不细意推考，亦邵子素不信日辰凶吉之说，然既取历择日，则必求其吉者之意也。当即商之成甫，云令伯母既必欲续成前议，何不先将两造推查，再行商议；如有一字不合，请即致书吾师，亟寝前议。若因此而稍存意见，不就明年之馆者，非人也。彼时师璞颇以为怪。宗棠云：此事关系至重，人力所不可至者，天也；人力所可至者，亦天也，听之可矣。嗣成甫出示所查年庚，并一课一卦，云俱合吉格。但伊不敢作主，仍俟吾师一决。宗棠亦以为然，尔后并未说及。昨奉钧函后，但闻文毅夫人催备纳采礼物甚急,足征其用意之诚。宗棠既与成甫有徐俟吾师一决之约,自不能复有他说。闻十数日后,成甫有因事晋省之说,见面时自可详禀一切。如事机顺利固佳,不然,人之所不顺,即安知非天之所不与也。宗棠毫无成见,万不至以世俗浅见芥诸胸中,许之、却之,一听吾师之命而已。但成否两议,意在速决。盖此议知之者多,而宗棠又现馆此间,过于迟延,殊无以相此耳。(道光二十二年)

19. 上贺蔗农先生

足至,奉钧谕,敬悉兴居以时,凡百俱泰,至慰至慰!

时事日不佳,殊深忧虑。米里坚即明之洋里干,西海中一小岛耳,乃亦俨然以敌国自居,思踵英人故辙,实为可笑。英吉利既不可得而绝,米里坚亦不可长。来谕所谓总之于我不利,乃一定之理也。

诸戎狡焉思逞,无有纪极,而国威屡挫之馀,内地奸民啸聚山泽者,亦复在在有之。比江南信至,浙西盗贼白昼剽掠,而太湖群盗纵横,约以万数。一旦海隅告警,则内讧、外侮必且表里相应。司事者不能早为徙薪之谋,徒玩愒以幸一日之无事,谓之何哉!此间界连武陵、溆浦、桃源之处,皆有剧盗巢穴,党羽动数百人。近闻益阳上乡,亦有被其害者。比事主踪迹至此,鼠辈不稍讳隐,且以危词恫喝之。恐明末峒寇之祸,去此不远也。

耒阳事,若抚、按不能持其平,纵此时无他,虑异日之患,必胚于此。世局纷纭,日甚一日。辰下康年屡降,故事变未形。一旦稍有水旱之灾,正恐无复收拾之日耳。

昨偶阅明人诗云:"老去寻山报国恩。"每微吟一过,神辄为之不怡也。大栗港近地有名白水洞者,距星翁之庄不过数里,深邃幽窈,一如锷云所言。昨无意中晤彼地一农人,具悉其概。检阅省志,唐裴休有《游白水洞观瀑布》诗，亦颇及其境之佳妙。前卧云曾云彼中有百亩之田可得，价亦不昂。惜相距太远。且卧云未移居其间，无可依倚耳。

佑奎读书功课如常，然于书中义理之稍深者，尚未能与之浃洽。故每讲解之后，令其复讲，亦自明晰，若已通晓者；及十日以外，辄多遗忘脱略，纵得其概，而神气义理，仍不相蒙，此盖其积理未多，心中不能融释之故耳。近年来惟时举古人言行之切近易知者，令其寻玩，意欲使之即事而明理，由粗由窥精，庶渐积之久，可期释然也。数夜前因乘凉之暇，随意作论一则，其意议均出其心裁，不过字句偶有增损耳。伊必欲呈览，不欲拂其意，今附上。乞吾师阅之。

魏默深所作《圣武记》，刘三来时，求便给宗棠一阅。（道光二十四年）

20. 答张玉夫

此奉四月一函，百忙之中，乃尔周至此，足见士元之才矣。大挑一等，喜慰无既。天下两员官好作，一宰相，一知县，为其近君而近民也。宰相不可得，得百里之地而君之可矣。

畿辅地政简民淳，尤易为理，惟仕风未审何如？世局日仄，宦途靡常，肠宜冷而不宜热，用宜节而不宜奢，亦约则鲜失之道也。老兄阅事久而明习事理，其亦以为然？官场俗话有所谓"行不去、打不开"者，最误人，不可听，乞足下审之。于清端盖世勋名、德业，都从罗城时得来。其论罗城事一篇，似宜时置案头为妙。弟去腊奉劝之言，亦不敢自谓无所见。但士各有志，狝猴之不耐冠带，亦犹凤皇之不屑枳棘也，行其所见可矣。

弟今腊将挈妻小，移居湘上之庄。彼中置薄田七十亩，饘粥有借。但愿长为太平有道之民，则幸甚耳。

直隶官有陈海阳者，慈祥诚笃人也。弟与交最挚，而从未通信，不

知近状何如？前闻其权某县事时，甚得民誉，不知今年已补缺否？晤时乞致声道宗棠问讯也。（道光二十四年）

注：张声玠，字玉夫，湖南湘潭人。左宗棠之姨妹夫。

21. 上贺蔗农先生

自季夏之杪得奉钧复，后因无长沙使足之便，未及以时上叩起居，慕恋之怀，云何能写？比维杖履雍容，道怀冲豫，至为心慰。

耦耕世伯总制云南，恩命遥宣，人情欢惬。朝廷崇奖正人，妙简民牧，风旨所向，群情所趋，裨补世道，良非浅鲜也。

吾师前闻有鼎州之行，未审果否？道体近复何如？前此酷热暴凉，颇难调摄，未审无他否？

岁事丰稔，高下一律，询之老农，佥云四十年来未始有也。收稻甫了，乞丐几于绝迹，而盗风亦为少止，丰年之乐，有如此者。但银价日昂，钱复艰得，农者以庸钱粪直为苦，田主以办饷折漕为苦，食易货难，金生谷死，未免如亭林先生所云"丰岁之荒"耳。

陶氏诸尚无它，佑奎读书甚好，所尤喜者，志向尚正，迥异凡儿也。宗棠在彼六载，介于亲疏之间，颇为难处。而性素褊浅，涉世本非所宜。加以一身远出，家中乏人照料，于私计亦殊为不便。昨归时已将此意面告之内主，明年替人。俟返馆时与润芝商之，再奉闻耳。（道光二十五年）

22. 与罗研生

久不见，亦久不通书，静中时用思想，昔桂堂夜谈之乐，便如隔世。去岁枉书及新词二阕，感念之意不替如旧。馆山中六年矣，未得一新知，即故交书问亦颇阔绝，非徒地僻，亦性懒也。友朋之乐，竟乃阙如。反复来词，但增眷恋。

承谕从事地理之学，甚盛甚盛。此学历少专门为之者，大都抄掇旧书、方志，以矜博炫多耳。齐次风《水道提纲》乃矫其弊，惟据目今之形势，而不援袭古人一字，数十年来，言地学者奉为典册。然其中舛互颇多，不可一一。李申耆于"肥水"条力纠其误，而亦不知其所据之何书，孰知此公乃并无书可据耶，盖仅据仁庙时西土之图成书，其于此学，未尝窥其一二也。

大抵吾辈著述，必求其精审，可以自信，然后可出以示人。若徒以此为啖名之具，则其书必不能自信，不能传久，枉用功夫，殊无实际，何为也？顾景范书较胜于阎百诗、胡朏明诸人，而其间亦不免时有所失。仆尝论古今言地之书，《禹贡》而外，无一完书，亦无一书不可备采，此在有志而专精者自为择别而已。近人著书，多简择易成而名美者为之，实学绝少。仆近阅新书殆不啻万卷，赏心者不过数种已耳。学问之敝，人才之衰，此可概见。阁下有志著述，愿拌数十年精力，专攻为之，幸勿如近人之为之也。

仆近因农家为人生第一要务，而古近颇少传书，思有所述，以诏农圃。志此者数年矣，而尚未得成卷帙，不过十数篇。精力想尚可及。后晤时当详告之。亦人世不可少之书也。（道光二十五年）

23. 上贺蔗农先生

前奉八月中旬钧复，敬悉一切。晤黄锷云，询知道体胜常，二弟清恙早愈，且闻场中文艺甚佳，足征精神之赡举，深惬私怀。

默翁《圣武记》，序次有法，于地道、兵形，较若列眉，诚著作才也。后四卷附《武事馀记》，其谈掌故，令人听之忘倦，其著议论处则多偏而不举、驳而不醇之病，故不如前十卷单行之足为全书也。暂无便可寄，俟缓再缴。

承谕暂时未能移住乡中，宗棠每为吾师思之，住乡毫无因倚之人，不惟太苦岑寂，且家常一切，亦殊多未便。洞井铺既非僻静之区，所居又系耦丈之庄，亦未为了局。以之隔远尘嚣，固为得计，然从新创立家室，一切俱须大费经营，非迟之二三年后，未能安习如故也。

宗棠以平素乡居之人，所移之处距老家不过十有馀里，又举其田与同祖兄耕作，蠲其庄钱，冀少资其照护，视全无因倚者，难易固殊矣。然此数月来，悉心区画，事事筹备，已觉劳苦之甚。目下虽俱有头绪，然疾病求医一着，尚未有以处也。可见迁徙去乡之难。为吾师计，似宜于住乡亲故邻近之地，求一行窝，或先遣诸弟移居其间，一两年后，然后挈家往彼，庶于事体较便。至若为武陵之谋，亦须于山下立一庄，为平常栖止之所；山上立一庄，为有事栖止之所，乃为合计。不必求多，数十石租可矣。然相距只宜数里，庶易于修葺，易于连络，有事则转山下之粟实山上之仓，易易矣。盖大山径路畸岖，登陟为苦，又兼气候高寒，秋多雾而冬多冰，匪惟常住恐非所宜，且买药、求盐、呼医、探友，诸非所便，两著不相兼，未可以为安也。鄙见如此，未识吾师以为然否？

宗棠现所图者，不过十馀石租之地，即达磨山上之田，其价止百四十千，屋止一边，山场亦极狭。待两三年后，始可囊括全局，其全局亦不过数十石租耳。嗣再有馀，则当于山下求一常住之地，从容布置，庶有可恃。但不知天能与以宽闲之岁月否耳。

乡居不能不耕田。耕田有数善：岁入之数较多，山泽之利并得，可以多蓄庸力，可以多饲鸡豚，可以知艰难，可以习劳苦。去春曾以劝润芝。渠以问其叔，俱以为非策。今居乡既久，乃益习其利。明岁亦督耕十馀石田矣。世间惟此事最雅、最正、最可恃，而人每不之务，实为可叹耳！

宗棠于农学颇有所窥，尝问之而得其事，亦学之而得其理。以为今之农者与今之学者，弊正相等，皆以欲速见小，自误而以误人，其关系天下不小也。至于筑墙、作壕、建碉堡及栽植、畜牧之法，近颇有得，为居乡所必须。吾师如定移居之计，当再写呈钧览耳。

润芝前在此会葬，盘桓十日而别，深信宗棠相与之诚，而以虑事太密、论事太尽为宗棠戒，切中弊病，为之欣服不已。然其论"出言不宜着边际"之说，似又不然也。（道光二十五年）

24. 致胡润芝

刘□持书之后，□日接奉吾咏之兄手简数番，深慰渴想。腊底清恙已全愈，甚堪欣慰。□□痛恐非仅外感所得，或肾气虚而有火故耶？尔我年齿方壮，而精气大□□人。弟自去腊移居后，因小事日日操劳，遂而大形倦困。又复新留数茎之须，见者辄误以为四十馀人，此可想其意矣。到馆后休养旬许，始渐有复元之望。壮不如人，何况于老，兹可叹也！大抵人生惟游房一事所损实多，而少食、多思，其祸亦与之等，兼三者而有之，则无怪其惫也。既以自箴，还告阁下，幸留意焉。

去腊以来，经营各事，皆系一手一足之烈。诸昆心事最可恃，而其才识之平庸殊非意料所及。即装修房舍一节，原以防盗贼为最要，如楼板、竹壁、地板及三合墙根乃系不可少者，自前年定局以后，即详细告知，去夏并绘图贴说，面遣奴子告知备细。比入宅后点检一切，俱不中程，且有以省费而未及办理者。比入宅四夜，而偷儿入室，将女仆衣服席卷一空，幸弟警寤之速，随即追寻，尚不至大有所失，然三四千青铜钱已抛却矣。自此告官议团，修屋安弩，诸事毕集，一家之人安眠不稳，殊可叹也。昨来时，匠役尚未尽行散遣。而病妻在床，仅恃一粗妾时为照理，苦况如何可言！书及此，梦魂已飞越数百里也。

来札云能生一守分农夫，庶有以自老。此真大有阅历之语尔。我家若早有此，尚复何忧？然无子则欲其生，既生则又欲其可，人生心事总无足时。阁下求农夫而必取其守分者，此愿又何易副耶？一笑！

见阁下与玉轩书及初次书稿，词严义正，不禁狂呼称快。弟来时适玉轩已到，据云存银三千四百在敬村处，意欲捐纳知县。敬村捐知县，玉轩已将此项挪五百金与伊矣。昨回家后，见家事大坏，不敢复作此想，此项仍当取回。弟当即责其起意之谬，并云：即此时趁早去取，或敬村已为尔上兑，将如之何？或敬村别有支销，又如之何？伊云：敬村断不致动，如已上兑，则我处只好以田业权抵，然想断无如此之速。弟答云：如原物全数归还，则尔之福；若有变动，则田业万不能抵，休错立主意也。然观其立言，或此项不至打散，亦未可知。现与面商，专信足去金陵，属敬村即日付信行寄归，未知何如？此又非老夫子加一信与敬村不得也。事经痴人手，徒增辘轳，殊为可叹之至。

兄处京项之数，已属学子转禀卢姨无异。其因失金一节，费去之项岂亦须兄处认耶？此间捐输五千串，昨据安、益两令来信云：方伯札来，须易银上兑，此项议叙已议给老五，同知捐省分发，为数须四千数百两，在益阳办取，先尽账目收之，账目不够则粜谷，粜谷不够则卖田宅，田宅不够则出息借办。玉轩两次向说，意欲暂于金陵项下暂为通融，弟已严斥之，并明示以利害矣。大约此项收到，金陵之项必须极力把持，或可勉符前约。据愚见，三月初，弟或抽身到益阳，约会吾兄同赴长沙，请公局诸老眼同弹兑封识，齐送此间，交卢姨收管结实。丁属先期倡言，长沙并内主前亦如此说，其实尔我不去长沙，公局亦未见吃紧，公局人必欲尔我一力耽承收领，始可交付，庶外间觊觎之心可死，而内主固藏之念始坚。且尔我之责成愈重，庶便一力把持，生死以之，不然恐犹无及也。现在事势实恐此项亦不能保固，此说实不得已为之，老兄卓见以为何如？此间诸事，亲戚不能持权，而内主亦殊不了事，惟此事重以公局，尔我始好尽平生气力，为此子一臂之助。此时想吾兄尚或可闲，果能如此，未必无益于事也。如老兄以为可行，即恳专丁赐示一音，以便先期诵言之。如何约伴之处，亦祈详示为荷。

去腊老五必欲得此议叙，而又恐弟之龃龉，使茂才微喻意旨。其时蒋老五捐官向借，内主已无端应允。弟寻思无可解说，乃云："既老五要我与闻，我自与他去商之。"比云："内主意以骨肉为重，议叙一说或无不可，但伊家原只拟以五千串上捐，而尔之议叙须四千馀金始可够上，现在光景你是明白的，如何能为设法？且我颇闻蒋五兄捐官要向此间借取四千馀串，两者并举，万万不能，且此端亦万万不可开！如你实要此议叙，则蒋处借项万不能应。如你说已经应诺，不便改口，只说我一人从中作梗，我自有话向他分剖；如你不能辞复蒋处，则议叙一说恐实在不能为尔办也。"老五颇有惭愧之色，即云："蒋处不能答应亦怪不得，既卢姨辈有此好意，即尽此项办理可也。"再三说之，尚无异词。能赖□蒋□□为值得，然尚不知究竟何如耳。刘八□去年底乘弟之归，在此借去谷四百石，今正又在此坐守，要此间受田据。玉轩云，内主又不免拖（涎）（延）也。如何如何？此间家事断不能好，将来恐受累无穷，此子真苦也。

与学子信及令岳母信已交去，王地师信并钱八千、研一方容即交梁元妥为料理。山兰非兰，乃蕙也，香气不减建兰，此地甚贱，十数钱便可得一盆，迟当多致之。家祖、祖母像赞想必附在印云处，而印云处信未见寄到，弟去腊未到伊处，想伊亦忘之矣。有便乞致信索归，恐日久则浮沉矣。

此间上下都平安，学子长甚速，体气日见结实，心中诸事了了，惟此差可喜耳。来使内主已给钱千二百文，并闻。此复。即恭请伯母大人福安，并颂尊嫂夫人阃福不宣。

愚弟宗棠顿复十九夜

玉轩已于今日归家，伊此次诸事艰于措手，实为自寻烦恼，且恨之，且怜之。昨已将诸事过细丁属一番，不知能实力尊照否耳。（道光二十五年）

25. 答胡润芝

得执事岁杪急步所递书，敬悉一切。少穆宫保爱士之盛心，执事推荐之雅谊，非复寻常所有。天下士粗识道理者，类知敬慕宫保。仆久蛰狭乡，颇厌声闻，宫保固无从知仆。然自十数年来，闻诸师友所称述，暨观宫保与陶文毅往复书疏，与文毅私所纪载数事，仆则实有知公之深。海上用兵以后，行河、出关、入关诸役，仆之心如日在公左右也。忽而悲，忽而愤，忽而喜，尝自笑尔！尔来公行踪所至，而东南，而西北，而西南，计程且数万里。海波沙碛，旌节弓刀，客之能从公游者，知复几人？乌知心神依倚，惘惘欲随者，尚有山林枯槁，未著客籍之一士哉？

来书谓宫保爱君心赤，忧国形癯，巨细一手，勤瘁备至，望仆有以分其劳。陈义至大，所以敦勉而迫促之者甚切。仆之才、之学，固未足以堪此，虽然，如仆本怀，岂不亟思稍出所长，以佐万一者哉！欧阳公辞范文正记室之辟，有曰："古人所与成事者，必有国士共之。非惟在上者以知人为难，士虽贫贱，以身许人，固亦未易。"仆诚无侣，然得府主如宫保者，从容陪侍，日观其设施措注之迹，与夫莅官御事之心，当有深于昔之所闻所见者。纵不能有当于公之意，然其有益于仆则决可知矣，尚何所疑，而待执事之敦促也？顾事固有未能如吾意者：孤侄年已十七，家嫂急欲为之授室，期在今年。又陶婿去冬书来，预订读书长沙之约仆以小女故，未能恝然。且此子从学八年，资识尚正，冀有所就，以延文毅之泽。渠夫妇现来山中，不数日当偕之长沙。前书具陈大略，想已得览。坐此羁累，致乖夙心，西望滇池，孤怀怅结，耿耿此心，云何能已！愿我公益坚晚节，善保体素，留佐天子、活百姓，毋遽言归。文书笺奏，在于幕府，苟不乏人，尚以时优游斋阁，节劳简思，永保终吉，天下之幸，亦吾侪小人爱慕公者之幸也。未敢冒昧致词，借通款曲，寸衷惓惓，末由自释。执事倘能为鲰生一达此旨乎？

安顺之治，开水利，兴学校，劾贪污，治巨盗，旌节烈，结宿案，纲举目张，民怀吏畏。论者服执事之才之勇，仆则谓执事诚心爱民之不可及也。乐园先生尝云："世之言吏事者动言才情，不知才生于情，情苟不至，才于何有？"仆每服为确论。今世守令如执事之明敏有执者，未必遂无其人，然细察其意念所向，精神所注，大抵在上而不在下；其聪明才力，用之于揣摩迎合、承奉笁牍之间，而实意之及于民者益鲜；即有时勉自振作，奋欲有为，亦动于近名干誉之心，非其隐微所不得已之故，不旋踵而即索然矣。交执事有年，信安顺之治之异于世俗之所为者以此，愿益勉之。

颇闻揭参之举，有议其不护乡曲者。人心之不同如此。然充彼人之心，不过使执事不为好官而已。而执事所以为执事者自在，不直以此置胸臆中。年时饱历忧虞，微有所得，尝集古人"忍过事堪喜，忧多道转亲"二语，书为楹帖，每一静对，辄复怡然，亦愿执事常诵之。（道光二十九年）

跋后、奏折、说、序、诗、文、联

陶文毅公节书冯定远杂录跋后

右陶文毅公节书冯钝唫先生《杂录》一册。钝翁在国初为吴中耆逸，著名江淮间，其行谊、著录略具文毅自跋中。敬绎数过，语语平实切近，与明昌新吾、薛文清及我朝魏环极、张考夫、朱柏庐、王朗川数先生为近，粹然君子之言也。

近世士大夫专尚考证、训诂、书数之学，以窥隙攻难为功，至标立汉学名字号召后进，于书之言身心性命者相戒为空疏迂阔之谭，弃置不一顾。其甚者乃敢躬冒不韪，轻议先儒，及问以四子书义，不能答，尝以利害细故，颟乱而无所守。呜呼！可不谓惑与？文毅手书此册，欲贻之家塾，是可知其用意之卓，措施之有本矣。

跋尾自署道光十年闰月。按是时公新督两江，兼管盐政，庶事烦巨。疑谤毕集之日，乃能把笔雍容，不易其素如此。至其笔势纵横，生气远出，竟数十纸无烂漫雕疏之病，非夫心淡神闲、精气丰豫者，其孰能之？

公以此册赠王平舫先生。岁辛丑，余馆公里第，先生自岳阳寄示命题。既录副本储示公子桄，并识数语于后。

（该跋作于辛丑，即道光二十一年）

陶文毅公诗话钞跋后

陶文毅公手书《诗话》一册，赐女公子梅霙夫人、婿王君师璞。梅霙夫人者，公次女，以封臂奉旌，世所称陶孝女者也。孝女工吟咏，故公以是与之。王君出是册，属识数语，并为余言：公自扬历中外，所践更皆极烦剧之区，它人为之或不称。公经纪庶事，无巨细，皆公自裁决，事尽办。寻常章奏、批判以及宾朋题咏倡和简牍往复之作，公余皆自为之，不以属人，人亦无能代之者。暇或探纸作书，刻尽十数副。公尝语人：吾岂欲名一艺耶，聊习吾勤耳。凡所手书，岁可得百数十册，旋为人裹去，亦不自惜也。嗟嗟，由王君之言，世之徒以才识敏赡目公者，其足尽公耶？

周王之命毕公也，曰"克勤小物"。夫毕公，大贤也；保东郊，大事也，于小物之勤曷取乎？盖惟勤也，则清明之气在躬，意念沉下而不为烦冗所细。故古今之能任大事者必于其小事不苟，信之。

公书此册在辛卯之冬，距腊数日耳。岁终官司文书冗杂尤甚，乃能从容作字，竟体朗逸，无一画苟者，是不可以观乎？余故以是言之，将以谂天下之论公者。

（该跋作于馆安化陶澍家时，具体年月不详）

陶氏三台山石墓记

资水东流入安化县东南境小淹乡，屈曲经诸山峡间，漩为石门潭。潭上峻岭盘互，峭石当其前，南北崖对立如堵，水流两崖间。潭心有石如印矗巨流中，石屋俯其滨，故光禄大夫、太子太保、兵部尚书、江南江西总督陶文毅公微时侍其父荑江先生读书所，今天子御书四大字以赐，天下所称"印心石屋"者也。循北崖上三里许，地稍夷，村闬相望，陶氏世居其中，曰陶湾，公之私第在焉。第西北百步许有山曰三台，中峰曰月山高十数仞，迤南尽于资滨，小溪绕其麓。山之半坯土微起，高不尽四尺者，则公子慧寿墓也。

公子名葆贤，小字慧寿。幼颖异，不类凡儿，公奇爱之，人亦谓此子必世公之家。生十年而殇，实道光十一年九月十六日也。明年十一月瘗于此。公尝自书其事状及一时名人哀诔铭志之词著于小淹《陶氏谱》，而新化邓先生显鹤亦尝录其诗入《资江耆旧集》。嗟嗟！孺子何幸得此也。

公子死之八年，公薨于位。其年子桄奉丧归。明年余客公第，授子桄经，陶氏之党为余言公子者犹痛惜之。呜乎！世称公子早慧而善识道理如此，使不遽死而终以有成，宁独陶氏之赖耶？

初，公子死，公恸之甚，人谓如公子者宜勿以凡殇论，盍立后主其墓，公勉从之。公薨而所立者亦废，母夫人乃重以为公子哀也。一日命子桄乞余文其墓之碑。余谓：古人无为童子墓碑者，蔡邕虽尝为袁满来、胡根之碑，要近于不典，是不可为也。而桄蹙然，恐遂无以永其兄之墓者。嗟夫！天地寿于人，其消息变化之迹人无从窥之，吾乌知数千百年，兹山之高者不颓然以污，溪之深者不更隆然以冈耶？而于墓乎何有！以公子纤形弱质，阅世近而取精未多，其犹有存诸冥冥之中者否耶？人死神气无所不之，藉有知也，亦倘佯游嬉于广莫之野而已矣，吾乌知其灵之必徘徊故乡，重恋此丘墟之藏耶？而亦于墓乎何有！虽然，人之用情固将无所不至，而托于文字者，可以起沦逸而传之无穷，吾又安能不思所以塞其悲也，作《三台山石墓记》授之。

抑余又有感焉，自余客此，颇习其乡里风土之故。大抵滨资数百里间狭乡田少，山农勤瘁鲜获，并力耕种尝忧贫，兹里之人顾多俯仰足自赡者。人言文毅名业烂然，乃其为德于乡亦甚厚也。《传》曰思其人犹爱其树，况其子乎？过公子之墓者，悄然念公之德而思致其爱于子焉，则斧斤之人，牛羊之践踏，吾知免矣。

（据《年谱》，该文作于道光二十年）

箴言书院碑铭并序

咸丰十年，太子少保、兵部侍郎、湖北巡抚益阳胡公奉命起集复督师。时将东征，于故居资水之阳建诰赠光禄大夫、故詹事府少詹事先公祠堂，旁为书院，藏赠公所著《弟子箴言》，因颜曰"箴言书院"。别庋书若干卷，俾同里承学之士聚读其中。买田若干亩，岁取其出饩之。规画甫毕，语其友湘阴左宗棠叙而铭之。

余维詹事公积学累善，信于家邦；笃生巨人，为国藩辅。侍郎读其遗书，罔敢失坠，用能殄寇息民，流惠南纪。又推其学所自出，公之邑人士冀得与闻至道之要，俾学于兹者辨志笃行，储为良材，各致其用。大哉，其与人为善之心乎！自顷学术凌迟，风俗颓敝，士竞科名利禄之途，靡靡然无所止极。一旦豀峒群蛮盗兵以逞，流毒遂半天下。而湖湘诸君子独发扬蹈厉，慨然各毕其智力以当世变而扶其衰，忠义之风照耀区宇。揆厥由来，非本其先世积累之厚、教诲之勤所贻，则亦乡里老生流风馀韵所渐被而成者也。然则箴言书院之设，侍郎岂徒然哉。故第谓詹事公有穀诒孙子，侍郎善则归亲者，犹浅之为见也。

铭曰：公昔在墅，读书岳麓，稽经谂律，用宏厥蓄。首以学行，贡于明堂，联掇甲科，望实益彰。嘉、道之际，回翔馆阁，秉道砥节，含盅守约。校士滇、黔，讲学城南，祖汉祢宋，精义是娴。余游京师，亲公杖履，勖言谆谆，以故人子。物滋于稚，圣养于蒙，节性日迈，其道自充。箴言之作，公意在兹，闵彼习非，牖其心知。余与侍郎，齐年逾冠，意气方新，不可抑按。公引墨徽，更落以斧，矫轻警惰，饬其器寓。哲人云徂，古型靡企，遗书在匮，百出以俟。阴阳之沴，实生螟蟘；盗起岭峤，祸及下国。侍郎奉命，自黔来楚，建旃徂征，磔彼穴鼠。江汉再平，遂规淮甸，目营九壩，气雄百战。幕府祁祁，群英是趋，勇爵举雄，礼罗致儒。得人其昌，造士斯极，我里悠悠，曷所矜式。珍涟山麓，资水之湄，经堂肇开，斯其取斯。烝我髦士，有图有书，有田可食，有庐可居。绎厥庭闻，以训以徇，以葆其华，以写厥润。毋侪于俗，毋荒于嬉，毋画乃成，惟公是师。

（按《胡文忠公遗集》卷七十一咸丰十年间三月十七日《致李希庵方伯书》云："日请邓守之先生写箴言书院各种箴铭规条，又请诸葛作《碑铭》，均一时之甚也。"）

峡流溪吴氏五修族谱序

自海内多故，而英特瑰玮之士出于其间，奋其材武，划除寇乱，功成名立，而天下知为伟人，岂一时侥幸之为哉？盖其祖泽之留贻，磅礴郁积，特钟于是人以发之而至于此也。

道、咸之间，粤寇纵横，流毒数省，吾湘琦人杰士。奋起戎行，争相效命。如罗、胡、王、李暨两曾公，伟烈丰功，卓然昭著，而吴君朝杰以武人晚出，从诸公后，身经百战，屡立奇勋，累官至记名提督。长江水师初设，乃借补瓜洲镇总兵，余耳其名久之。关陇既平，新疆底定，余以召入值军机，寻奉出督两江恩命。抵任之后，朝杰因公来见，英武之概冠其曹偶，心窃赏之。今岁冬间，朝杰以其宗谱乞序于余，余维谱也者，古之圣王以亲亲也。亲亲而宗法立，宗法立而谱系自明，非独以谱也。世风日降，谱牒不修，往往学士大夫莫知其所自始，而仁人孝子之心茫无所寄。又或侈陈先烈，粉饰铺张，附会支离，源流益杂，识者讥之。朝杰起自行间，不克究心书史，顾亟亟以谱牒之修为务。又其推源所自，断自其始迁祖继先公，支派厘然，无稍牵引，非特其性情之厚，即其识量有大过人者矣。

抑余窃有慨焉。方今法夷狡逞，扰我藩封，蚕食鲸吞，了无顾忌。海防等备日益加严，豪杰之士莫不竭其谋勇，冀得一当以播皇威。而朝杰以屹然重镇，屏蔽长江。大纛所临，声威远震，其足夺敌人之气而寒其胆无疑，意所以大前徽而光家乘者胥于是乎在。序其家谱，益重有望于朝杰也。

授光禄大夫、太子太保、东阁大学士、两江总督、二等恪靖侯加一等轻车都尉左宗棠撰。

注：峡流溪吴氏始迁祖吴继先，明永乐间居峡流溪圈门湾（今属桃江沾溪乡）。咸丰、同治间，其族人吴家榜（字朝杰）以武童入湘军，积功至记名提督、长江水师瓜洲镇总兵。此《谱》卷首还有李鸿章，彭玉麟、曾国荃、卞宝第等人的序言。此文见《资阳峡流溪吴氏六修族谱》卷首，又见《左宗棠全集》第十三册。

祭胡文忠公文

我生于湘，公产于资，岁在壬申，夏日、冬时。詹事、文学，读书麓山，两家生子，举酒相欢。我甫逾冠，获举于乡，见公京师，犹踬文场。纵言阔步，气豪万夫，我歌公咢，公步我趋。群儿睨视，诧为迂怪，我刚而褊，公通且介。谐谑杂遝，不忘箴言，庭诰相勉，道义是敦。公官翰林，我蛰乡里，中间契阔，盖数稘耳。公守黔中，我居婿乡，岁比不登，盎无馀粮。使来自黔，缄金贶我，欣欣度腊，返券举火。

道、咸之交，盗起苍黄，红巾白梃，逾岭下湘。我治军书，入居湘幕；公帅湘人，建牙于鄂。六七年间，湘固鄂完，我司其隐，公任其难。江汉滔滔，用武之国，公总上游，以规皖北。前罗后李，楚之良也，公帅以听，位高心下。曾侯觥觥，当世所宗，公与上下，如云如龙。养士致民，恤农通商，敛此大惠，施于一方。我方忧谗，图隐京门，晤公英山，尊酒相温。公悯我遭，俛焉若蕴，优蕴于中，义形于色。我反慰公，何遽至此？天信吾道，犹来无止。流连经时，辞公返湘，有命自天，襄事戎行。载斾东徂，数挫贼氛，公闻则喜，谓我能军。我尝戏公：吾岂妄耶？忧虞方殷，谬语相夸。安庆既下，黄州随之，桐、舒叠克，复徽与池。贼萃吴越，犹痈敛口，协力并规，庶歼群丑。

何图我公，积劳成瘵，中兴可期，长城遽坏。书来诀我：劳者思憩，君等勉旃，吾从此逝。启函涕零，亟致良药，苍头驰赍，七日至鄂。使还告我，详讯寝食。公卧射堂，屏退妇稚。血尽嗽急，肤削骨峙，频闻吉语，笑仅见齿。鼎湖龙去，攀号不遂，以首触床，有泣无泪。呜呼公乎，而竟已矣！彭、殇、渊、蹠，均之一死。况公名业，震今铄古，绛、灌无文，随、陆无武。劳臣斯瘅，殁乃暂逸，委形观化，祛烦已疾。君子曰终，得正斯可，以此哀公，公应笑我。

悠悠我思，不宁惟是。交公弱年，哭公暮齿。自公云亡，无与为善，孰拯我穷，孰救我褊？我忧何诉，我喜何告？我苦何怜，我死何吊？追维畴昔，历三十年，一言一笑，愈思愈妍。公之嗣子，我外孙夫，今我于外，罔恤其孤。公之先茔，屡思改卜，执绋未能，莫相负筑。遗文无多，可以饷蠹；章疏琅琅，关系国故。当以暇时，为之校删，上之史馆，藏之名山。我当力战，罔敢定居，以终公志，以实公誉。倘遂生还，梓洞、柳庄，当展公墓，兼省福郎，谓公嗣子。灵輀西返，不获走送，陈词酹酒，聊以志恸。有酒如池，有泪如丝，尽此一哀，公其鉴兹。

（据梅英杰《胡文忠公年谱》，胡林翼于咸丰十一年八月卒于武昌。是年《答李希庵书》云："祭润公文一首附览，不自知辞之哀也。"《左宗棠全集》第十三册）

变通试办茶务章程

变通试办茶务四条：

招商应先行清欠也。查商人欠课甚巨，又有积欠各案官本生息银两，以此众皆视茶务为畏途。非畏茶务，畏积课也。即如商欠带征咸丰元年分课银五万四千口百馀两，并欠带征咸丰八年分课银二万八千九百馀两均在乏商名下着追。刻因追无可追，又有已领咸丰九、十、十一等年茶引，因同治元年泾阳城陷，商人引茶资产房屋眷口均遭灾掠，加以甘省兵燹，连年谋生无计，商人逃亡殆尽，核计数年欠课又在三十八万六千九百馀两。上项自咸丰五年至今，皆虚悬无着，未能征获分厘。若不通融办理，亦谁敢充商，以滋巨累？是以无着之课致阻将来有着之课。应将积欠各课奏请豁免，并将众商拖欠原领各案官本生息，饬由该总商查明数目，分行司道府县暂行停缓，随后试办有效，陆续弥补。庶积欠既清，后累可免；商累既蠲，商情自期踊跃。

招商应先行清引也。查东西二柜各商每年额领茶引28996道。其初原因茶引畅销定额，兹茶务停废已经十载，复议招商试行，事同创始，势难如额行销。应候陕、晋二省新商募到，由该总商查明共承引数若干，饬令众商量力领票，措资前赴湖南采办。自同治十二年为始，行一引之茶即纳一引之课，从前积引不准代销，庶免移新掩旧之弊。俟试办二年，各商实力行销茶引若干道，再饬承领额引。

招商先行清课也。查甘省茶务向章，以捐助、养廉、充公、官礼四项陋规作为杂课，每引一道，每年征银一两四钱零。

积弊相沿，由来已久。本行商人及外行商贾所以视茶务为畏途者，亦因杂课繁重之故。今被灾十载，正课百馀万两且归无着，更何可征收杂课以累新商。与其徒留杂课之名，致妨正课；曷若蠲陈课之累，以救新课。应将每引一道每年杂课银一两四钱零停止征收，以祛宿弊而重正课。

招商应先行清商也。向来甘省茶务，本地商民赀本微薄不能承引，其力能承引之大商均籍隶山西。现拟试办新引，应俟部复准行，再行知山西曲沃、稷山、襄陵、太平，陕西泾阳各县，查传力能承引之商，令于陕西先开官茶总店，一面试办新引。商情既无疑虑，庶期踊跃争趋。

（据《甘肃新通志》。该章程作于同治十一年正月。）

甘肃茶务久废请变通办理折

奏为甘肃茶务久废，宜相时变通，以祛商累而广招徕，浚利源而便民用，据实陈明，仰祈圣鉴事。

窃维甘肃自军兴以来，茶务废弛。同治四年，前护督臣恩麟奏称频年贼扰，引滞课悬，请将咸丰八年欠课分三年带征，其咸丰九年、十年、十一年茶引，仍令照旧行销完课，其同治元年后茶引暂缓发商。同治五年，前督臣杨岳斌议设官茶总、分各店，归并古城茶税，及免厘税、缉私贩具奏。均经户部议准，而皆未及遵行。

谨案：陕甘官茶，均由湖南采运而来。咸丰二年以后，粤逆狓猖，湖南北两省贼踪肆甯，道路中梗，茶商时被劫掠，采运顿稀。恩麟所奏欠课自咸丰八年起，实则咸丰三年以后引滞课悬，已历五年。此五年中，陕甘湖茶引课，多系官商从前殢销之引及私贩偷运之茶也。咸丰八年以后，楚境渐次肃清，茶运稍畅。而九年、十年、十一年，洋商续在各口岸收买红茶，湖南北所产之茶多由楚境水路就近装赴各岸分销，而陕甘官商办运甚少。恩麟虽有仍令照旧领引完课之奏，官商迄无应者。同治九年，陕回构变，湖茶入陕者囤集泾阳，听候盘验，城陷，尽被焚掠。自是由关而陇，贼氛充斥，官茶片引不行矣。

溯甘省茶商，旧设东、西两柜。东柜之商，均籍山、陕；西柜则皆回民充商，而陕籍尤众。乱作，回商多被迫胁，死亡相继，存者寥寥；山西各商逃散避匿，焚掠之后，资本荡然，引无人承，课从何出？恩麟所请分年带征及仍令商人照旧行销，本是纸上空谈，初未见诸行事。杨岳斌接任总督，距恩麟前奏仅止数月，见旧商无人复充，新商畏累裹足，而陕境私贩充斥日甚一日，故请在陕设立官茶总、分各店，意欲化私为官。卒以经始费用无措，遂止。所请撤各省局卡厘税，议分古城估抽课厘，亦无应者。是甘省茶务从前徒有变通之名，并无试办之事也。

臣上年奏请豁免积欠课银，以票代引，招商试办，盖拟于官引无着时，先筹变通之策，冀行之或效，渐可仍复旧章。而户部仍据恩麟、杨岳斌原奏，以旧引责之原领商人，新引责新商承领。杂课暂虽展缓，未准遽停。并应仿五年杨岳斌奏案，令商人于陕西先开官茶店，试办新引。臣接准部咨，即饬兰州道奉武遵办，招商领引纳课。自上年二月至年底，据璋武禀，旧商无力领引，新商无人承充，勉强招致，仅只陆续承引二千数百道，按之原额，不过十分之一，茶务难望转机。臣体察情形，甘肃频年贼扰，汉、回户口死丧、流离、失业者众，不独茶商为然。欲招集旧商，从新开办，势固不能。新商以欠课未免，惟恐一经充商，其获利与否尚未可知，而前课未清，势将代人受累。虽多方譬晓，依然观望不前，非官所能强。若仿照杨岳斌奏，在陕开设茶店，无论地远人众，稽查难周，一疏检校，便致亏折。且官民交易，既非政体所宜，又距产茶之地数千里，商贩以销路归官，利息顿减，茶之来源难期畅旺。是禁私茶转碍官引，尤非所宜。

至请撤各省局卡茶厘，意在缓厘急课。然各省局卡厘税，向章茶与百货同征。专免茶厘，易启夹带、偷漏之弊。且隔省局卡，自有督抚主持，无由陕甘裁撤之理。古城漏课之茶，系由山西出口。应咨由山西抚臣委藩司、道、府设局卡查缉，以清其源，始免偷漏；一至古城，则形势散漫，难期周密。

兹值关陇安谧，局势与恩麟、杨岳斌在任时不同，亟宜通筹并计，以规永久。比按照部议，就陕省现在情形斟酌损益，因时因地，筹拟变通试办章程，谨缮列清单，伏候圣明裁察。

因茶市届期，一面分咨产茶地方及茶运经由各省，一面行知陕甘藩司及各道府等，妥为料理，以期划一。务期商累袪而招徕自广，私销化而课额可充，以仰副我皇上便民利用、抚绥远人至意。

所有未尽事宜，容候随时察酌情形，奏明办理。合并陈明。伏乞圣鉴训示，敕部议复施行。谨奏。

谨拟《变通茶务章程》，恭呈御览。

一、山、陕西旧商无可招致，回商存者更属寥寥，整饬甘肃茶务，所苦先在无商承引，固法穷必变之时也。窃思国家按引收课，东南惟盐，西北惟茶。茶务虽课额甚微，不足与盐务比例，然以引课有无为官私之别，与盐务固无异也。道光年间，江西盐务废弛，先臣陶澍力排众议，于淮北奏改票盐，鹾纲顿起，且有溢额。曾国藩克复金陵，犹赖票盐为入款一大宗，其明验也。盐可改票，茶何不可？按茶引之设，向系总商承领。领某司引、销某司茶若干斤，纳正课若干、杂课若干，均有定数。其资本不足者，一商名下，数家朋充；或领引转卖与人。正商但雇伙营运，领引分销，坐享其利，与盐商略同。试办之初，人皆以充商承引为畏途者，盖一经充商承引，则定为永额，将来须责赔旧欠，一也；或行销不旺，致有亏折，不能辞商缴引，亏累无穷，二也。今仿淮盐之例，以票代引，官商犹形裹足，应改拟商贩并招，一俟销路疏通，商贩有利可图，资本渐裕，届时或议仍复旧章；或行票尚无流弊，额引更多溢销，届时再当据实陈明，听候部议。

二、正课照定例征收，杂课归厘税完缴，方期简明核实，易知易从，蹊径清而弊窦塞，课额自可不致虚悬。按茶务正课每引征银三两外，征养廉银四钱三分六厘，捐助银七钱三分二厘八毫。西庄甘各司征收九成改折银二两七钱，官礼银二钱四分。内如捐助一条，本系雍正初征准噶尔时茶商捐银十二万两六年分缴之款，事平仍接续征收，遂成课额。其他各款，多应外销，名目既繁，易滋流弊。承平时商力已苦难支，试办之初，不大加厘剔，正课势必虚悬。且陕甘厘局，茶斤已与百货同征，若于正课外加入杂课，又加入厘税，是一物三征，杂课、厘税所定翻多于正课，于事体非宜，姑勿论成本过昂、商累已甚也。兹拟将杂课并归厘税项下征收。其行销内地者，照纳正课银三两外，于行销地面仿照厘局章程，在陕甘境内行销，均各一起一验，完纳厘税。大率每引以收银一两数钱为度，至多不得过二两，由陕西藩司、甘肃藩司按照各厘局现行章程分别酌议增减，以归划一而免重征。其出口之茶，则另于边境所设局卡加完厘一次，以示区分而昭平允。杂课既归厘局征收，所有各项名色概予删除，以清款目而杜影射。是杂课虽蠲，仍于厘税项下完缴，课额不致虚悬，而茶务得归简易，中饱之弊庶可免矣。

三、试办之初，以督印官茶票代引，不分何省商贩，均准领票运销，不复责成总商。惟恐散而无稽，遇有零星欠课，无凭追缴，不得不预防其弊。兹拟陕、甘两省，凡商贩领票，均令先纳正课，始准给票；或一时不能措齐，准觅的实保户或本地殷商的保，取具"届期欠课不缴，惟保户着赔"切结备案，亦准一律领票。

四、甘肃行销口外之茶，以湖南所产为大宗，湖北次之，四川、江西又次之。近时陕西石泉亦产茶，然味苦性寒，品劣价减，蒙、回、番不之尚也。"茶"字不见六经，《禹贡》"三邦底贡，厥名"，隶于荆州。先儒以"名"即古"茗"字，后人加草于"名"，故为"茗"。是两湖产茶，由来旧矣。兹既因东、西两柜茶商无人承充，应即添设南柜，招徕南茶商贩，为异时充商张本。

五、官茶行销口外，西讫回、番、海、藏，北达蒙古各旗，按引征课，本有定章。即内地行销茶斤，如陕西西安、同州、凤翔、汉中各府，皆有额引。其湖茶私入陕境，本干例禁。乾隆、嘉庆年间，先后将陕西茶引一千零三十二道悉数拨归甘商带销完课，于是陕西各府所行皆无引私茶，湖贩日益充斥，浸假溢占甘引，甘商受困，实基于此。杨岳斌所以有在陕开设总、分茶店，化私为官之请也。而所拟三等协济茶课，既不及正课三分之一，所称"弥补欠课"，已属空谈，而溢占甘引之弊，仍难杜绝。兹拟于湖茶、川茶入陕、入甘首站及各通行间道，饬陕西、甘肃两藩司遴委妥员，设卡盘验，以清来源。遇有无票私茶，即行截留，令其补领官票，赴行销地方纳课，经过厘局验票完厘。其有票官茶过卡，卡员验明茶票，斤重相符，即予放行，毋准需索留难，违者撤参科罪。较之开设总、分各店，防范易周，课额易足。

六、向例，官茶由商领引，赴湖南产茶地方采办，运销口外，经过湖南、湖北、河南，入陕达甘，各省既无厘局，并无茶厘。自海口通商以来，洋商雇人分赴产茶各省地方收买红茶，行销各国，议价颇昂，茶之出海者不可胜计。而由产茶地方出海口，均一水可通，脚价减省，商贩争趋。各省始设局卡，兼抽茶厘，以佐军用。而陕甘官茶经由湖北襄阳入陕，取道潼关，必须舍舟而车；问途荆子关，必须舍舟而驮；出口行销，又动辄数千里。茶本既因洋人觊买而高，脚价又因陆程迢递而耗，于是山、陕茶商渐多亏折。值粤逆猋狉，道路多梗，茶利更微。迨关、陇回逆蜂起，片引不行。蒙族、回部、番众不能无茶，均仰给于私贩，而私贩遂伺隙偷运行销，以牟厚利。国家利权下移，徒资中饱，良可惜也。兹拟挽回课额，渐复旧章，应咨两湖督抚臣：凡由水路出售各省海口茶斤，本系无课之茶，照旧抽厘，应无异议。其领陕甘官茶票行销口外，茶马有专司，正杂课有定额，本非行销海口者可比；又陆路脚费繁巨，成本畸重，必碍行销。若照行销海口章程抽厘，商贩必形裹足，于事体亦属非宜。凡遇陕甘商贩运茶经过沿途地方应完厘税，概按照行销海口茶厘减纳十成之八，只抽两成。所有减纳八成厘银，各省划抵积欠甘饷，作解甘肃，以划抵欠饷作收，年终由陕甘督臣咨部，以清款目。如此，则两湖茶厘虽只抽两成，而所馀八成仍划抵欠饷，于款项并无出入。陕甘茶务成本稍轻，销路易畅，即可就此本有利源，稍供挹注，两利之策也。

七、口外官茶，向由陕甘茶商领引，行销北口、西口。行北口者，陕西由榆林府定边、靖边、神木等县，甘肃由宁夏府中卫、平罗等县；其销西口者，由肃州、西宁等府州各属。承引纳课，均责之官商。道光初年，奸商请领理藩院印票贩茶至新疆等处销售，甘肃甘司引地被其侵占。当时，伊犁将军庆祥、陕甘总督那彦成奏准在古城设局收税，每年估抽银八千两，拨归甘肃，茶商年终汇报，以补课额。而课额终悬。所领理藩院茶票，原止运销白毫，武彝香片、珠兰、大叶，普洱六色杂茶，皆产自闽、滇，并非湖南所产，亦非藩服所尚。该商因茶少价贵，难于销售，潜用湖茶，改名千两、百两、红分、兰分、帽盒、桶子、大小砖茶出售，以欺藩服而取厚利，实则皆用湖茶编名诡混也。杨岳斌原奏请照甘商课额，每茶八十斤，以四两四钱四分为率，一体纳税，未将何处纳税指明，本系空言；又请将古城每年所纳茶税悉归兰州道，入于额征茶课汇报奏销。古城设局收税，从前既未举行，此时又何从商办？窃维榷茶一事，不仅国家本有之利，亦抚驭藩服一端。如果理藩院照陕甘茶课一律征收，每引四两四钱四分，先课后票，则商贩采运闽、滇之茶前往售销，尚无不可；即潜贩湖茶，侵占甘引，而按引纳课，与甘商并无不同，是正课失之甘肃，犹于理藩院补之，于国计无所损，亦可任其行销。惟查该商等所纳税银，每百斤多者仅一两，少者六钱及三钱，较之甘商课额，彼此相形，多少悬绝。而所销湖茶，又系甘商例销之引，甘商被其侵占，得以有词；且茶价一贵一贱，无以取信远人，于政体实亦不协。兹拟咨请理藩院照甘省现拟通行"先课后引"章程，一律缴纳正课，经过地方照章完厘两次，于票内明晰晓示，由山西归绥道设卡稽察，验票放行。所缴正课，即归理藩院验收。其归绥道所收茶厘、罚款，解由绥远城将军验收。各于年终汇案，分别咨奏，以杜弊混。遇有夹带走私情弊，由归绥道随时核明惩办，均无庸由甘肃汇报。庶国课无亏，商情亦协，奸猾之徒无所施其伎俩矣。

八、茶务办公经费，向均在杂课项下支销。兹拟变通试办，自应力求撙节。惟局卡扼要分设，员弁薪水、夫马及向章各衙门书吏、工役纸张、饭食等项均办公所需，必须酌量开支，以资应用。试办之初，引课盈绌未能预计，杂课既拟归并厘税，所有办公各项经费均应于厘税项下开支。试办有效，再当酌中定拟，分别奏咨备案。

以上八条，均经参考往例，体察现时情形，筹议变通试办。如有未尽事宜，容再陆续陈明，务期悉归允当。合并声明。

朱批："户部议奏。单并发。"钦此。（同治十三年二月十六日《左宗棠全集》第6册）

广区田制图说序

区田之制，农书传之。创自伊尹与否未可知，若语农务之精良，古近无以过。盖论农之理，具六善焉；论农之事，兼三便焉。

今法田必秧种。宿水渍谷，夜晾昼沉，畲酿郁蒸，逼使芽。甫芽布诸秧田，春阴多雨，秧悴不耐，谚谓之酳。晴乃起，否竟涊（澜）〔烂〕不成。苗长二寸以上始分栽，并手忙插，一夫日毕二三亩，嫩绿数茎，欹卧白水中，贵种贱植，于兹甚矣。夫嘉禾视乎种，未有种不善而禾善者。一谷三移，元气屡泄，亲下之本既久去地，伤母之体，岂能全天？儿在胎中，贼其天和，堕地而哭，尫悴善痾，良媪其将如尔何？世传撮谷种宜稼而丰苗，利较恒田倍。然指撮谷，足踏水，水漾谷，不安簇，耘荡艰，且托根已浅，不耐酳，病差与秧种等。区田法布谷于区，手覆按令着土，足履区旁高土，水不绐，谷不易其所，有撮谷之利而无其病。善一也。

凡农之道，厚之为宝。土宜禾，粪益土。粪欺土者穰，土欺粪者荒。是故上农治田先治粪，粪与田称，禾之良也。今农田一亩，粪多者十数箕而止。农粪之薄，禾亦报之薄。徐文定公称张宏言以粪壅法治田。今田一亩亦得谷二十余斛，多恒田三之一。区种法，区用熟粪二升，一亩一千三百五十二升，旁土不粪，土受粪者止亩四之一，实土载粪，粪圜禾，质取其熟，力取其多，以视恒田倍十有加。善二也。

禾畏旱畏风。今田竟亩不为畎，费水多。宿水尽，辄翘首望泽，不时则损。区种法费水止今田四之一，水易足。又禾根深，禾叶茂，雨泽虽迟，实土常润，荫谷能旱。凡灌稼，沟纳外水，自区角斜入递注之，岁甚旱，五六番足矣。区深一尺，禾自出叶已上至结实时，旋助区土壅之，无虑七八寸，振林之风不损。善三也。

禾畏虫。今农田一亩为禾二千余科，疏者千数百科，禾长掩亩，气不得利，郁蒸所至，并钟五贼。积热在土，盛雨卒加，为湿裹燥，根则受之，是生蠚。日正烈忽小雨，雨自叶底流注节间；或当午纳新水，热与湿薄，厥病均，是生贼。露未晞而朝暾红，雾未散而温气蒸，着叶而凝，是生蟥。热附于根，湿行于稿，时雨时旸，二气交错，是生螟。不雨不旸，蕴气难泄，日曛宵暍，是生蛰。凡厥五贼，贼禾之渠。未化之先，遇风乃除。区种法，空四旁，风贯行间，纚纚然，郁者通，结者解，虫类无由滋。《书》曰"上农治未萌"，此故胜也。惟蝗与螽末由独免。然耕道交互，足不践稼，卯午之间勤扑逐，视它田便。善四也。

有农焉，地饶而粪强，苗长而叶光，望之非不油油然蕃且良矣。逮日至实暍叶丰，十谷五空，于谚为肥暍。美其始而恶其终者，何也？纤根旁出，遇浮泥而滋，直根力衰，遇实土而止，得浊气也多，得清气也微，阳极阴绌，叶繁而心不充。拙农不知，乃专咎夫风。旨哉，周髀之论稼也。薅禾时，足蹑禾四旁，令浮根断，如是者再，其谷倍丰，其米耐舂。区种务勤锄厚壅。禾生叶马耳已上即锄，比稼成，数不啻十遍。隤土附根，深可七八寸，旁根绝，正根王，穗蕃硕而长，圆粟而少糠，米饴以香，多沃而食之彊。善五也。

先农尽地力，又惧地力乏，息者欲劳，劳者欲息，棘者欲肥，肥者欲棘，岁易之法易其田，代田之法易其圳，禾不欺土，土不窃谷，上之上也。今农为田，宁普种而薄收，地稀种则诧，禾稀谷则无究之者。嘻！其惑矣。区田岁易其所，不甚其取，旋相为代，地气孔有。善六也。

匪唯六善，是有三便。今农惟壮丁治田，老弱妇稚供馈饷小运，鲜以充耦。区田用力虽频，不甚劳累，力小者亦任。开区治田，担粪引水，壮夫任之；和土布谷，锄草土壅根，余丁力可给。地近足力省，锄小手力省。陇土高，体不沾，足不涂。犁既废，省牛牧与刍。肩不重负，腰脚便无前牵后拽之劬。老自六十已下，稚自十岁已上，主妇童女自治馈应饷外皆量力而趋。循行耕道来徐徐，尽室作活如嬉娱，人无冗而力无虚。其便一。

贫农赁田，先奉田主上庄钱，岁租多寡，视此为差。吾乡上田亩约钱二千许，岁租石五斗。湘潭西南乡上田亩十金，或减其二，岁租一石。大率湘潭上农赁耕一亩，得谷可四石，岁租一石，一石充粪直、庸钱、杂费，上庄子钱应除一石，余乃为佃农利。吾乡上农赁耕一亩，得谷三石六斗有奇，岁租石五斗，一石充粪值、庸钱、杂费，上庄子钱应除斗许，馀乃为佃农利。它郡县佃例不一。兹固其概也。岁歉收，或丰而谷贱，佃农捋捋终岁，仅及一饱；次亏子钱，又次乏耕资，负租不能偿，或以上庄钱抵，或径谢赁地，还取上庄钱，弃耕图暂活。中、下农与田更无论尔已。区田法治田少而得谷多。壮丁一人，但佃二三亩，上庄钱少，租不外科，馀丁合作，自庸其家，粪虽多，准恒年广种所需，又何加焉？其便二。

旧说区获四五升，亩计三十石，食五人，糠少粒圆，斗得八升，总为米二十余石。初年学种以半计。即以半计，计亦非左。数口之家，力作不惰，凶岁能飧，丰年大可，既高吾廪，复通人货，易乏为饶，反瘠为沃，效莫捷焉。其便三。

是故读书养素之士，世富习耕之家，末作趁食之民，游手无俚之子，皆能自营转雇，称力而食，一家为之一家足，一邑为之一邑足，天下为之天下足。聚民于农，人朴心童，几蘧之理，于焉隆矣。嗟乎！吾言区田之利，吾农重思之，不诚如此乎？乃惊其土省而获多，又畏其烦数不易治，辄置之。嗟嗟！人心无古。今习故安常，莫适为倡。或间为之，而不悉其法，或厌其烦数，而意为增损，利不及古，则倦生矣。嗟夫！此区田之制所为旋作旋废，彼作此废，孤良法于数千百年而未能多睹其验也夫！（据《左宗棠年谱》：道光十八年，会试榜发，复见遗，遂决计不复会试。"始留意农事，于农书探讨甚勤，以区种为良，作《广区田图说》指陈其利。"《左宗棠全集》第十三册）

名利说

天下圆顶方趾之民无数，要其归有二，曰名也，利也。人率知之，能言之。然试察其志之所分与其途之所自，合则亦曰利而已矣，乌有所谓名者哉！

名有三，曰道德之名，文章之名，一艺一伎之名。古人吾弗能知，吾思夫今人之于名。以道德名者，人因其道德而名之乎？抑已因其名而道德者也？或市于朝，或市于野，归于厚实已矣。以文章名者，亭林顾氏所谓巧言令色人哉？负盛名招摇天下，屈吾身以适他人之耳目，期得其直焉，不赢则又顾而之它尔。以一艺一伎名者，其名细，今之君子不欲居，然亦百工之事也。吾益人而不厉乎人，尽吾力食吾功焉，斯亦可矣。顾伎庸术劣，抑人炫己以求自利者又何比比也？

徇私灭公，适己自便，此皆宋儒谢氏所谓小儒者也，利也。夫恒情所谓求利者有其具，农之畔，工之器，商贾之肆，此以其财与力易之者也。此之所谓求利者亦有其具，不以其财，不以其力，以其廉耻易之而已。诗曰："不素餐兮""胡取禾三百廛兮。""不狩不猎，胡瞻尔庭有悬貆兮。"古人盖以为诧矣？今何以恬然若无足深诧，且相与睨而艳之，恤恤乎恐彼之不如耶？廉耻之道衰，嗜利之心竞。意其弊必有受之者，而非斯人之谓哉？

癸巳燕台杂感八首

世事悠悠袖手看，谁将儒术策治安？国无苛政贫犹赖，民有饥心抚亦难。天下军储劳圣虑，升平弦管集诸官。青衫不解谈时务，漫卷诗书一浩叹。其一，纥烈全金功亦巨，李悝策魏术非疏。公孤自有匡时略，灾异仍来告佥书。不惜输金筹拜爵，初闻宣檄问仓储。庙堂衮衮醇英在，休道功名重补苴。其二，西域环兵不计年，当时立国重开边。橐驼万里输官稻，沙碛千秋此石田。置省尚烦它日策，兴屯宁费度支钱？将军莫更纾愁眼，生计中原亦可怜。其三，南海明珠望已虚，承安宝货近何如。镶输普俗同头会，消息西戎是尾闾。邨小可无惩虿毒，周兴还诵《旅獒》书。试恩表饵终何意，五岭关防未要疏。其四，湘春门外水连天，朝发家书益惘然。陆海只今怀禹迹，阡庐如此想尧年。客金愁数长安米，归计应无负郭田。更忆荆远南北路，荒村四载断炊烟。其五，青青柳色弄春晖，花满长安昼掩扉。答策不堪宜落此，壮游虽美未如归。故园芳草无来信，横海戈船有是非。报国空惭书剑在，一时乡思入朝饥。其六，已忍伶俜十年事，惊人独夜老雅声。一家三处共明月，万里孤灯两弟兄。北郭春晖悲草露，燕山昨日又清明。宵深却立看牛斗，寥寞谁知此际情。其七，二十男儿那刺促，穷冬走马上燕台。贾生空有乾坤泪，郑縏元非令仆才。洛下衣冠人易老，西山猿鹤我重来。清时台辅无遗策，可是关心独草莱？其八（作于道光十三年）

二十九岁自题小像八首

一、犹作儿童句读师，生平至此乍堪思。学之为利我何有？壮不如人他可知。蚕已过眠应作茧，鹊虽绕树未依枝。回头廿九年间事，零落而今又一时。

二、锦不为帨自校量，无烦詹尹卜行藏。君王爱壮臣非老，贫贱骄人我岂狂。聊欲弦歌甘小僻，谁能台省待回翔？五陵年少劳相忆，燕雀何知羡凤皇。

三、只恐微才与世疏，圣明何事耻端居。河渠贾让原无策，《盐铁》桓宽空著书。学道渐知箴快犊，平情敢妄赋枯鱼。幽闲岁月都无累，精舍优游乐有馀。

四、十数年来一鲜民，孤雏肠断是黄昏。研田终岁营儿哺，糠屑经时当夕飧，五鼎纵能隆墓祭，只鸡终不逮亲存。乾坤忧痛何时毕，忍属儿孙咬菜根。

五、机云同住素心违，堪叹频年事事非。许靖敢辞推马磨，王章犹在卧牛衣。命奇似此人何与，我瘦如前君岂肥。来日连床鸡戒晓，碧湘宫畔雨霏霏。

六、九年寄眷住湘潭，庑下栖迟赘客惭。娇女七龄初学字，稚桑千本乍堪蚕。不嫌薄笨妻能逸，随分齑盐婢尚谙。赌史敲诗多乐事，昭山何日共茅庵。

七、旅馆孤怀郁不舒，屋梁见月更愁余。可怜禽鸟犹求友，独隔关山只寄书。楚泽凉风吟别夜，燕台斜日恶归初。安能飞梦四千里，人海茫茫一执裾。

八、唐初身判原无格，汉室侏儒例免饥。仕宦何心争速化，人材似此不时宜。秋山缀石灯前影，春笋闻雷颌底髭。只待它年衰与老，披图聊得认参差。（作于道光二十年）

感事四首

一、爱水昏波尘大化，积时污俗企还淳。兴周有诰拘朋饮，策汉元谋徙厝薪。一怒永维天下祜，三年终靖鬼方人。和戎自昔非长算，为尔豺狼不可驯。

二、司马忧边白发生，岭南千里此长城。英雄驾驭归神武，时事艰辛仗老成。龙户舟横宵步水，虎关潮落晓归营。书生岂有封侯想，为播天威佐太平。

三、王土孰容营狡窟，岩疆何意失雄台。痴儿盍亦看蛙怒，愚鬼翻甘导虎来。借剑愿先卿子贵，请缨长盼侍中才。群公自有安攘略，漫说忧时到草莱。

四、海邦形势略能言，巨浸浮天界汉蕃。西舶远逾师子国，南溟雄倚虎头门。纵无墨守终凭险，况幸羊来自触藩。欲效边筹裨庙略，一尊山馆共谁论？（作于道光二十年）

题常德关帝庙

史策几千年未有，上继文宣大圣，下开武穆孤忠，浩气常存，是终古彝伦师表；

地方数百里之间，西连汉寿旧封，东接益阳故垒，英风宛在，想当年戎马关山。

挽贺蔗农先生

宋儒学，汉人文，落落几知心，公自有书贻后世；

定王台，贾傅井，行行重回首，我从何处哭先生！

（作于丙午，即道光二十六年）

挽林文忠公

附公者不皆君子，间公者必是小人，忧国如家，二百馀年遗直在；

庙堂倚之为长城，草野望之若时雨，出师未捷，八千里路大星颓。

挽胡文忠公

论才则弟胜兄，论德则兄胜弟，此语吾敢当哉？召我我不至，哭公公不闻，生死睽违一知己；

世治正神为人，世乱正人为神，斯言君自道耳。功昭昭在民，心耿耿在国，古今期许此纯臣。

挽曾文正公

谋国之忠，知人之明，自愧不如元辅；

同心若金，改错若石，相期无负平生。

胡文忠公之母汤太夫人哀词

生与吾母同，德与吾母同。春秋八十四，得天独丰。夫儒臣，子人雄，平江汉，铄武功。巍巍大国一品封，勚勤贵朴宣慈风。一病十日归幽宫，帝赉银币荣其终，福禄攸崇养更隆。哀哀鲜民湘上农，书此敬诔忧心忡。

题江宁陶文毅林文忠两公祠

三吴颂遗爱，鲸浪初平，治水行盐，如公皆不朽；

卅载接音尘，鸿泥偶踏，湘间邗上，今我复重来。

题汨罗刘氏宗祠

旧本书，下澨田，流荫敢忘先世泽；
平等人，安分事，门户犹望后昆贤。

题岳阳洞庭君祠

迢遥旅路三千，我原过客；
管领重湖八百，君亦书生。

题洞庭王庙

海国旧传书，是英雄自怜儿女；
湖山今入画，有忠信可涉风波。

题左氏家庙

纵读数个卷厅书，无实行不为识字；
要守六百年家法，有善第还是耕田。

自署门联

文章西汉两司马；
经济南阳一卧龙。

赠少云贤婿

言不过词，动不过则；
体之以则，彪之以文。

赠安维峻

行无愧事；

读有用书。

赠莼农姻世兄

直度三古，横抗八极；

友取十室，书据百城。

赠更森一兄

赋诗健笔挟风雨；

投钓幽情渺水云。

五言联

三国亦正史；

六朝无古人。

七言联

未须百事必如意；

且喜六时长见书。

七言联

书从芸馆分香秘；

花傍瑶林浥露多。

七言联

遗经熟读大小学；

名德祗承内外家。

七言联

玉润金声窥笔意；

高山流水会琴声。

七言联

友如作画须求淡；

山似论文不喜平。

七言联

一池新墨生吟思；

半岭天风有啸声。

七言联

借得奇书且勤读；

忽逢佳士喜同游。

八言联

天气澄和，山涤馀霭；

风物闲美，园列初荣。

八言联

文高九能，道重三物；

风宣八节，气备四时。

八言联

两眼尚明，爱求良友；

数年可假，还读我书。

左宗棠书法对联选

名論縱橫直跋尾
異書撿投不藏魚

山川出雲作霖雨
日月合璧成文章

天興高才割愛難
家藏古史存疑是

澗道餘寒歷冰雪
洞口經春長薜蘿

左宗棠书法对联选

凝神葆龢颐性养寿
秉道育惠辞艺立言

更遣飞花绣好春
应须绿酒酬黄菊

孤云出岫岂求伴
远水黏天不自多

仁寿桥边日月长
老子胸中冰雪满

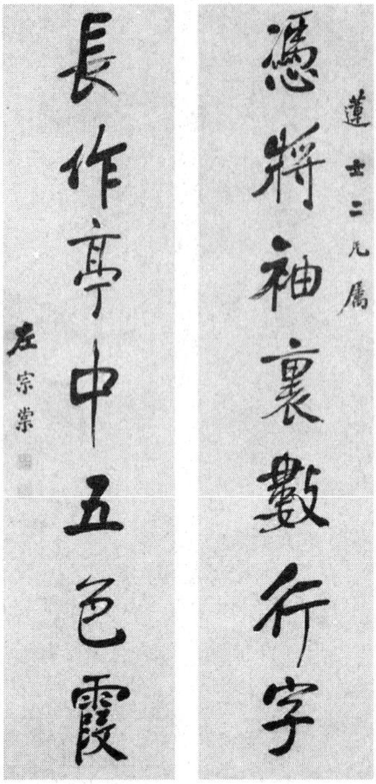

守望印心石

憑將袖裏數行字
長作亭中五色霞
蓮士二兄屬 左宗棠

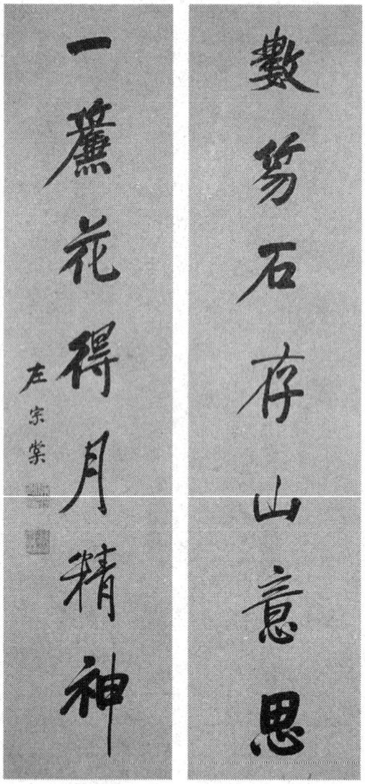

一簾花得月精神
數竹石存山意思
左宗棠

名畫古書環四壁
晚菘早韭各一時
蓮村大兄屬 左宗棠

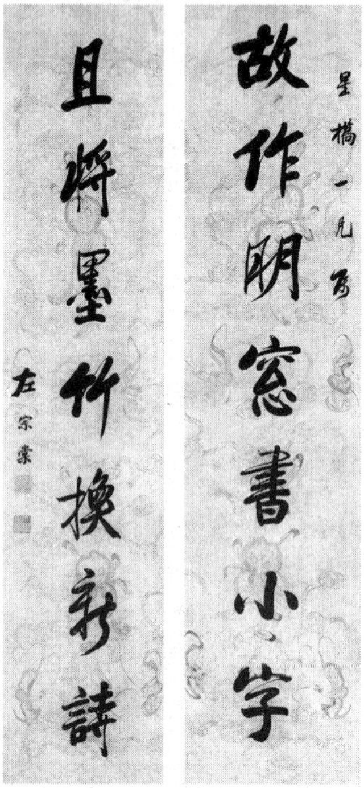

故作明窗書小字
且將墨竹換新詩
星橋一兄哥 左宗棠

左宗棠书法对联选

守正行权真事业
平矜节欲大功夫

山川卉木化不息
风云月露天何言

锄去陵谷置平坦
普将雷雨发萌芽

诗肠华自无烟火
藜杖相将入画图

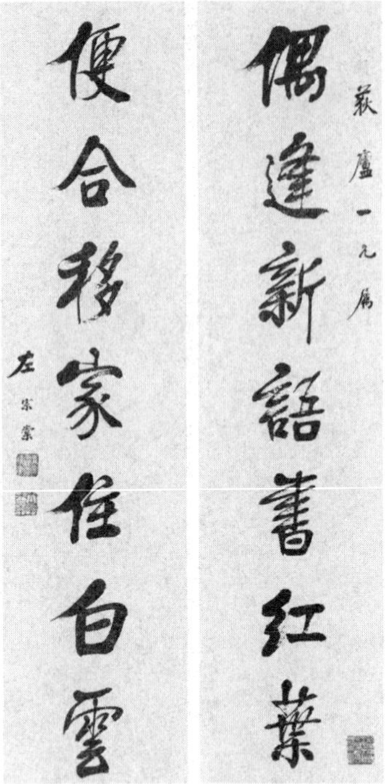

守望印心石

偶逢新語書紅葉
便合移家住白雲
萩廬一元屬
左宗棠

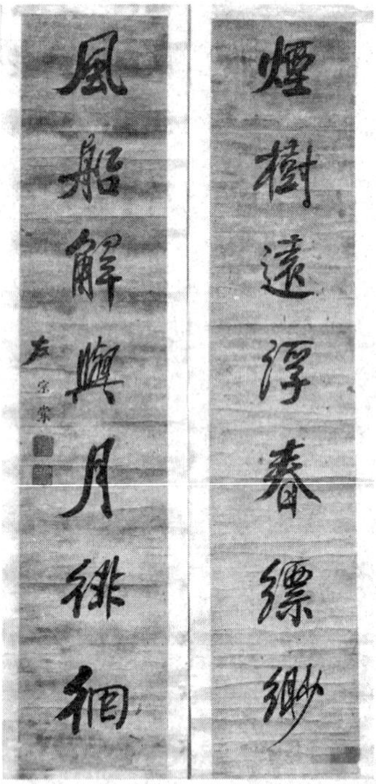

煙樹遠浮春縹緲
風船解與月徘徊
左宗棠

華巘峯尖見秋隼
岳陽樓上對君山
左宗棠

青山忽作龍蛇蟠
野廬羣與羣羣共
左宗棠

左宗棠书法对联选

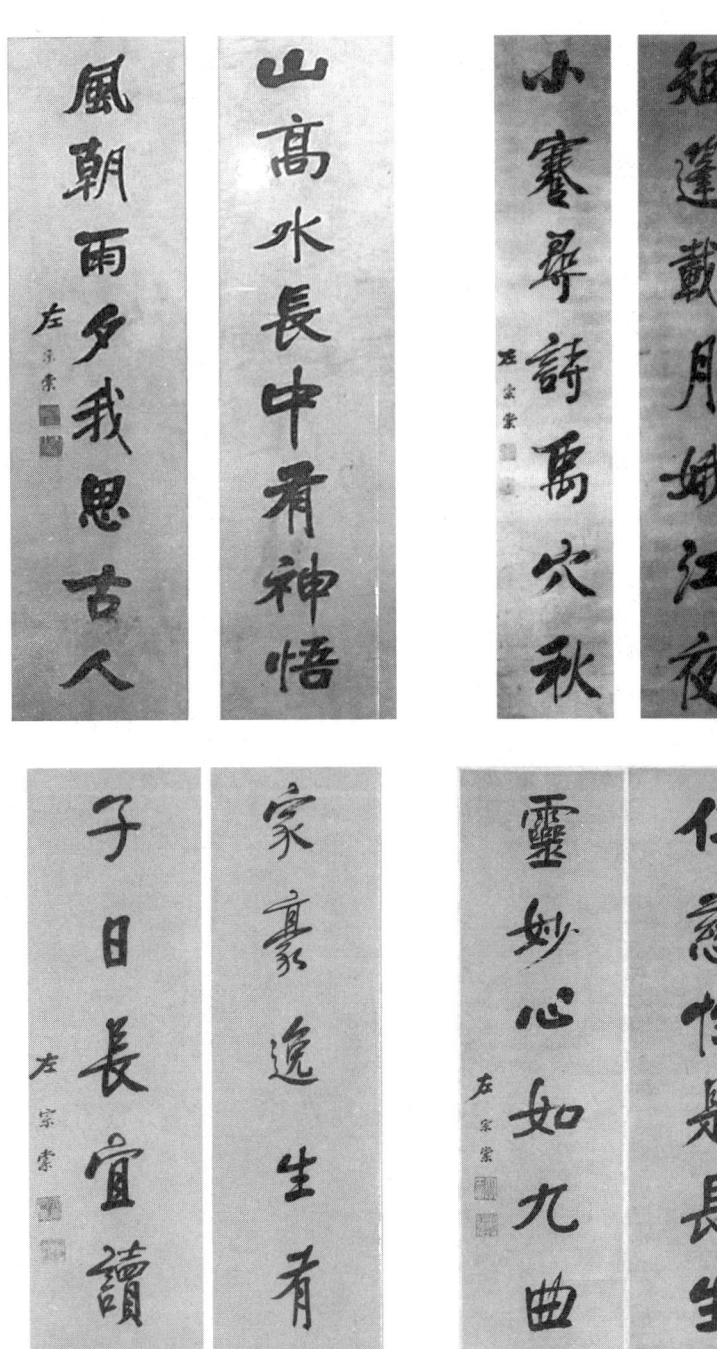

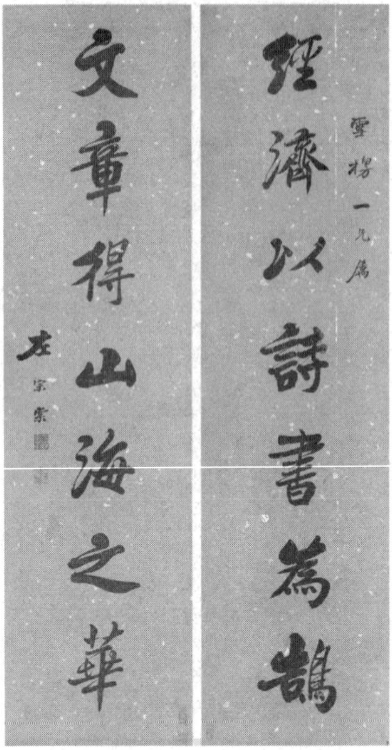

守望印心石

經濟以詩書為職
雪樵一兄屬
左宗棠

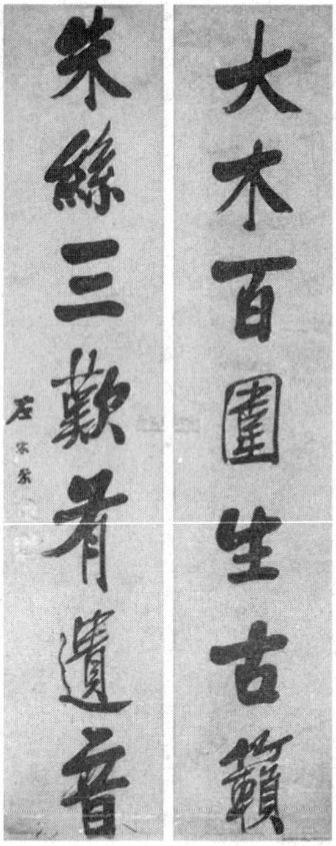

文章得山海之華

朱絲三歎有遺音
左宗棠

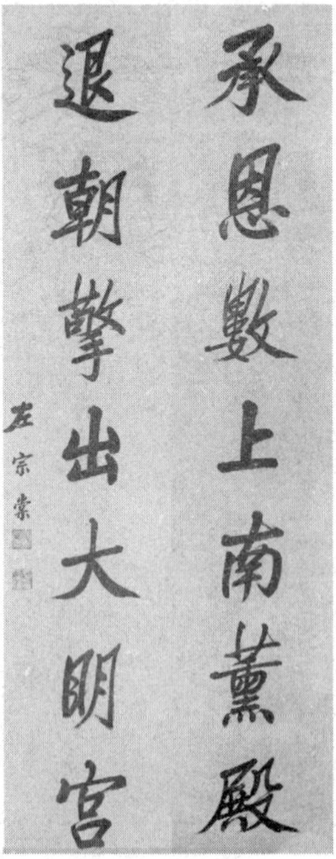

大木百圍生古籟

承恩數上南薰殿
左宗棠

退朝擎出大明宮

虛已人無自足懷
左宗棠

少年文帶春生氣

魯史既脩三傳作
文言未墜九師興
左宗棠

水落石出魚可數
地靜人閒月自妍
左宗棠

萬山不隔中秋月
千年復見黃河清
左宗棠

一抔荒土蒼梧淚
百尺高樓碧血碑
左宗棠

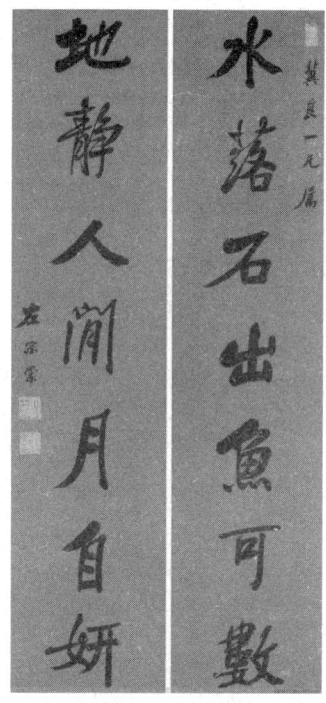

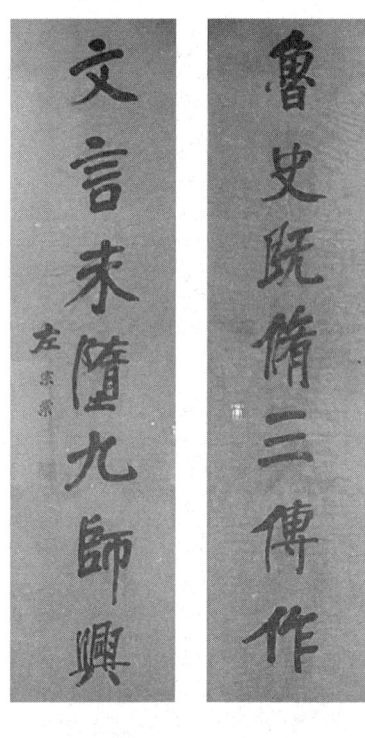

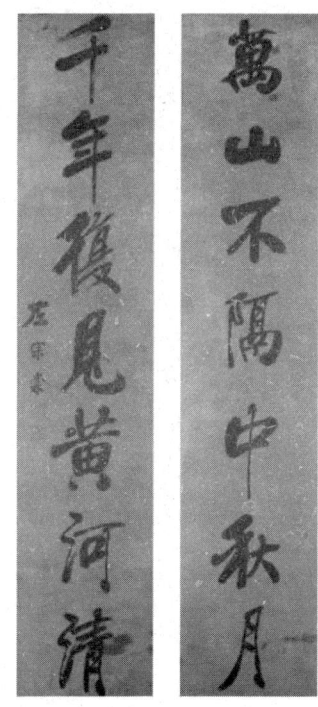

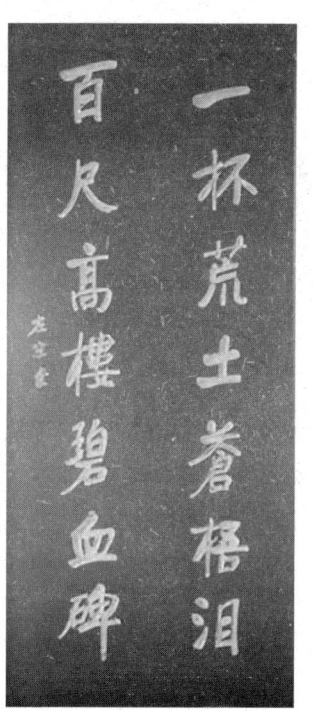

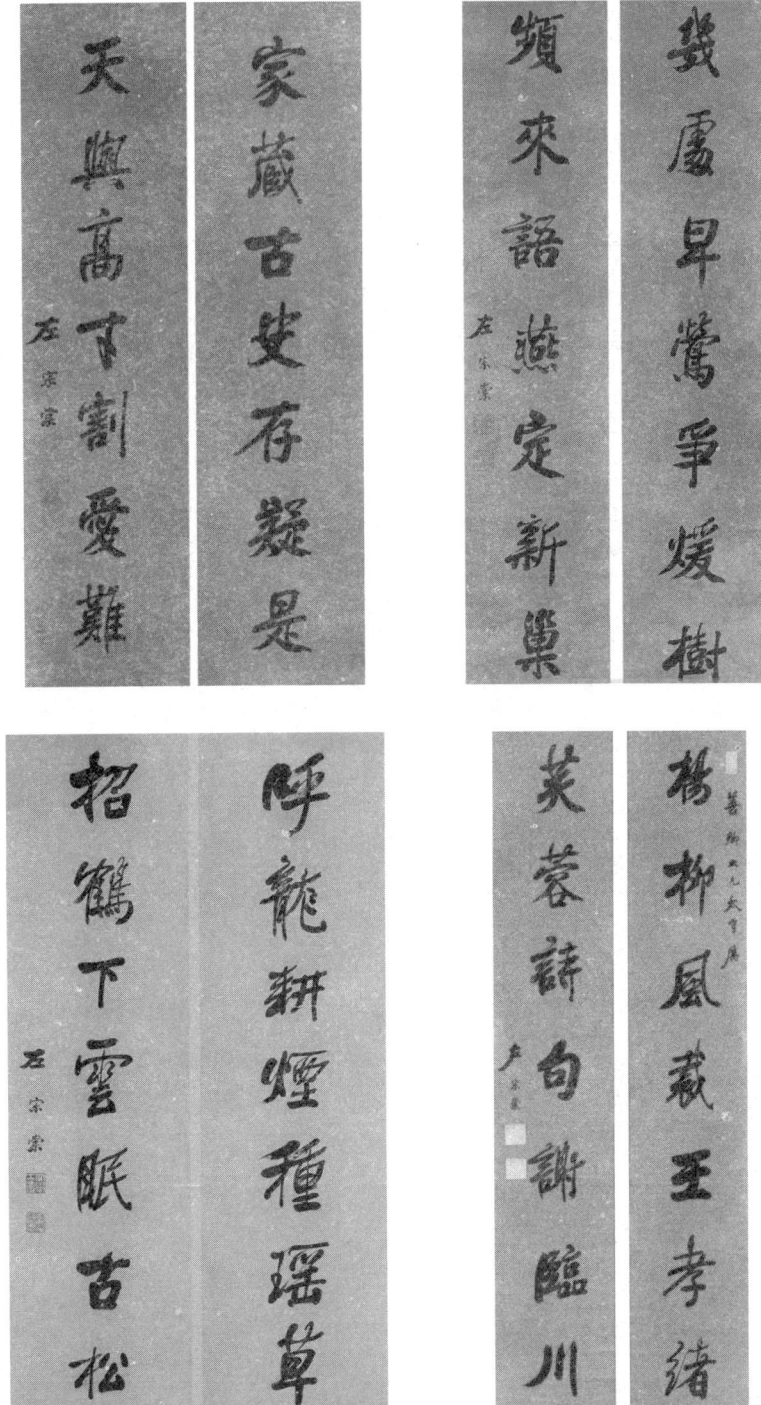

同心傳習二三子
古澤分披六一堂

齊同振作衆志成城

觀書要高著眼孔
作事須守定心知

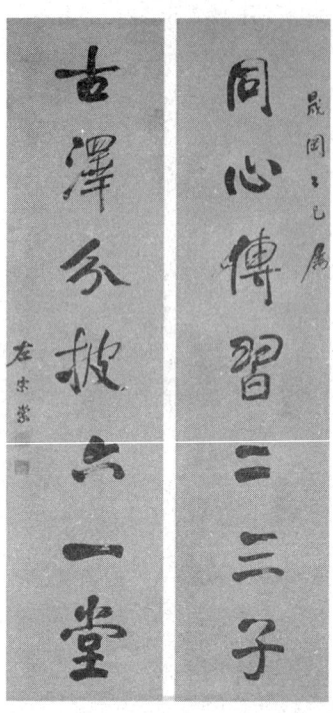

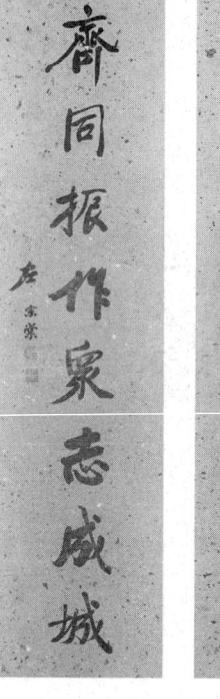

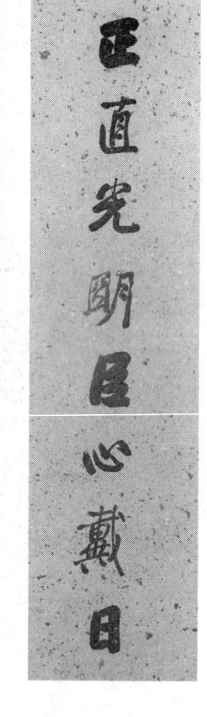

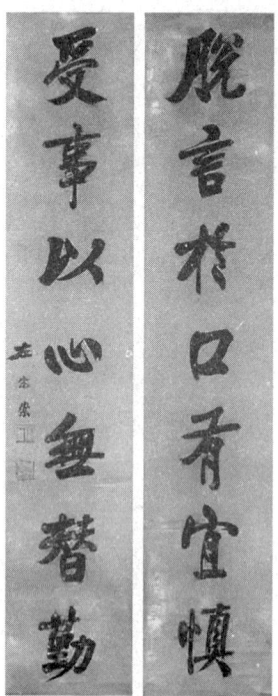

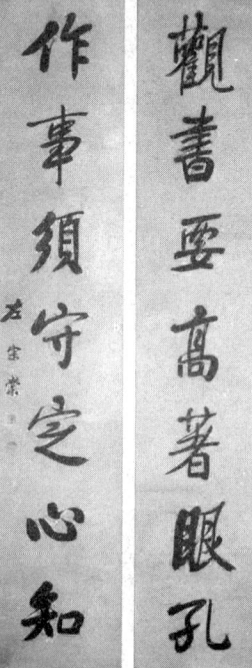

左宗棠书法对联选

守望邱心石

好事風流有涇渭
向人懷抱絕籓防

明月來投玉川子
逸書閒問濟南生

曠野孤煙依遠岸
空山朗月照幽人

臺閣山林本無異
典謨雅頌用所長

守望邱心石

朝端日捧九仙骨
庭下多開四照花

公之斯文著元氣
我有所思在泰山

珠玉芳流芝獨採
渚濱聲遠鶴將飛

且將墨瀋換新詩
故作明窗書小字

左宗棠书法对联选

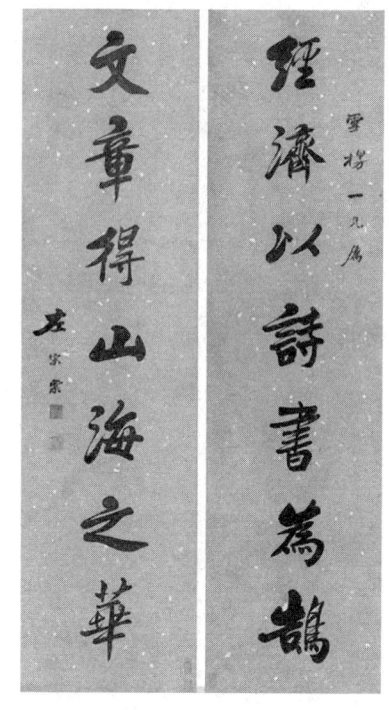

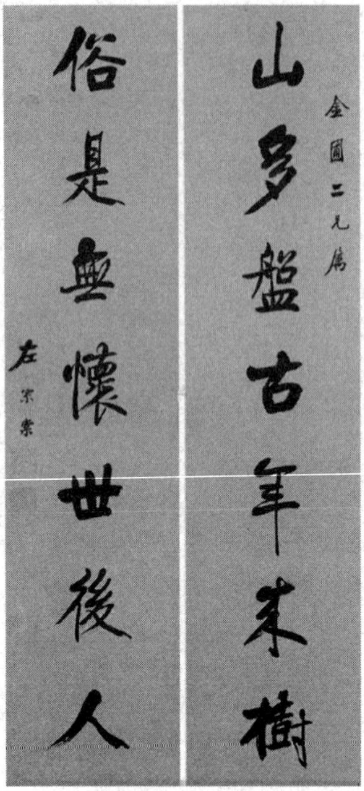

守望印心石

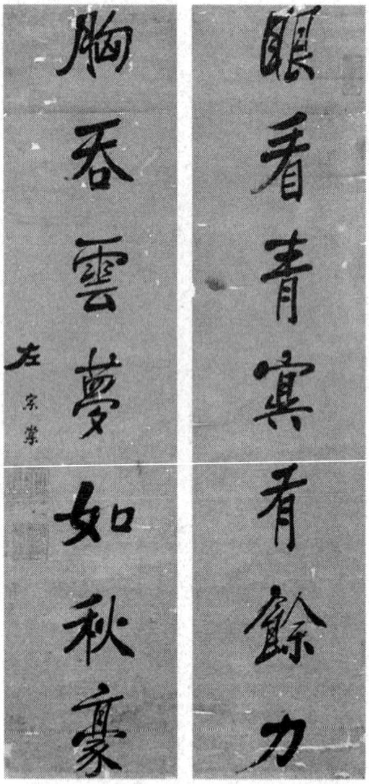

眼看青冥有餘力
胸吞雲夢如秋毫
左宗棠

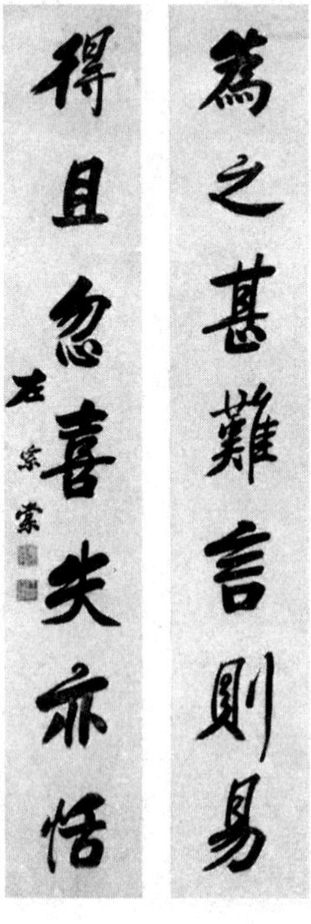

山多盤古年來樹
俗是無懷世後人
左宗棠

朱絃百圍生古籟
大木三歎有遺音
左宗棠

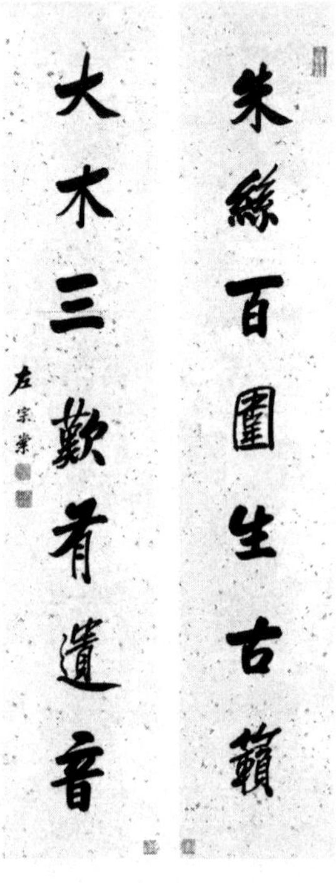

為之甚難言則易
得且忽喜失亦怡
左宗棠

左宗棠书法对联选

野廬牛興牛羊共
青山忽作龍蛇盤
左宗棠

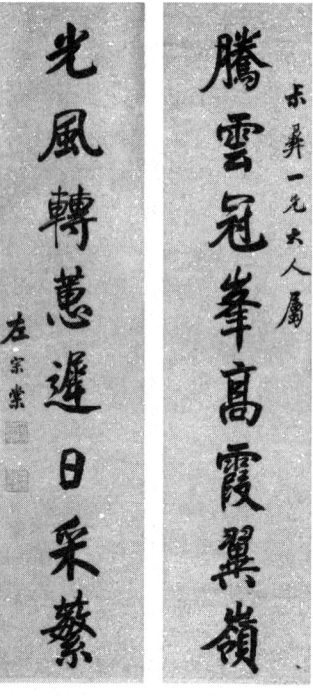

騰雲冠峯高霞翼嶺
光風轉蕙遲日采蘩
左宗棠

周鼎商盤見科斗
巖花澗草自春秋
左宗棠

能當大事時同仰
自極清修古與齊
左宗棠

守望印心石

左宗棠书法对联选

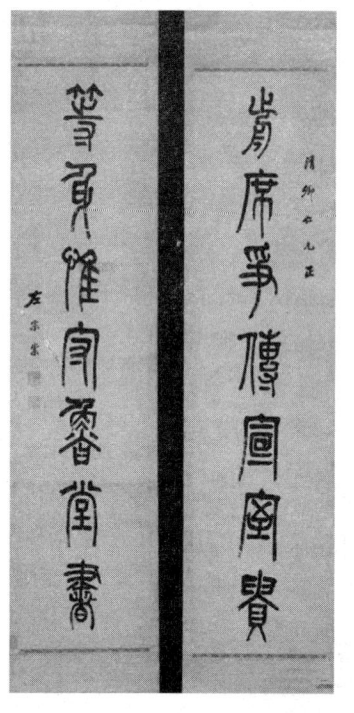

341

守望印心石

粒穀必珍富之本也隻
字必惜貴之原也微命必
護壽之根也小過必懲德
之基也
左宗棠

聖人之道如天然与眾
人之識甚殊邈也門人
弟子既親炙而後益知
其高遠
光緒三年左宗棠

武王之克商也訪洪範於箕子其始踐阼
也又訪丹書於太公可謂急於聞道者矣
而太望所告不出敬與義之二言蓋敬則
萬善俱立義則眾善俱庹義則理為
之主上古聖人已致謹於此矣虚王聞之
惕若戒懼而銘之几物以自警焉蓋心
斯須不存而怠與欲得乘其陳也其庹
孔子贊易于坤之六二曰敬以直內義以
方外先儒釋之曰敬立而內直義形而
外方敬則此心無私邪之累仰之所以直
也義則事物各得其分外之所以方也
亦有潛心於道者庶幾知所志矣然
而聞恩襍慮不能自禁此心怱怱如有所
失反被他事牽引則不專矣此無異故
志不勝氣也氣用事則誘於習染
瑞堂大兄屬
左宗棠書於酒泉軍次

左宗棠轶事选

1. 左宗棠3岁那年某天夜里，奶奶突然给他一个精致的锦囊。左宗棠拿到后，奶奶当夜仙逝。家人打开锦囊一看，都吓了一跳：锦囊里居然藏了奶奶一个守了三年的秘密：左宗棠出生当夜，天气异常，母亲反常。奶奶出门看天象，神情恍惚，心头纳闷。回房后闭目凝神，梦见一个神人从空中飘进自家庭院，告诉她：牵牛星正在降世，孩子将来必成大器。说完闪身即逝，房屋中突然有光如白昼，灯光已缩成豆大的火苗。过了好一段时间，天才蒙蒙发亮。

2.1827年的一个雪夜，周衡的正妻王慈云带着两个豆蔻年华的女儿，和侄女们以"雪"为题，吟诗唱和。夜深了，周饴端带着美妙的诗意入梦。梦中，她来到隐山龙王洞。突然，一道白光闪来，一条小黄龙从天而降。小黄龙飞过白云庵，掠过莲花池、洗笔池，直奔流叶桥。小黄龙看见一个小水池。池边火光闪烁，池中水气蒸腾，旁边立了一石碑，上面写着："化龙池"。小黄龙非常生气，骂道："吾本真龙，何化之有？"翻身入水，顺流而下，直抵龙王桥。龙王桥水深浪阔，小黄龙大喜："此吾所爱也！"栖居下来。偏巧龙王桥下住着"雷神"，它见小黄龙到此，马上报告大龙王，大龙王恼怒，派了一只神犬来驱逐。小黄龙一个翻身，飞到桥旁桂在堂周府的伞柱之上。周饴端猛然一惊，醒来才知是梦。第二天，桂在堂家丁起来开大门，发现一个十五六岁的小乞丐，因躲狗咬爬上了伞柱。好心的家丁将他领进屋，得知小青年姓左名宗棠，湘阴人氏。

3. 左宗棠在家里排行老三，诨名叫"左三矮子"，年长后，家乡人就喊他左三爹爹。有一年，与左宗棠一起在东山白水洞居住过的几个老乡写信给他，说要到兰州去看看他，当时正在兰州任陕甘总督的左宗棠非常高兴，给他们寄去了路费。几个老乡来到兰州后，左宗棠只要有空就陪他们喝老酒、扯闲天，畅谈在东山耕作的往事。一日晚饭后，左宗棠摇着把大蒲扇，挺着个大肚子，笑眯眯地问老乡们："你们说现在的左三爹爹和原来的左三爹爹有没有两样？"老乡们摇摇头说："没两样，没两样，还像过去一样和和气气、壮壮实实。"有个老乡盯着左宗棠的肚皮看了半天，抓了抓耳朵说："就是肚子比原来大多了。"左宗棠用蒲扇拍着大肚皮哈哈大笑："你们知道这里都装了些什么？"老乡们羡慕地说："装的都是鸡鸭鱼肉、海参燕窝吧？"左宗棠摇摇头："不对不对，装的是经纶。"老乡一听惊奇得全都瞪直了眼睛："啊？这个金轮得值多少银子啊？你把它吞到肚里多可惜啊。"

4.乡试考罢，左宗棠和左宗植都待在旅馆中候榜。一天晚间，兄弟二人还在睡觉，就有人来敲门报喜了，说是左宗棠中了第十八名举人！左宗棠一听很是高兴，跳起来就往外跑，急急忙忙中，有一只袜子怎么也找不到，直到最后，这只袜子才在枕头边上给发现了。左宗植见此很不满意，斥责弟弟说："这么点事就忘乎所以，仅仅中个举人没有什么好高兴的，看你那点肚量！"左宗棠听了很惭愧，又回头倒下来接着睡觉。到了黎明时分，又有喜报传来：左宗植中了头名解元！左宗植喜不自胜，也是只穿了一只袜子，另一只怎么也找不见。到了最后，大家冷静下来了才发现，左宗植把两只袜子穿到一只脚上去了！在功名这件事上，可以说兄弟二人都失态了。

5.1850年1月3日夜晚，左宗棠去停泊在岳麓山下的官船拜访云贵总督林则徐，或许是既有点激动又有点紧张，再加上泊舟之处偏僻，又看不清路面，他在登船时竟一脚踩空掉到了水里。林则徐看到水中捞起一个落汤鸡似的汉子自称左宗棠时，一扫连日来的忧郁心情，哈哈大笑："这难道就是湘中士类第一左季高的见面礼吗？"一句话让本来狼狈不堪的左宗棠也哈哈大笑起来。

6. 左宗棠为湖南巡抚骆秉章作师爷时，深得信任。一次，劣迹斑斑的永州镇总兵樊燮拜访左宗棠，左宗棠因看不惯他，竟要他下跪请安。樊燮顶撞道："我是朝廷正二品官，凭什么拜你这个举人？"左宗棠最听不得的就是别人说他没中进士，勃然大怒，上前就要踢樊燮，大骂道："王八蛋，滚出去！"并让骆秉章弹劾樊燮，罢其官职。樊燮不甘示弱，向湖广总督官文揭发左宗棠劣幕的恶行恶状。事情最后闹到咸丰皇帝面前，咸丰非但没有治左宗棠的罪，还赏给他一个四品官，并下旨将樊燮革职。樊燮回到老家，把"王八蛋，滚出去"六个字写在木牌上，号为"洗辱牌"，放在祖宗牌位下，要两个儿子定时参拜；还盖一栋"读书楼"，命儿子在楼上闭门读书，并让儿子穿妇女衣服，说："考取秀才可以换男人外衣，中了举人和左宗棠平等可以换男内衣，中了进士、点了翰林，才可以烧掉洗辱牌，告慰先人。"

7. 有一次，左宗棠摸着自己大大的肚子又问周围的人："你们可知道我肚子里装的是什么？"有说满腹文章的，有说满腹经纶的，有说腹藏十万甲兵的，有说腹中包罗万象的，总之，都是马屁使劲地拍。可不知怎的，一个都没拍响。这时有位原来在家乡放牛出身的小营官大声说："将军的肚子里，装的都是马绊筋。"左宗棠一拍案桌，跳起来，夸赞他讲得太对了。这小鬼就凭一句正点的话，连升三级，可说是鸿运当头。原来湖南土话称牛吃的青草为"马绊筋"。左宗棠喜欢牛，喜欢牛能任重道远，便称自己是牵牛星降世。他在自家后花园里，专门凿了口大池子，左右各列石人一个，样子酷似牛郎和织女。此外，还雕了一头栩栩如生的石牛，置于一旁。

8. 左宗棠21岁成婚时，曾在新房自拟一联："身无半亩，心忧天下；读破万卷，神交古人。"后来左宗棠远戍新疆，出嘉峪关时，沿途插柳，初不过为标示归途之用，而积久成荫，风景一变。有湘人某游士拜谒左宗棠于塞上，献诗云："大将征西久未还，湖湘子弟满天山。新栽杨柳三千里，惹得春风度玉关。"左宗棠大笑而悦，优礼待之。

9. 清同治五年（1866），清廷调左宗棠出任陕甘总督，兵到长安驻扎时，曾到泾阳拜谒恩师徐法绩（县中张镇土门徐人）。清道光年间，左宗棠在湖南参加长沙乡试时，徐任湖南乡试主考，当时左的试卷被监考官判为劣卷，徐搜房（检查阅卷场所）时，发现了左的卷子，详细看过，认为是一篇颇有见解的优秀作品。因之录取。左宗棠率兵入陕时未忘当年主考提携，故到泾拜谒恩师。当时泾阳知县得知陕甘总督要来泾拜谒恩师，特意准备了馆舍恭迎，茶水就选用了本地特产泾阳茯砖茶。次日，左宗棠到泾，县令及相关绅士恭迎县衙大厅，左宗棠落座后，衙役沏茶奉敬，寒暄片刻，左宗棠端起茶杯饮茶时，一股茯苓草药香扑鼻，小饮一口，感到味道特别，就问县令这是什么茶？起初县令以为茶不好，吓得不敢说，但不说又不行，就战战兢兢地说：是本县所产之茶。左宗棠听后惊愕！问道："岭北自古不产茶，为何泾阳有茶？"县令见左宗棠并无不高兴之意，就说："这是大人故乡之茶到泾阳加工另行制作的，不知大人习惯否？"左宗棠微笑："原来如此，此茶原是家乡的，甚是喜欢。"后来，左宗棠还抽空亲自到几家茶号专门巡视了一番，也得知了因回军之乱，湖南茶过泾锐减的情况。左宗棠到泾拜谒恩师徐法绩时，方知恩师已逝，就到坟地谒祭恩师，并亲撰碑文为恩师树碑立传，表彰恩师功绩，让兵卒扩大茔地，植树招人守护。

10. 中年时的左宗棠已经是天下闻名的股肱之臣，当时的人们也将他与曾国藩并称为"曾左"。由于左宗棠一向自负，所以他对于这个称号，是很不满意的。一日，左宗棠在闲逛时，碰到了一个乞丐。这乞丐问左宗棠："先生知道'曾左'吗？那是天下百姓对曾大人和左大人的尊称啊。"左宗棠听完问道："那为什么大家都说'曾左'，而不说'左曾'呢？"乞丐思考了一会儿说道："那可能是因为曾大人眼里有左大人，而左大人眼中却没有曾大人吧。"左宗棠听后，恍然大悟。原来自己自负的毛病，已经是世人皆知了。从此，他开始学着放下架子，努力改掉往常自负的毛病，以平和的姿态，向他人学习。后来，左宗棠不仅将这个乞丐接到府上做幕僚，还主动联系昔日旧友曾国藩，终身奉行着"就平处坐"的原则。

11.一次，曾国藩给左宗棠开玩笑出联求对：季子自称高，仕不在朝，隐不在山，与人意见辄相左。左宗棠才思敏捷，毫不示弱应对：藩臣当卫国，进不能战，退不能守，问你经济有何曾？相传这是左宗棠与曾国藩互相开玩笑的一副名联，箴了两人的名字。意思是：季子（左宗棠）你自以为才高八斗，但是你既不在朝廷为官，也没有隐居深山老林，仅仅是常常发表一些与人意见不同的言论罢了。藩臣（意指曾国藩）的职责使命是保卫国家，但是你在行军打仗方面，既不能向长毛（指天平太国义军）发起进攻，也不能守住城池，你是否真正有经邦济世的才能呢？

左宗棠年谱选编（1812—1851）

嘉庆十七年壬申（1812），诞生

左宗棠于十月初七日（11月10日）出生在湖南省湘阴县东乡左家塅。左家祖籍江西，南宋时迁到湖南后，世居湘阴。祖父左人锦，字斐中，一字松野，国子监生。祖母为杨氏。父亲左观澜，字晏臣，一字春航，县学廪生，贫居教书20余年。母亲余氏。左观澜与余氏生有三子三女。

*7月14日，胡林翼出生。

* 江忠源出生。

嘉庆十八年癸酉（1813），1岁

*9月，京城爆发"癸酉之变"。直、豫天理教起义，起义军一度潜入北京，袭击皇宫。

嘉庆十九年甲戌（1814），2岁

*1月1日，洪秀全出生。

* 陶澍任江南道监察御史。

嘉庆二十年乙亥（1815），3岁

随祖父左人锦在湘阴家中读书。

嘉庆二十一年丙子（1816），4岁

左观澜在这一年将全家迁到长沙省城贡院东左氏祠开馆授徒。全家生计全靠左观澜维持。左宗棠与长兄左宗域、次兄左宗植均从祖父读书。

嘉庆二十二年丁丑（1817），5岁

左宗棠在父亲的指导下，开始读《论语》、《孟子》，兼读朱熹《四

书集注》。

11月5日（农历九月二十六日），左人锦逝世，终年80岁。

嘉庆二十三年戊寅（1818），6岁

*郭嵩焘出生。

嘉庆二十四年己卯（1819），7岁

*陶澍任川东兵备道。

左观澜教学生非常严格，要求学生作文必须依照传注诠释经书意思，几年之间，学生日益增多。

嘉庆二十五年庚辰（1820），8岁

初学为制艺（八股文），偶尔读史，便仰慕古人的大节。

*新疆张格尔叛乱。

*仁宗颙琰去世，皇二子旻宁即位为帝，以明年为道光元年。

*陶澍任山西按察史。

道光元年辛巳（1821），9岁

*清政府重申严禁鸦片贸易。

*陶澍兼署布政使。

道光三年癸未（1823），11岁

始学书法，喜欢《北海法华寺碑》帖及钱沣（南园）书画。

长兄左宗棫岁试补廪膳生，于3月份病逝，年仅24岁。

*李鸿章、郭嵩焘出生。

道光五年乙酉（1825），13岁

每写好一篇八股文，都很自负，令同辈人自觉惭愧。

*左宗植充湘阴县拔贡生。

*陶澍任江苏巡抚，桃花江的浮邱山麓的陶宫保第建成。

道光六年丙戌（1826），14岁

始应童子试。

次兄左宗植以拔贡赴京朝考，列为二等，选拔为新化县训导。

道光七年丁亥（1827），15岁

参加长沙府试。顺利地通过了取得生员即秀才资格的童子试和府试，踌躇满志地准备参加院试。不料他的母亲患重病，他要回家照顾，便放弃了这次考秀才的机会。

12月4日（农历十月十六日），母亲去世，终年53岁，左宗棠守丧辍考。

此时，经世致用思潮在全国逐步兴起。左宗棠思想敏锐，深受经世思潮的影响。

道光八年戊子（1828），16岁

在家为母亲丁忧，学习更加勤勉。

道光九年己丑（1829），17岁

熟读《皇朝经世文编》，从长沙书肆中购得顾炎武的《郡国利病书》、

顾祖禹的《方舆纪要》和齐召南所著的《水道提纲》等书籍，朝夕钻研，有所心得，并做笔记。

道光十年庚寅（1830），18岁

2月11日（农历正月十八日），左观澜病故，享年53岁，左宗棠守丧再次错考。

11月，善化人贺长龄丁母忧回家。左宗棠认为此人"学术纯正，心地光明"，是"嘉、道两朝名臣"。出于对这位倡导经世致用之学的名臣的敬慕，拜访了贺长龄。贺长龄将家中所藏的全部官私图书借给左宗棠随意阅览。左宗棠认真阅读贺长龄与魏源等人编纂的《皇朝经世文编》，在书上勾画批点，"丹黄殆遍"。左宗棠每阅读一本书，都向贺长龄报告心得，互相考订。

*春，胡林翼与陶静娟在陶宫保第成婚。

道光十一年辛卯（1831），19岁

在长沙城南书院读书。当时他家境贫寒，并从书院得到伙食补助。主持城南书院的山长，是贺长龄之弟贺熙龄，曾任湖北学政，崇奉经世致用之学，以侍御的官职在家居住。从贺熙龄研习"义理经世之学"。在城南书院与湘乡人罗泽南和丁叙忠相识，在学习和品行上互相鼓励。

*五月，沅湘大水，陶澍捐银2000两赈灾。

*清廷查禁鸦片，定官民吸食者罪。

道光十二年壬辰（1832），20岁

5月，服丧期满，设法捐了个监生，获得了参加湖南省乡试的资格，

考中了第18名举人。次兄左宗植高中第一名,即解元。兄弟双双金榜题名,传为佳话。

9月,左宗棠乡试结束,还未发榜之际,与湘潭名媛周诒端结为夫妇,入赘周家。

*九月初九,陶桄出生。

冬,与仲兄宗植赴京会试。

*左宗棠长沙湘水校经堂老师著名学者、书法家吴荣光调任湖南巡抚。

*大批清军在镇压广东土著叛乱中被打败,他们被发现吸食鸦片成瘾。

*春,胡林翼与妻子陶静娟至南京,"留居节署"近一年

道光十三年癸巳(1833),21岁

正月,至京师,会试未中,成《燕台杂感》七律8首,开始关心新疆形势和建省诸策。预知天下将乱,西方列强将为害。

与胡林翼订交。

返湘后,将遗产谷田四十余石,悉畀伯敏公嗣子世延,自寄居湘潭岳家。

八月,长女孝瑜出生。

*清廷废除英国东印度公司对华贸易的垄断权。

道光十四年甲午(1834),22岁

住岳家,因为不能自食其力而感到羞耻。向岳母借得西头屋居住,单独开火做饭。

十二月,次女孝琪出生。

*律劳卑勋爵与广东当局发生冲突受困后死于中国南方。

*英舰入虎门。

十二月二十九日,吴大令下关聘渌江书院讲席。

道光十五年乙未(1835),23岁

二月初四,再次进京应试,会试取中即将揭晓,因湖南名额过多,只被取为"誊录",不受。经樊城归湘,心高气傲,不甘屈就誊录一职,决定再在会试中拼搏一次。

*道光皇帝赐陶澍"印心石屋"

道光十六年丙申(1836),24岁

二月(上元后数日),收到渌江书院关聘,应吴荣光召赴醴陵,主讲渌江书院,任山长。

秋,两江总督陶澍告假回家乡省墓。途经醴陵,见左宗棠所撰楹联,惊喜异常,会见左宗棠,倾谈竟夕,订交而别。

与夫人一起开始编绘全国和各省地图,指出一些图志的弊端,试图较为精确地考证历史地图,并加文字说明。每作一图,则交给夫人加以影绘,经过一年才完成。

自为联语:"身无半亩,心忧天下;读破万卷,神交古人。"

周夫人身体虚弱,子息不繁,担心难以延续左家香火。在周夫人的坚持下,遵岳母王太宜人命纳周夫人的贴身丫鬟张氏为妾。

*清廷关于鸦片的争论加剧,惩治鸦片走私贩子的法律措施得到加强。

*胡林翼会试中进士。

道光十七年丁酉（1837），25岁

8月，三女孝琳出生。

9月，四女孝瑸出生。

11月（十月底），解馆归家。

冬，左宗棠第三次北上参加会试。

*张之洞出生。

道光十八年戊戌（1838），26岁

春，在汉口偶遇欧阳兆熊，给欧阳兆熊看《题洞庭君祠联》，欧阳兆熊奇之。

3月（二月初十日抵京），左宗棠于正月从汉口北行，第三次赴京参加会试。再次落第。他给妻子写信说："榜发，又落孙山。从此款段出都，不复再踏软红，与群儿争道旁苦李矣！"

回湘途中，去江宁拜见陶澍。

在京时，购得甚多农书，归家后，致力农事，于农书探讨甚勤。以区种为良，作《广区田制图说》。同时继续从事舆图地学研究，抄录《畿辅通志》、《西域图志》及各省通志中有关山川险要、驿道远近等内容，分门别类，编订成数十巨册。左宗棠回家后，从此绝意科举。开始留意农业，勤勉钻研农业书籍，并继续从事舆图地学研究，按部抄录经史。

*鸿胪寺卿黄爵滋奏请严禁鸦片。

*年底，林则徐受到皇帝召见，被任为钦差大臣，赴广州镇压鸦片走私。

道光十九年己亥（1839），27岁

初春，来到长沙，居住在次兄左宗植处。会晤了新化人邓显鹤（字湘皋）和邹汉勋（字叔绩）。左宗棠更加摒弃词章之业，努力钻研经世之学，仍从事舆地图说，于山川道里、疆域沿革外。余暇又就所居种桑千株，令家人养蚕治丝。

秋，贺熙龄赴京，左宗棠等十人为其饯别，与湘潭罗汝怀等送之江干。贺后有《舟中怀左季高》诗，并在诗的自注中称："季高近弃词章，为有用之学，谈天下形势，了如指掌。"

7月（六月初二） 陶澍在金陵两江总督任所去世，归葬家乡。遗下七岁孤儿陶桄。贺熙龄致书给左宗棠，令他教育陶桄。

*3月，林则徐到达广州，警告外国走私贩子，如果他们不交出囤积的鸦片，将被处死，英国商务监督义律和所有外国人被封锁在商馆里，三天后，义律同意交出外国人手中的鸦片。

*5月，林则徐开始销毁鸦片，中英双方发生持续的外交纠纷。英国军舰开赴并实际占领香港。

*5月，陶澍病中为《资江耆旧集》作序。

*8月，林则徐封锁商馆的消息传回英国。

*10月，在温莎堡举行的一次内阁会议决定向中国派遣远征军。

*11月，在九龙和穿鼻之战中，英国军舰和中国战船之间第一次交火。

道光二十年庚子（1840），28岁

2月（正月初六日动身），至安化陶澍家，设馆课读陶桄，帮同料理家务。作《二十九岁自题小像八首》、《陶氏三台山石墓记》

*6月（五月），英军大举侵华，在广东通商，触犯鸦片禁令，挑起衅端，

第一次鸦片战争全面爆发。英国战舰侵犯浙江，攻陷定海。坚决抗英的林则徐、邓廷桢（时任闽浙总督）被革职戍边，琦善出任两广总督。

*6月，英国军舰编队驶离澳门，义律与其从兄懿律一起为全权代表。

*7月，英军占领中国东部沿海的舟山群岛及其主要城市定海。

*8月，英军到达北京附近的白河口，向清政府递交帕麦斯顿勋的信函。

10月，取代了林则徐的琦善劝说英国人回广州谈判。左宗棠闻警忧愤，多次上书老师贺熙龄，议论战守机宜，写了《料敌》《定策》《海屯》《器械》《用间》《善后》六篇策论，以及设厂造炮船、火船等策。

道光二十一年辛卯（1841），29岁

*1月下旬（十二月底—一月初） 英国单方面宣布《穿鼻草约》，并派兵强占香港，再犯浙江镇海，宁波失陷。台谏黎吉云征左宗棠意见，左宗棠对以须严惩主和玩寇，纵兵失律之臣。清廷逮问两广总督琦善。

*6月（五月二十一日），胡云阁先生在京邸病逝，八月初自运河胡林翼奉丧南下，腊底抵里。

*8月下旬至10月中旬（七月上旬至八月下旬） 英军大举北犯，厦门、定海相继失守。

在安化陶氏家馆任教，闻战事失利，割让香港，愤而作《感事》诗四首，作《陶文毅公节书冯定远杂录跋后》《陶文毅公诗话钞跋后》

道光二十二年壬寅（1842），30岁

在陶夫人的多次恳请下，答应将女儿许给陶桄并定亲。

*8月（七月）清政府同英国签订丧权辱国的《南京条约》，第一次鸦片战争结束。

在安化陶氏家馆任教,睹时局败坏,慨叹"时事竟已如此,梦想所不到,古今所未有",欲买山隐居。

胡林翼居父忧归故里,时至小淹与左宗棠、贺熙龄筹划陶澍家事。胡左二人雨夜连床,谈古今大政,恒至达旦。

道光二十三年癸卯(1843),31岁

*武冈曾如炷起义。

在安化陶氏家馆任教,积数年束修金于湘阴南乡柳家冲购置田产70亩,并建造柳庄。

*汤鹏回到桃花港居士巷。

*洪秀全在广东创立拜上帝会。

左宗棠老师、湖南巡抚吴荣光去世。

道光二十四年甲辰(1844),32岁

*陶澍夫人黄德芬去世,胡林翼来小淹。

*耒阳杨大鹏起义。

在安化陶氏家馆任教。

*汤鹏去世。

10月将妻小从湘潭迁回湘阴,居柳庄。每自安化授课余暇,即回柳庄,督工耕作,巡行陇亩,自号"湘上农人",打算从此做一个"太平有道之民"。

道光二十五年乙巳(1845),33岁

*贺长龄升任云贵总督。

在安化陶氏家馆任教,将安化茶引入湘阴。在柳庄种茶、植树。

在与罗汝怀书中写道："近人著书，多简择易成而名美者为之，实学绝少……"

撰著《朴存阁农书》。

秋天，胡林翼吊丧岳母与左宗棠晤谈十天。

道光二十六年丙午（1846），34 岁

胡林翼去京城后，左宗棠写给胡林翼的第一封信《致胡润芝》。

继续在陶氏家馆任教，余暇兼顾柳庄。

*6月，胡林翼分发贵州安顺知府。

8月，长子孝威出生。

12月12日（十月二十四）贺熙龄逝世，遗命以季女许孝威。

道光二十七年丁未（1847），35 岁

4月，次子孝宽出生。

9月（八月），长女孝瑜出嫁陶桄。

秋后，结束在安化陶氏家馆八年的塾师生活，返回柳庄，致力研究兵学。

*新宁爆发瑶民雷再浩起义，江忠源组织乡勇，令同清兵镇压起义，保升知县，赴浙江补用。

道光二十八年戊申（1848），36 岁

湘阴连年大旱以后，此年大水成灾，左宗棠家乡闹饥荒，柳庄庄稼被淹，家人皆病。

继续研究兵学。胡林翼代理贵州安顺知府，向云贵总督林则徐推荐

左宗棠。林则徐打算请左宗棠进入自己的幕府。但左宗棠因家事缠身，未能前往。

＊贺长龄去世。

道光二十九年己酉（1849），37岁

在长沙朱文公祠开馆授徒，女婿陶桄仍然跟随学习。入学者还有益阳人周开锡，以及长沙人黄冕的儿子黄瑜、黄上达、黄济兄弟等人。

湘江再次大水成灾，灾民络绎过柳庄。左宗棠拿出所有粮食，与周夫人散米施舍，并配丸药与病者，活人无数。

道光三十年庚戌（1850），38岁

1月3日，林则徐因病患回福建，途经长沙，派人去柳庄请左宗棠，俩人夜会湘江舟中，彻夜长谈。纵论天下大事，直到天亮。林则徐事业托孤，寄望左宗棠完成自己未竟的边疆事业。赠诗"苟利国家生死以，岂因祸福避趋之"成为左宗棠日后收复新疆最强劲的精神动力支点。林则徐成为左宗棠日后为官的榜样。

湘阴一地，由于连年的旱灾和水灾，左宗棠节衣缩食，筹备积粮，建立"仁风团义仓"。

与同县人郭嵩焘周游湘阴东山，俩人约定在山里比邻而居，以避战乱。

＊太平天国起义爆发，洪秀全在金田发动起义。林则徐奉清廷之命，前往广西指挥作战，在途中去世。

＊宣宗旻宁去世，命皇四子奕詝即位，以明年为咸丰元年。

咸丰元年辛亥（1851），39岁

春，左宗棠居住湘阴柳庄。清廷颁发特诏，开孝廉方正特科。郭嵩

焘等同县人士推荐左宗棠应举，左宗棠推辞未去。

湘乡人罗泽南在长沙讲授经书，左宗棠与刘蓉在城东定王台会晤罗泽南及其弟子李续宾、李续宜、王鑫及李杏春。

＊江忠源丁父忧在新宁家中，奉调招募乡勇，号称"楚勇"，出省作战。

左宗棠家谱简表

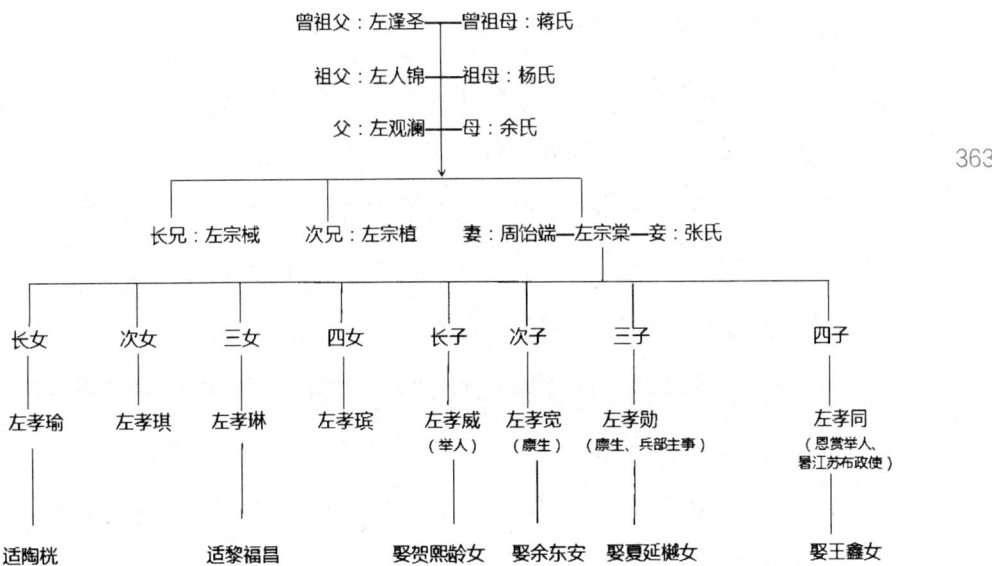

参考书目

1.《益阳县志》，同治十三年（1874）刻本。
2.《左宗棠全集》（全十五册），岳麓书社，2014年8月出版。
3.《胡林翼集二》，岳麓书社。
4.《左宗棠本传》，张一湖著，文化发展出版社，2017年10月第1版。
5.《左宗棠》，梁赐龙，新疆人民出版社，2002年元月第1版。
6.《我的曾祖左宗棠》，左景伊著，湖北人民出版社，2010年3月第1版。
7.《悍将左宗棠》，夏昧著，时代文艺出版社，2003年12月第1版。
8.《左宗棠》，徐志频著，中国青年出版社，2014年1月第1版。
9.《左宗棠传信录》，刘江华著，岳麓书社，2017年1月第1版。
10.《湘阴地方故事集》，中国文史出版社，2015年5月第1版。
11.《湘阴文化》《湘阴文化》杂志社，2012年11月8日出版。
12.《左宗棠文化》，左宗棠文化研究会主编，2016年第1期。
13.《陶澍师友录》，陶用舒著，岳麓书社，2018年2月第1版。
14.《陶澍传》，陶用舒著，湖南人民出版社，2018年8月第1版。
15.《左宗棠传》，孙光耀编著，中国书籍出版社，2015年9月第1版。
16.《浮邱山诗文钞》，曾主陶选编，岳麓书社，2017年4月第1版。

17.《浮邱山先民谱》，曾主陶、曾理著，岳麓书社，2020年4月第1版。

18.《彭玉麟集》，岳麓书社，2003年8月第1版。

19.《桃花江往事》，朱明星编著，中国文史出版社，2019年11月北京第1版。

20.《走进黑茶秘境》，孙国基、熊志丹、李亮编著，湖南地图出版社，2018年10月第1版。

21.《安化黑茶》，李朴云总编辑，华声在线股份有限公司文萃传媒分公司出版，2020年第3期。

22.《左宗棠传》，贝尔斯著，哈尔滨出版社，2014年12月第1版。

23.《在桃江这片土地上》，丁放贤、文希良编著，湖南人民出版社，2010年11月第1版。

24.《逸园随笔》，丁放贤编著。

25.《安化县志》，同治十年（1871）刻本。

26.《益阳地名漫谈》，黄加忠主编，中国文史出版社，2014年12月北京第1版。

27.《龙牙遁》，卢胜祥著，中国书籍出版社，2016年10月第1版。

28.《中国黑茶之乡》，孙国基编著，岳麓书社，2008年1月第1版。

29.《干国良臣陶澍》，陶用舒著，岳麓书社，2008年1月第1版。

30.《益阳烙印》，邓亚龙编著，湖南地图出版社，2021年9月第1版。

31.《独醒之累》，郭嵩焘与晚清大变局，孟泽著，岳麓书社，2021年11月第1次印刷。

后 记

湖南人乃至中国人没有不知道左宗棠的。因为中学历史课本里有一节就写的是左宗棠收复新疆。

研究左宗棠的专家不少，专著、论文也很多，但左宗棠在安化的八年的史料记载却几乎是空白。左宗棠这位性情高傲、才大志高的湘阴才子，为什么要蛰居安化八年之久？左宗棠这位屡考不第的乡村塾师，为什么能成长为"学问优长，经济闳远，秉性廉正，莅事忠诚"的晚清重臣？这些使我们产生了一探其中奥秘的兴趣。

我们知道自己不是科班出身，研究起来一定困难不小。但我们想"笨鸟先飞"，因此我们花十年时间进行了资料的收集整理。

左宗棠蛰居安化的时间过去了一个世纪，加上当时留下的资料少之又少，使得我们的研究成果难免挂一漏万，缺乏说服力。

历史的局限，个人水平的局限，我们深知这本小集子可能贻笑大方，但仍"敝帚自珍"，只因为我们的研究态度是认真的，没有想过可以"戏说历史"。

在收集资料过程中，首先要衷心感谢恩师陶用舒教授的精心审读并提出了十分宝贵的修改意见，要特别感谢湖南省政协原副主席谭仲池、湖南省人大常委会原副主任蒋作斌、益阳人大常委会主任彭建忠的策划

后 记

与指导，要感谢新疆生产建设兵团宣传部常务副部长刘进能、岳麓书社原社长曾主陶的指点和帮助，感谢文聘元、于建初、刘益希、文克立、王严、刘松山、丁元吉、刘望群、刘琴、高玉辉、丁晓惠、周喜平、郭灿玲等搜罗史料，检校文稿；还有南京大学高海燕博士、海南大学文聘元博士、湖南城市学院匡列辉博士、山东师范大学吴夏艳博士生等许多默默奉献的朋友们，在此一并表示衷心的感谢。

在编纂资料过程中，有的内容源自公开媒体，如有犯作者原创版权请告知，我们将尽快作出妥善处理。要感谢《汉字文化》杂志社与北京三面向教育科技中心给予编辑和版面设计等诸多方面无私的援助。

丁放贤　莫笑牛

2022 年 10 月 25 日